中华经典名著

全本全注全译丛书

崔冶◎译注

吴越春秋

中華書局

图书在版编目(CIP)数据

吴越春秋/崔冶译注. —北京:中华书局,2019.5(2021.8 重印)
(中华经典名著全本全注全译丛书)
ISBN 978-7-101-13821-4

Ⅰ.吴…　Ⅱ.崔…　Ⅲ.①中国历史-吴国(？~前473)②中国历史-越国(？~前306)③《吴越春秋》-译文④《吴越春秋》-注释　Ⅳ.K225.04

中国版本图书馆CIP数据核字(2019)第050353号

书　　名　吴越春秋
译 注 者　崔　冶
丛 书 名　中华经典名著全本全注全译丛书
责任编辑　熊瑞敏
出版发行　中华书局
(北京市丰台区太平桥西里38号　100073)
http://www.zhbc.com.cn
E-mail:zhbc@zhbc.com.cn
印　　刷　北京市白帆印务有限公司
版　　次　2019年5月北京第1版
2021年8月北京第3次印刷
规　　格　开本/880×1230毫米　1/32
印张10　字数210千字
印　　数　14001-20000册
国际书号　ISBN 978-7-101-13821-4
定　　价　29.00元

目　录

前 言

一 《吴越春秋》的作者

《后汉书·儒林列传》载“晔著《吴越春秋》”，这是关于《吴越春秋》作者最早的记载。此后，《隋书·经籍志》《旧唐书·经籍志》《新唐书·艺文志》等都著录赵晔撰《吴越春秋》。赵晔的生平事迹，史籍记载较少，主要集中在《后汉书·儒林列传》中。由于这些记载中没有出现明确的年号和其他纪年，所以我们只能结合与赵晔相关的历史人物之生平来推断赵晔的生卒年。赵晔约生于东汉光武帝建武十六年（40）前后，字长君，会稽郡山阴县（今浙江绍兴）人。年轻时曾做过县吏，上级派他去迎接督邮，他便弃职不干了。督邮是汉时一郡最高行政长官太守的重要属僚，赵晔作为小小县吏，去做迎接工作本是职责所在，但赵晔不屑于卑躬屈膝地侍奉上级官员，可见他有着清高傲岸的人格。此后，他到犍为郡资中县（今四川资中）拜当时的经学大师杜抚为师，学习《韩诗》，潜心于学问。据《后汉书·儒林列传》，杜抚曾在博士薛汉门下学习《韩诗》，后归乡里从事教学，有弟子千余人。公元58年，东平王刘苍拜为骠骑将军，置长史掾史员四十人（见《后汉书·东平王苍传》），杜抚即在征辟之列。而《后汉书·儒林列传》明载赵晔到杜抚家乡拜师，则其拜师当在杜抚入刘苍幕之前，即在公元58年前，约当汉明帝永平

(58—75)初。赵晔外出求学二十年间音信全无,家里人误以为他死了,为他发丧制服。建初(76—84)中,公元80年前后,杜抚为公车令,上任数月后便去世,赵晔才回到家乡。此时赵晔应该在40—50岁左右。归乡后,州里召他做官,他未就职,后又被选举为有道征士。最终,赵晔在家乡辞世。由此看来,赵晔是东汉初人,与班固(32—92)同时而略晚,一生大概历东汉明帝、章帝、和帝、殇帝等朝(58—106)。据《后汉书》和《隋书·经籍志》,赵晔的著作有《吴越春秋》十二卷、《韩诗谱》二卷、《诗神泉》一卷、《诗细历神渊》。东汉末年,蔡邕到达会稽时,十分欣赏《诗细历神渊》,认为胜过王充的《论衡》,可见赵晔经学造诣深厚,有过人的才学。如今其著作只有《吴越春秋》传世,其他著作在隋、唐时就亡佚了。

二 《吴越春秋》成书及流传过程

自东汉至唐代,以《吴越春秋》命名,记载吴、越两国历史的著作很多。据陈桥驿、周生春考证有赵晔的《吴越春秋》、赵岐的《吴越春秋》、张遐的《吴越春秋外纪》、无名氏的《吴越春秋》和《吴越春秋次录》、杨方的《吴越春秋削繁》(此据《隋书·经籍志》《旧唐书·经籍志》《新唐书·艺文志》"繁"作"烦")、皇甫遵的《吴越春秋》(此据《隋书·经籍志》《旧唐书·经籍志》《新唐书·艺文志》作"《吴越春秋传》")等。这些著作自成书之日起,就不断散逸。在上述著作中,流传至今是产生时代最早的赵晔的《吴越春秋》。根据各种公私书目记载可知杨方和皇甫遵的作品与赵晔的《吴越春秋》有密切的关系。《崇文总目》卷三《杂史类》载:"初,赵晔为《吴越春秋》十卷。其后有杨方者,以晔所撰为烦,又刊削之为五卷,遵乃合二家之书,考定而注之。"徐天祜《吴越春秋序》引邯郸李氏《图书十志目》亦云:"杨方尝刊削晔所为书,至皇甫遵遂合二家考正,为之传注。"由此可见,杨方之作并非别撰,而是删减赵晔之书而成;其后皇甫遵整合考定赵晔、杨方两家之作而再成一书,并为之作注。又据记载，皇甫遵所作名为《吴越春秋》，卷数为十卷，所载吴国事起太伯，尽夫差；所载越国事始无余，止勾践，与今本《吴越春秋》在书名、卷数和内容上均相符。故学者一般认为，流传至今的《吴越春秋》十卷，应该是赵晔原著、皇甫遵考定本。

由于今本《吴越春秋》经过皇甫遵的整理考定，故与赵晔之作的原貌有较大的差异。据《隋书·经籍志》《旧唐书·经籍志》《新唐书·艺文志》《郡斋读书志》等著录，赵晔所撰的《吴越春秋》是十二卷，而现存的《吴越春秋》只有十卷，明清有些传本还将它合为六卷。皇甫遵本是一种注本，所以两《唐书》将《隋书》所载皇甫遵撰《吴越春秋》十卷更名为《吴越春秋传》十卷。皇甫遵的注本，并非像通常为经书作注解那样逐字逐句地老老实实照抄赵晔原文，并在其后加注释而成的，而是在加注的同时，对原文作了删减、增补、重组语句等各种各样的修改。这从古代类书和古籍注释的引文中可以得到证实。《水经注》《世说新语注》《后汉书注》《文选注》《太平御览》中都有大量的《吴越春秋》引文，这些引文与今本《吴越春秋》差异很大，内容增删和文字歧异之处不胜枚举，仔细分析这些引文的差异，还可以判断出这些引文至少引自两种不同系统的本子(今本《吴越春秋》与其他历史文献中的引文对比，前人已经作过很多讨论，详参[美]戴维·琼生《〈吴越春秋〉版本考》，《古籍整理研究学刊》1985年第3期)。所以皇甫遵之书并不仅仅局限于注解，而是在一定程度上重新改写了赵晔之作。

赵晔的十二卷原著、杨方的五卷《削繁》，以及皇甫遵的十卷注本，在隋、唐期间并行于世。晁公武《郡斋读书志》卷二上著录赵晔的《吴越春秋》十二卷，注云："后汉赵晔撰。吴起太伯，尽夫差。越起无余，尽勾践。内吴外越，本末咸备。"可知南宋初年赵氏的原著尚存。陈振孙《直斋书录解题》未著录此书，《宋史》所录的赵晔《吴越春秋》也只有十卷，由此推断，赵晔原本十二卷大概在宋末元初之间亡佚了。杨方的五卷本在《崇文总目》《郡斋读书志》《直斋书录解题》《文献通考》《宋史》中均未见著录，大概宋时已经亡佚。皇甫遵的十卷本在后来的流传过程中，不但被删去了注，还被转题为赵晔撰。

清代时，宋刻本《吴越春秋》尚流传于世。而今《吴越春秋》现存最早的刊本是元大德十年(1306)绍兴路儒学刻明修本。此本是元代绍兴路总管提调学校官刘克昌支持刊刻的，由前宋国子监书库官徐天祜考订音注并作序，现藏国家图书馆。后世的刻本大都源自大德本，主要分为十卷本和六卷本两大类。明代十卷本有最能体现大德本风貌的明弘治十四年(1501)邝廷瑞、冯弋的刻本(本书注释中简称"弘治本")，万历十四年(1586)冯念祖卧龙山房刻本(本书注释中简称"万历本")。明代六卷本有天启间《吴越史》刻本，万历吴琯所辑《古今逸史》本，万历何允中辑刊的《广汉魏丛书》本。清代十卷本有徐维则《会稽徐氏初学堂群书辑录》本，徐乃昌《随庵徐氏丛书》刊本。清代六卷本较多，有汪士汉于康熙七年(1668)搜罗《古今逸史》残版重加刊印的《秘书廿一种》本，于敏中等于乾隆三十八年(1773)所辑的《摛藻堂四库全书荟要》本，乾隆《四库全书》本，王谟于乾隆五十六年(1791)辑刊的《增订汉魏丛书》本等。其中，《增订汉魏丛书》本后来被多次翻刻，有光绪二年(1876)红杏山房刊本、光绪六年(1880)三余堂刊本、光绪十七年(1891)艺文书局刊本、宣统三年(1911)上海大通书局石印本等。此外还有日本宽延二年(1749)刊本，有不分卷的清初清谨轩钞本等。

三 《吴越春秋》的主要内容

公元前770年，周平王东迁，周王室的势力开始衰弱，中国社会进入了群雄纷争、战乱频仍的春秋时代。各个诸侯国都积极寻求发展，以图在风云变幻的国际形势中能够称霸天下或享有立足之地。吴国和越国，本是被中原各国视为"蛮夷之邦"的东南落后小国，但从春秋中叶开始，两国相继崛起，凭借强盛的经济、军事实力，四处征伐，与晋、齐、楚等传统大国争夺霸权，一度跻身于霸强之列。《吴越春秋》记载的就是吴、越两国从兴起到灭亡的历史。

《吴越春秋》全书共十卷，前五卷完整地记载了吴国从部落起源、演变而形成诸侯国，在春秋时代逐渐强盛直至灭亡的历史。开篇从周朝祖先后稷的故事讲起，简述了周部族发展到古公亶父时期的历史。吴开国之君太伯是古公亶父的长子，为了实现父亲传位给三弟季历的心愿，太伯与二弟仲雍离开周，到达南方荆蛮之地，建立了吴国。直至吴王寿梦的时代，吴国才开始强大。寿梦即位之初就朝见了周天子，访问了楚国，并在鲁国考察礼乐文化。寿梦死前嘱咐他的四个儿子诸樊、馀祭、馀昧、季札兄弟间依次继位，目的是最后传位给贤德的少子季札。但馀昧死后，季札不接受君位，吴人只好拥立了馀昧的儿子州于，是为吴王僚。诸樊之子公子光蓄意篡权，想刺杀吴王僚。此时，楚国伍子胥的父兄被楚平王杀害，他只身一人投奔吴国。伍子胥深得吴王僚的赏识，但为了给父兄报仇，他转而推荐刺客专诸帮助公子光刺杀了王僚。公子光登上君位，是为吴王阖闾。阖闾即位后励精图治，任用伍子胥、孙武等人大力兴建都城、发展经济、训练军队，为争霸积蓄力量。后来，阖闾出兵伐楚，楚军大败，吴军攻入郢都，伍子胥掘楚平王之墓，鞭尸复仇。楚臣申包胥为救楚奔赴秦国，在秦庭上日夜啼哭，感动了秦伯，于是秦国出兵救楚，吴军战败，才撤兵回国。此后，吴太子病死，在伍子胥的劝谏下，阖闾立夫差为太子。夫差即位后，轻信了越王勾践，不吞并越国以绝后患，反而屡次北上伐齐。伍子胥多次忠心直谏，触怒了夫差，夫差赐剑令其自杀。伍子胥死后，夫差继续向北方用兵，并与晋国在黄池争当盟主。越国趁机进攻吴国，最后夫差被围困在秦馀杭山，向勾践求和失败，只能挥剑自杀，吴国灭亡。

后五卷则完整叙述了越国历史，内容以勾践复仇为主线。开篇先追述了越国的祖先夏禹治理洪水、平定天下的事迹。夏少康帝时，封其庶子无余在禹葬之地会稽山，以保证对禹的祭祀不断，于是越国建立。传到元常时，越国开始强大起来。元常死后，其子勾践即位，他在夫椒之战中被吴王夫差打败，困守会稽山。勾践派大夫文种向吴求和，夫差不听伍子胥的劝告而接受了求和。勾践在夫人、范蠡的陪同下入吴为奴，居住在石室中，做着马夫的工作，极尽卑微，三年后终于打动了夫差而被赦回国。勾践回国后，命令范蠡兴都建城，自己则勤修政事，卧薪尝胆，一心要雪亡国辱身之恨。勾践多次和群臣一起商讨如何强越弱吴，一方面采纳文种所献"九术"，给吴王送去美女、良木，麻痹吴王，令其沉迷女色，大兴土木；另一方面在国内鼓励生育，请越女教剑，陈音教射，经过多年的经营，终于国富兵强。最后，勾践大举出兵攻吴，迫使夫差兵败自杀。吞并吴国后，勾践北上与齐、晋会盟，主持诸侯国间大事，迁都琅邪，成为一代霸主。勾践死后，经过多世传到越王亲时，越国被楚国所灭。

四《吴越春秋》的思想内涵

从《春秋》的"微言大义"开始，中国古代史籍就有反思历史、评判现实的传统，《吴越春秋》也不例外。书中虽然没有像《史记》"太史公曰"那样的直接评论，但作者在书中常常借他人之口或历史人物的自我分析，如文种历数夫差的六大罪过、子贡对伍子胥和太宰嚭的评价、要离临死前的自我批评等，来展现自身的批判意图。此外，我们从作者对史料的剪裁、人物的塑造以及行文风格中，也不难体会其思想倾向。总之，《吴越春秋》一书蕴涵着丰富的思想内涵，我们这里主要介绍其中对国家兴衰成败的探讨、对儒家传统道德观的弘扬以及对复仇精神的肯定等三个方面的内容。

第一，《吴越春秋》在叙述吴越两国相继崛起及争霸的过程中，蕴涵了对国家兴衰成败的深刻思考。元人徐天祜曾对此作出评价说："其言上稽天时，下测物变，明微推远，憭若蓍蔡。至于盛衰成败之迹，则彼己君臣反复上下。其论议，种、蠡诸大夫之谋，迭用则霸；子胥之谏，一不听则亡。皆凿凿然，可以劝戒万世，岂独为是邦二千年故实哉！"作者认为，国家强盛之关键在于顺应天道，尊重历史发展的规律、得民心、富国强兵和采用正确的克敌制胜策略。在这个过程中，君主与辅政大臣的个人素质又极其重要。从君主的角度讲，要有洞察力、辨析力，亲贤臣，远奸佞，以人民和社稷的利益为根本；从臣下的角度讲，对君主尽忠的同时要能够举荐贤才，有长远的谋略、过人的才能。比如夫差虽然早期能够抓住机会利用伍子胥使自己被立为太子，但是即位之后却亲近奸佞伯嚭，迫使忠臣伍子胥自杀，不顾惜人民疲苦，穷兵黩武，大兴土木，种种暴行，令人发指。而面对自己真正的敌人越王勾践时，又分不清敌友，生恻隐之心，最后落得身死国灭的下场。又如楚庄王能够听从伍举的谏言，停止安乐，任用贤才孙叔敖，于是称霸天下；而楚平王忠奸不分，听信奸佞费无忌的谗言，残杀了忠臣伍奢及其长子伍尚，致使伍子胥出奔吴国，最后因为伍子胥率吴军复仇，楚国差点覆灭，自己也被掘墓鞭尸。勾践是有雄才大略的人物，也是吴、越争霸最后的胜利者。在困难时期他能够认清越国所面临的严峻形势，任用范蠡、文种等贤臣，大力发展经济，增强军事力量。同时严格要求自己，不贪图享乐，爱护民众，处心积虑地图谋复仇，经过多年的谋划与准备，最后不但报了亡国辱身之仇，还成就了霸业。这些事例都给后世以深刻的历史启迪。

第二，《吴越春秋》中的很多人物具有仁爱、忠义、智慧、信用、守礼等儒家所提倡与肯定的美好品德，体现了作者对儒家传统道德观的弘扬。书中在叙述周族的开国史时，有意突出周族祖先的仁德传统。如写到公刘仁慈，“行不履生草，运车以避葭苇”，而古公亶父为使人民免受异族侵扰之苦，自愿放弃土地和君位，因此也让人民深受感动。对吴太伯和季札兄弟的让位之德，作者也深表赞赏。书中还有很多奋不顾身、一心为国的忠义之士。申包胥为了挽救危亡的楚国，日夜兼程到秦国求救，路上跑得脚掌都裂开了，后来坚持站在秦庭哭了七天七夜，水米不进，终于感动了秦伯，求得援军救楚。其救国之忱，令人感动。伍子胥为了报答吴王阖闾的恩德，对吴国忠心耿耿，为防止夫差被越国君臣的表面举动所迷惑，导致亡国之灾，将个人的安危置之度外，不惜触怒夫差，多次犯颜直谏，最终激怒夫差，被夫差赐剑自尽。而在后来越军准备进攻吴国都城时，伍子胥因不忍见吴国灭亡居然显灵阻击。其护国之忠，令人感慨。书中也塑造了不少智者的形象。如当齐国大夫陈成恒准备攻打鲁国时，子贡挺身而出，向陈成恒说明攻打吴国比攻打鲁国更有利于他在齐国夺权，从而成功地拖延了齐伐鲁的时间；而后又南下劝吴王出兵救鲁伐齐，以成就霸业；当吴王提出有越国为后顾之忧时，又南下劝越王极力向吴国示好，以免除吴国的后顾之忧。最终促成吴国北上攻齐，挑起了齐、吴之间的争霸战争，凭借一己之力扭转国际形势，解除了鲁国的危机。其说辞中对各国利害关系的剖析，极具智慧，很有说服力。又如书中的范蠡不但拥有高超的内政外交才能，还极具识人智慧，根据对勾践性格的了解，及时功成身退，得以善终。信用与守礼在《吴越春秋》塑造的人物身上也有很好的体现，救助伍子胥的渔父和击绵女是这方面的代表人物。渔父明知道伍子胥是逃犯，还帮助了他，并而用沉船自杀的方式来表明自己一定信守承诺，不会出卖伍子胥。击绵女起初因为自己是未嫁之人，碍于礼法不敢随便给陌生男子提供饭食，但因为看见伍子胥挨饿不忍心，还是救助了他，最后也用投水自杀的方式来表明自身对礼制和承诺的坚守。而书中对伍子胥、公孙圣等人物不顾个人安危、冒死进谏的赞赏，对渔父自沉、击绵女投水、要离自杀、吴王女儿滕玉自杀等节烈行为的载录，似乎也意在突出一种为道德献身的精神。这大概与吴越地区的刚烈轻死的文化传统及东汉崇尚气节的时代风气不无关系。

第三，《吴越春秋》中的故事具有浓郁的复仇色彩。作者在叙述吴越两国历史时有两大复仇主线：其一是叙述吴国历史时，用大量笔墨记叙了伍子胥复血亲之仇的始终；其二是叙述越国历史时，详细描写了勾践复亡国辱身之部族仇恨的经过。书中还夹杂叙述了一系列大大小小与两国历史相关的复仇报恩故事。从对这些史事的剪裁和叙述中，我们可以看出，从某种程度上来讲，作者认为复仇不仅是个人生存与行动的强大动力，也是推动国与国之间的关系发展乃至影响诸侯国历史进程的重要因素之一。伍子胥在吴国的种种作为，如帮助公子光刺杀王僚、庆忌，为吴王建设城郭，推荐孙武等，终极目的都是为了向楚王复仇，可以说复仇是其人生的支柱和动力。而吴国帮助伍子胥出兵复仇，也不仅仅是受了伍子胥的挑唆和利用，而是自寿梦以来，吴、楚两国之间就结下了世仇。到了阖闾时代，两国结怨已深，吴国出兵讨伐楚国也是一种国家层面的复仇。书中对吴、越两国之间争霸战争的叙述也极具复仇色彩，可以说全书后五卷就是一部勾践的复仇史。为了保全性命，以便能够活着回国执行复仇计划，勾践忍辱负重，甘心带着夫人和臣下入吴为奴，为吴王养马执鞭，甚至尝粪验病，以讨好吴王，终于得以回国。归国之后，勾践时时刻刻不忘复仇，以致"苦身劳心，夜以接日。目卧则攻之以蓼，足寒则渍之以水。冬常抱冰，夏还握火。愁心苦志，悬胆于户，出入尝之，不绝于口。中夜潜泣，泣而复啸"，可见其复仇意愿之刻骨铭心。在如此强烈的复仇意愿驱动下，勾践处心积虑，选贤任能，大力发展生产，努力增强军事力量，采用各种策略削弱吴国，经过多年的苦心经营，终于一举灭吴，逼死夫差，成为一代霸主。与复仇相对，作者也描写了一些生动的报恩小故事。如伍子胥引军伐郑时，昔日救助伍子胥的渔父之子出面阻拦，伍子胥为了报答渔父之恩，立刻退兵。又如伍子胥回兵经过溧阳濑水时，想报答击绵女的帮助却不知其家在何处，便把百金投入水中，后被击绵女的母亲取走。这些均体现了作者复仇报恩的思想。

五 《吴越春秋》的成就

关于《吴越春秋》的归类和性质问题，前人已经作过很多论述，在这里我们仍然把它看作史书。虽然《吴越春秋》存在记载史事年代错乱，阴阳五行、占卜谶纬思想浓厚，有些描述不合乎历史真实等缺陷，但仍有着不容抹杀的史学价值。《吴越春秋》较之《左传》《国语》《史记》等历史文献更加系统地记载了吴、越两国的历史，而且内容更加丰富。《吴越春秋》所记史事有一部分明显来自于对《左传》《国语》《史记》等史籍的吸收，另一部分应是作者广采杂史、民间传说而成。作者生活于东汉初年，去古未远，而且本身是越地学者，对吴越历史文化有着真切的了解和体会，所以那些不见于其他史书的记载也未必就是无稽之谈，仍有其史料价值。徐天祜就曾评价说："晔书最先出，东都时去古未甚远，晔又山阴人，故综述视他书所纪二国事为详，取节焉可也。"比如《勾践入臣外传》详细记述了越国战败后，勾践带领妻子和范蠡等到吴国做臣仆直至回国的经过，不但比《史记》详细，细节上也有很大的不同。《越王句践世家》中勾践本人并未入吴，而是由臣下范蠡、柘稽等代勾践为质于吴。《勾践归国外传》记述勾践归国后的事迹，如命令范蠡建造城郭、择吉日立政等，也不见于《史记》《左传》等。《勾践阴谋外传》记述了勾践与臣下秘密商量对吴计策，以及战前的一系列准备，其中很多事迹不见于《左传》《国语》《史记》等史书。如陈音论射法，越女论剑术，较之《越绝书》《论衡》的记载也更加详细。《吴越春秋》在编纂体例上比较灵活，广泛借鉴了前代史书的体裁。总体采用《史记》世家之体，用编年纪事的方式将吴、越两国历史首尾完整地叙述出来，而其中对专诸、要离、孙武等人物事迹的记述似乎又有纪传体的色彩。

也有不少学者认为《吴越春秋》在很多地方不像史书般严谨，应该归为小说家之言，这是因为作为史书的《吴越春秋》确有强烈的文学色彩。在一定意义上，《吴越春秋》可以看作是我国历史演义小说的滥觞，无论在内容题材还是创作手法方面，都给后代的中国文学带来了深刻影响。内容题材方面，后代很多文学作品都取材于《吴越春秋》所记载的史事，例如唐代有俗文学《伍子胥变文》，宋元话本有《吴越春秋连像平话》，明代有梁辰鱼的传奇《浣纱记》等。创作手法方面，《吴越春秋》在选材与构思上独具匠心，善于从丰富的史料中挑选出极具戏剧性的事件和最生动的情节，再充分发挥想象力，铺排场面，渲染气氛，把吴、越史事叙述得波澜起伏，惊心动魄。例如作者为了刻画勇士专诸的与众不同，特意安排了一个颇具戏剧性的出场。书中写到，伍子胥在路上碰见专诸和人打架，将要靠近敌人时，专诸"其怒有万人之气，甚不可当，其妻一呼即还"。"其怒有万人之气"的专诸，竟然只要他的妻子喊一声就立马回去了。读到此处，不禁令人会心一笑，勇士专诸难道是个"妻管严"？这一生动的细节就让专诸给人留下了深刻的印象。又如要离的出场也很有特点，为了衬托要离的勇敢，作者先写了一个要离羞辱壮士椒丘䜣的故事，也十分精彩曲折。作者还擅长塑造人物，善于从人物的心理、外貌、表情、动作及语言等各个方面来展现人物的性格特征，通过他们的行为来揭示其命运走向。《吴越春秋》中的重要人物都是血肉丰满的，不同于后代历史演义小说中的脸谱式人物。塑造人物时，作者既注重表现人物身上的美好品德，也不掩饰人物身上的人性弱点和道德败坏之处，尽量全面真实地刻画人物。所以忍辱负重以图复仇的勾践、刚愎自用的夫差、深谋远虑的范蠡、忠义耿直的伍子胥、阿谀奉承的伯嚭、智勇双全的专诸、清逸侠义的渔父、朴实善良的击绵女等人物都给读者留下了鲜明的印象。此外，《吴越春秋》的语言也是值得称道的，其语汇丰富，句法讲究，往往骈散并行。在外交辞令、君臣对话中使用大量的铺排句式，既增强了论说气势，又使文章具有音乐美，有纵横家之风。《吴越春秋》中还保存了大量的诗歌，如《勾践阴谋外传》所载之《弹歌》被后代学者视为最典型的上古歌谣，《阖闾内传》所载的七言诗《穷劫之曲》，《勾践归国外传》所载《苦之诗》，《勾践伐吴外传》所载《河梁之诗》等，对探究我国成熟七言诗的形成时间有重要的意义。

《吴越春秋》一书在现当代也颇受重视，先后有多位学者对其进行点校整理或注释翻译，重要的成果有苗麓点校本《吴越春秋》（江苏古籍出版社 1986 年）、周生春《吴越春秋辑校汇考》（上海古籍出版社 1987 年）、刘玉才《吴越春秋选译》（巴蜀书社 1991 年）、薛耀天《吴越春秋译注》(天津古籍出版社1992年)、张觉《吴越春秋全译》(贵州人民出版社1993年)及《吴越春秋校注》(岳麓书社2006年)等。本次整理《吴越春秋》,原文以"中华再造善本"影印之元大德十年刻本《吴越春秋》为底本,同时参考周生春等前辈的校勘成果,利用其他明清版本,古代类书、古籍注释的引文,以及《左传》《国语》《史记》等史籍的异文对原文加以校正,重要的校改之处,均在注释中加以说明。每篇开头均有题解,对各篇的内容及特点略作介绍,以帮助读者更好地把握篇章内容。对书中较难理解的字词、典故、名物和涉及的历史人物、事件等作了注释,凡通过译文可以理解的字词一般不出注。译文尽量采用直译的方式,力求能够体现原文的风格意境。本书在译注的过程中,借鉴吸收了苗麓、周生春、刘玉才、薛耀天、张觉等前辈的研究成果,在此一并表示感谢。当然,该书疑难之处尚多,尤其是书中几段关于"六壬"占卜之文,如《夫差内传》伍子胥据"《金匮》第八"推算时日吉凶等处,难以详解,前人也多有阙疑,本书也只能略作解释。由于笔者水平有限,本书一定还存在不少不足甚至谬误之处,恳请广大读者批评指正。

崔冶

2019年3月

吴太伯传第一

【题解】

“吴太伯传”原作“吴王太伯传”，现在的篇题是徐天祜删定的。徐天祜曰：“元本‘太伯传’作‘吴王太伯传’。太伯三以天下让，宜王而不王者也；吴之后君又未尝追王之，尊之曰‘王’，名不与实称也。今去‘王’字，以从其实。”古代多用“元”字表示原来之意，徐氏所谓“元本”，当指宋本而言，而非指元代刊本。徐乃昌谓蒋光煦所见影宋本正作“吴王太伯传”。

《吴太伯传》是吴国始祖太伯的传记，但所述太伯的事迹不到全文的三分之一，文章目的在于以太伯为主线，叙述吴国的起源。作者赞同太伯、仲雍奔吴说，首先追述了太伯的祖先后稷、不窋、公刘、古公亶父等周族先君的事迹，接着叙说了太伯如何从周原出奔荆蛮从而建立吴国的经过，最后记述了太伯的葬地及其后代的世系，直至寿梦为止，以便与第二篇《吴王寿梦传》相衔接。但吴国的诸侯是不是吴太伯的后代却是一个有很大争议的问题。蒙文通、张亚初等学者根据文献、考古材料和民族学材料研究的结果认为，春秋时期南方诸侯国吴的始祖并不是太伯、仲雍，吴为太伯、仲雍后裔的说法最早见于《左传》《国语》，但无确切根据，太伯、仲雍奔吴说是吴国托始于中原、攀龙附凤的结果。但是太伯创建吴国的事情从春秋后期起人们就深信不疑，再加上司马迁的肯定，几成定论，而事至二千五百年后的今天，人们想要否定它也很不容易，对此，我们只能寄希望于新的考古发现，能够出现判定吴国与周先君关系的有力证据。

本篇记载吴国的起源，历史叙述一丝不苟，致力于歌颂太伯的功业与德行，重点在于歌颂太伯的“让国”，对于其他周族先祖的记载也倾向于叙写他们的功德，表现出了浓厚的儒家思想。同时，作者善于剪裁，文章详略相间，既富于跳跃性，又显得凝练而生动，文学意味浓厚。本篇所叙内容与《史记·周本纪》《吴太伯世家》多有重合，可参照阅读。

吴之前君太伯者，后稷之苗裔也①。后稷其母台氏之女姜嫄②，为帝喾元妃③。年少未孕，出游于野，见大人迹而观之，中心欢然，喜其形像，因履而践之，身动，意若为人所感。后妊娠，恐被淫泆之祸④，遂祭祀以求，谓无子。履上帝之迹，天犹令有之。姜嫄怪而弃于厄狭之巷，牛马过者折易而避之；复弃于林中，适会伐木之人多；复置于泽中冰上，众鸟以羽覆之。后稷遂得不死⑤。姜嫄以为神，收而养之，长因名弃。为儿时，好种树禾、黍、桑、麻、五谷⑥，相五土之宜⑦，青赤黄黑，陵水高下⑧，粢、稷、黍、禾、蕖、麦、豆、稻⑨，各得其理。尧遭洪水⑩，人民泛滥⑪，遂高而居⑫。尧聘弃，使教民山居，随地造区⑬，研营种之术。三年余，行人无饥乏之色。乃拜弃为农师⑭，封之台，号为后稷，姓姬氏。

【注释】

①后稷：周族的始祖，名弃，“后稷”是他的封号。弃善种植，在尧、舜时主管农业，故“后稷”也用作官名。后，君长。稷，古代一种粮食作物，指粟或黍属，也被看作是五谷之长。

②台:《诗经》《史记》皆作“邰(tái)”,古国名。《诗经·大雅·生民》:“即有邰家室。”毛传:“邰,姜嫄之国也。尧见天因邰而生后稷,故国后稷于邰。”在今陕西武功西南。姜嫄:《史记》作“姜原”,徐天祜说:“《韩诗章句》:‘姜,姓;嫄,字。’”

③帝喾(kù):传说中的上古帝王,姬姓,名夋,字喾,是黄帝的曾孙,受封于辛,号高辛氏。相传他有四妻:元妃有邰氏之女姜嫄生后稷,是周族的始祖;次妃有娀氏之女简狄生契,是商族的始祖;次妃陈丰氏之女庆都生帝尧;次妃娵訾氏之女常仪生帝挚。详见《史记·五帝本纪》张守节《正义》所引《帝王纪》。

④淫泆(yì):也作“淫佚”“淫逸”,恣纵逸乐。泆,放纵。

⑤后稷遂得不死:按,以上后稷出生之神异事迹,取自《诗经·大雅·生民》,原文为:“履帝武敏歆,攸介攸止。载震载夙,载生载育,时维后稷……上帝不宁,不康禋祀,居然生子。诞置之隘巷,牛羊腓字之。诞置之平林,会伐平林。诞置之寒冰,鸟覆翼之。”

⑥五谷:原来是指五种谷物,即黍、稷、菽、麦、稻;一说指麻、菽、麦、稷、黍。此文“五谷”统称谷物,并不确指五种谷物。

⑦相(xiàng):察看。五土:山林、川泽、丘陵、水边平地、低洼地等五种土地。《后汉书·明帝纪》:“今五土之宜,反其正色。”唐李贤等注:“《周礼》曰‘山林、川泽、丘陵、坟衍、原隰,谓之五土’也。色谓其黄、白、青、黑之类。”参见《周礼·地官·大司徒》。

⑧陵:徐天祜说:“陆地。”

⑨蕖(qú):疑作“粱”。《广雅·释草》:“蕖,芋也。”“蕖”与“粢、稷、黍、禾、麦、豆、稻”并举,亦当是谷物之名。徐乃昌引孙诒让说:“‘蕖’非谷名,疑当作‘粱’,形近而误。”以孙说为是。

⑩尧:上古时期部落联盟首领,姓伊祁,名放勋,陶唐氏,都平阳(今山西临汾),《史记》列为五帝(黄帝、颛顼、帝喾、尧、舜)之一。

⑪泛滥:江河湖泊的水溢出,四处流淌。此用以形容百姓遭受洪水淹没的苦况。

⑫遂:徐天祜说:"遂,疑当作'逐'。"

⑬区:畦,畦田。

⑭农师:古官名,掌农事。

【译文】

吴国的先君太伯,是后稷的后代。后稷的母亲是有邰氏的女子姜嫄,是帝喾的正妻。姜嫄年轻还没有怀孕时,一次出去游玩来到野外,发现一个巨人的脚印便观赏起来,她心中高兴,非常喜爱这个脚印的形状,于是走上去踩它,这时觉得身内一动,感觉好像被别人触动了一下。后来就怀了孕,她怕蒙受纵欲放荡的恶名,于是举行祭祀来祈求,祷告说不要有孩子。但是因为她踩了上帝的脚印,上天还是让她生了孩子。姜嫄感到怪异,便把孩子抛弃在狭窄的巷道里,但路过的牛马都绕道而躲避他;姜嫄又把他抛弃到树林里,正巧赶上伐木的人很多;姜嫄又把他扔到湖中的寒冰上,但群鸟用翅膀把他遮护起来。后稷因而没有死掉。姜嫄认为他很神奇,就收养了他,长大后因而取名叫弃。弃还是孩童的时候,就喜好种植禾、黍、桑、麻及各种谷物,也仔细考察了五种土地的适宜性,土色的青赤黄黑以及陆地水泽的高低,使粢、稷、黍、禾、粱、麦、豆、稻等各种谷物,都种植在适合他们生长的地方。尧时遭受洪水之灾,人民饱受洪水之苦,便寻求高处安身。尧聘请弃,让他教给百姓在山上生存的方法,依据地形建设农田,研究管理耕种的技术。只用了三年多时间,路上的行人便不再有饥饿困乏的脸色了。于是尧任命弃为农师,把他封在邰这个地方,号称后稷,姓姬氏。

后稷就国,为诸侯。卒,子不窋立①,遭夏氏世衰,失官②,奔戎、狄之间③。其孙公刘④。公刘慈仁,行不履生草,运车以避葭苇⑤。公刘避夏桀于戎、狄⑥,变易风俗,民化其政。公刘卒，子庆节立。其后八世[⑦]，而得古公亶甫[⑧]，修公刘、后稷之业，积德行义，为狄人所慕。薰鬻、戎姤而伐之[⑨]，古公事之以犬马牛羊，其伐不止；事以皮币金玉重宝[⑩]，而亦伐之不止。古公问："何所欲？"曰："欲其土地。"古公曰："君子不以养害。害所养[⑪]，国所以亡也，而为身害，吾所不居也。"古公乃杖策去邠[⑫]，逾梁山而处岐周[⑬]，曰："彼君与我何异？"邠人父子兄弟相帅，负老携幼，揭釜甑而归古公[⑭]。居三月，成城郭[⑮]；一年，成邑；二年，成都，而民五倍其初。

【注释】

①不窋（zhú）：周始祖弃的后代。徐天祜说："《帝王世纪》：'后稷纳姞氏，生不窋。'"按，此文据《史记·周本纪》"后稷卒，子不窋立"以不窋为后稷弃之子，恐误。据《史记·周本纪》《国语·周语》等推断可知，弃与不窋的生活年代前后相差六七百年，所以不窋不可能是弃的儿子，"后稷"并非一人，当指世代为农官的弃的后代，详参吕思勉《先秦史·周先世事迹》。

②遭夏氏世衰，失官：《史记·周本纪》："不窋末年，夏后氏政衰，去稷不务，不窋以失其官而奔戎狄之间。"《国语·周语上》："昔我先王世后稷，以服事虞、夏。及夏之衰也，弃稷弗务，我先王不窋用失其官，而自窜于戎狄之间。"韦昭注："弃，废也。衰，谓启子太康废稷之官，不复务农。"又注："尧封弃于邰，至不窋失官，去夏而迁于邠，西接戎，北近狄也。"可知不窋失官，是因为夏王朝废去了农官所致。

③戎：我国古代对西部少数民族的统称。狄：我国古代北方的一个民族，也写作"翟"，秦汉以后泛指北方少数民族。戎、狄之间，盖谓不窋逃往的今甘肃庆阳一带。

④其孙公刘:《史记·周本纪》:“不窋卒,子鞠立。鞠卒,子公刘立。”

⑤葭(jiā):初生的芦苇。

⑥桀:夏朝的末代君主,名履癸,历史上有名的暴君,被商汤战败后流放南巢(今安徽巢湖)而死。

⑦八世:从庆节至古公亶父为八世。《史记·周本纪》:“庆节卒,子皇仆立。皇仆卒,子差弗立。差弗卒,子毁隃立。毁隃卒,子公非立。公非卒,子高圉立。高圉卒,子亚圉立。亚圉卒,子公叔祖类立。公叔祖类卒,子古公亶父立。”

⑧古公亶甫:《史记》作“古公亶父”。周文王的祖父,后被周武王追尊为“太王”。古公将周族由豳迁至岐山下,使周族逐渐兴盛强大起来。

⑨薰鬻:古代北方的一个民族,古籍中有多种写法与称呼,如“獯鬻”“荤粥”“猃狁”等。《史记·五帝本纪》司马贞《索隐》:“匈奴别名也。唐、虞已上曰山戎,亦曰熏粥,夏曰淳维,殷曰鬼方,周曰猃狁,汉曰匈奴。”姤(gòu):忌妒,忌恨。

⑩币:缯帛。古时以束帛作为祭祀或赠送宾客的礼物,称为币。

⑪君子不以养害。害所养:此处各家多认为有脱字。周生春说:“原文不误,且可通。孙诒让因断句不当,而误以为‘害’字应作‘者’字。”按,考之上下文意,以周说为是,不增字原文即可通。

⑫杖策:执鞭,借指驱马而行。杖,同“仗”。执持。策,马鞭。邠(bīn):又作“豳”,古地名,公刘在此立国,故地在今陕西彬州。

⑬梁山:古代名梁山的有多处,此指邠国之南的梁山,位于今陕西岐山、扶风的北部。岐周:指岐山脚下之周原,在今陕西宝鸡境内。

⑭揭釜甑(zèng):挑着炊具。揭,举,担。釜,古代的炊具,相当于现在的锅。甑,瓦制蒸锅。

⑮城郭:泛指城邑。城,指内城的墙。郭,指外城的墙。

【译文】

后稷前往封国，做了诸侯。后稷死后，他的儿子不窋立为诸侯，那时正逢夏朝世道衰微，不窋失去了主管农业的官职，于是就逃亡到接近戎、狄的地方。他的孙子就是公刘。公刘慈善仁爱，走路时不踩活着的青草，驾车时也注意避开芦苇。公刘因为躲避夏桀而住在戎、狄之邦，他移风易俗，民众都被他的政教感化了。公刘去世，儿子庆节继位。庆节之后八代，便是古公亶甫，他继承和发展了公刘、后稷的事业，积聚仁德实行道义，被狄族的民众所仰慕。薰鬻、戎妒忌古公而攻打他，古公用狗马牛羊供奉他们，他们仍然攻打不止；古公用裘皮、丝织品、黄金、玉器等贵重的宝物供奉他们，他们还是不停地攻打古公。古公问："你们到底想要什么？"他们回答说："想要你的土地。"古公说："君子不会因为养人的土地而伤害被养的民众。因为养人的土地而伤害被养的民众，这是国家灭亡的根源啊，而为了我自己去伤害民众，我不能住在这里了。"古公便执鞭驱马离开了邠地，越过梁山而定居在岐山脚下的周原，并对邠地的民众说："他们的君主和我有什么不同呢？"但邠地的民众还是父子兄弟互相结伴，背着老人领着孩子，挑着炊具而归附古公。古公在周原住了三个月，就筑成了城郭；住了一年，形成了一个城邑；住了两年，建成了国都，而人口增长到原来的五倍。

古公三子，长曰太伯，次曰仲雍①，雍一名吴仲②，少曰季历③。季历娶妻大任氏④，生子昌⑤。昌有圣瑞⑥。古公知昌圣，欲传国以及昌，曰："兴王业者，其在昌乎？"因更名曰季历。太伯、仲雍望风知指⑦，曰："历者，适也⑧。"知古公欲以国及昌。古公病，二人托名采药于衡山⑨，遂之荆蛮⑩，断发文身⑪，为夷狄之服⑫，示不可用。古公卒，太伯、仲雍归，赴丧毕，还荆蛮。国民君而事之，自号为勾吴。吴人或问："何像而为勾吴?”太伯曰:“吾以伯长居国,绝嗣者也。其当有封者,吴仲也。故自号勾吴,非其方乎⑬?”荆蛮义之,从而归之者千有余家,共立以为勾吴。数年之间,民人殷富。遭殷之末世衰,中国侯王数用兵⑭,恐及于荆蛮,故太伯起城周三里二百步⑮,外郭三百余里,在西北隅,名曰故吴⑯,人民皆耕田其中。

【注释】

①仲雍:“仲”是排行,“雍”是名。《史记·吴太伯世家》司马贞《索隐》:“‘伯’‘仲’‘季’是兄弟次第之字。”

②雍一名吴仲:徐天祜说:“《史记》作‘虞仲’。”“虞”“吴”古同音。

③季历:周文王之父,“历”是名,“季”是排行,后被周武王追尊为王季。

④大任:任姓,又称太任,生于挚(今河南平舆)。

⑤昌:即周文王,周武王之父,姬姓,名昌,商纣时为西伯,为周武王实现灭商大业打下了坚实的基础,周人及后代儒家心目中的圣王。

⑥圣瑞:预示天子降世的异常吉祥的征兆。徐天祜说:“《尚书纬·帝命验》曰:‘季秋之月甲子,赤爵衔丹书入于酆,止于昌户。其书云云。’此盖圣瑞。”《太平御览》卷三九八引《帝王世纪》云:“季秋之月甲子,赤雀衔丹书入酆,止于文王之户,言天命归周之意。先是,文王梦日月之光着身。”

⑦指:同“旨”。意旨。

⑧历者,适(dí)也:适,同“嫡”。嫡长子。张觉说:“《论衡·谴告篇》:‘太王亶父以王季之可立,故易名为历。历者,适也。’《说文》:‘历,过也。’《广雅·释言》:‘历,逢也。’《尔雅·释诂》:‘适,

往也。'《文选·王命论》注:'適,犹遇也。'可见古代'历''適'为同义词。'適'古音读若'嫡',故又通'嫡'。古代正妻所生的儿子称为'嫡',有时也专指正妻所生的长子,这里即是专指。按古代的封建宗法制度,君位必须传给嫡长子。季是少子,按理不能继位,现在古公将他改名为'历',相当于称他为'嫡'(嫡长子),这实是在暗示要把君位传给他。"可供参考。

⑨衡山:徐天祜说:"南岳。"徐乃昌引卢文弨说:"此衡山亦当在乌程。"按,乌程在今浙江吴兴南,但今安徽当涂东也有衡山,一名横山。徐说误,卢说不一定确切。

⑩荆蛮:古代中原地区对江南楚地民族的泛称。此指吴越之地。荆,楚地,楚原建国于荆山一带,所以又称"荆"。蛮,我国古代对南部民族的污蔑性称呼。张觉认为,据《史记·楚世家》,楚建国于周成王时,则太伯奔江南时,江南并不是楚国,此文说"荆蛮",大概是承袭了《史记·周本纪》的说法。《史记·周本纪》张守节《正义》:"太伯奔吴,所居城在苏州北五十里常州无锡县界梅里村,其城及冢见存。而云'亡荆蛮'者,楚灭越,其地属楚,秦灭楚,其地属秦,秦讳'楚',改曰'荆',故通号吴越之地为荆。及北人书史加云'蛮',势之然也。"

⑪断发文身:剪去长发,身刺花纹,是当时南方民族的一种风俗。当时中原各国的男女都蓄发。《史记·周本纪》裴骃《集解》:"应劭曰:'常在水中,故断其发,文其身,以象龙子,故不见伤害。'"

⑫夷:我国古代对东部各民族的统称。服:此处泛指夷狄之习俗及器物服饰。

⑬方:道义。《国语·周语》:"上得民心,以殖义方。"韦昭注:"方,道也。"《广雅·释诂》:"方,义也。"

⑭遭殷之末世衰,中国侯王数(shuò)用兵:此句当指商代末年,周武王会八百诸侯伐纣之事。中国,古代华夏族建国于黄河流域

一带，以为居天下之中，故称中国，此指商王朝统治地区。数，屡次。

⑮三里二百步：里、步，都是古代丈量土地的长度与面积单位，此处用作长度单位。据《汉书·食货志》“六尺为步”，据《春秋穀梁传》，三百步为一里。详参吴承洛《中国度量衡史》第四章第四节。

⑯故吴：徐天祜说：“太伯所都，谓之吴，城在梅里平墟，今无锡县境。”即今江苏无锡东的梅村。

【译文】

古公有三个儿子，长子叫太伯，次子叫仲雍，仲雍又叫吴仲，少子叫季历。季历娶了妻子太任氏，生了儿子姬昌。姬昌出生时有异常吉祥的征兆。古公知道姬昌有圣德，想把国家传到姬昌手中，就说：“能振兴王业的人，大概就是昌吧？”于是就把少子的名字改成季历。太伯、仲雍看到这种形势就懂得了古公的意图，说：“历，就是嫡啊。”知道古公要把君位传给姬昌。古公生病了，太伯、仲雍兄弟二人就借口到衡山采药，于是就到了吴越之地，并按照当地的习俗剪短了头发，在身上刺了花纹，穿着使用当地部族的衣服器物，表示自己不可能再回周继位。古公去世，太伯、仲雍回到岐周，奔丧完毕，又回到吴越之地。当地的人民把太伯当作君主来侍奉，太伯从此便自称为勾吴。吴地有人问他：“根据什么称为勾吴呢？”太伯说：“我是凭着兄长身份居于君位的，可是我没有后嗣。应当据有这片土地并做它的国君的人是吴仲啊。所以从一开始就叫做勾吴，这不是合乎道义的事么？”吴越之地的民众认为太伯讲究道义，于是前来归附他的有一千多家，同心合力拥戴他建成了吴国。几年之间，人们就变得很富裕了。这时正逢商朝的末年，世道衰微，商王朝统治下的中原地区的诸侯频频发动战争，因为怕战祸连累到吴越之地，所以太伯筑城防御，内城周长为三里二百步，外城周长三百余里，这城筑在西北角，名叫旧吴城，人民都在其中耕种田地。

古公病[①]，将卒，令季历让国于太伯，而三让不受[②]，故云"太伯三以天下让"[③]。于是季历莅政，修先王之业，守仁义之道。季历卒，子昌立，号曰西伯[④]，遵公刘、古公之术，业于养老，天下归之。西伯致太平，伯夷自海滨而往[⑤]。西伯卒，太子发立[⑥]，任周、召而伐殷[⑦]。天下已安，乃称王，追谥古公为大王[⑧]，追封太伯于吴。太伯祖卒，葬于梅里平墟[⑨]。仲雍立，是为吴仲雍。仲雍卒，子季简，简子叔达，达子周章，章子熊，熊子遂，遂子柯相，相子强鸠夷，夷子馀乔疑吾，吾子柯庐，庐子周繇，繇子屈羽，羽子夷吾，吾子禽处，处子专，专子颇高，高子句毕立[⑩]。是时晋献公灭周北虞虞公，以开晋之伐虢氏[⑪]。毕子去齐，齐子寿梦立，而吴益强，称王。凡从太伯至寿梦之世[⑫]，与中国时通朝会，而国斯霸焉。

【注释】

①病：这里指病重。

②三让：《史记·吴太伯世家》张守节《正义》："江熙云：'太伯少弟季历生文王昌，有圣德，太伯知其必有天下，故欲传国于季历。以太王病，托采药于吴越，不反。太王薨而季历立，一让也；季历薨而文王立，二让也；文王薨而武王立，遂有天下，三让也。又释云：太王病，托采药，生不事之以礼，一让也；太王薨而不反，使季历主丧，不葬之以礼，二让也；断发文身，示不可用，使历主祭祀，不祭之以礼，三让也。'"其说可参，也有人认为"三"字可能只是约数，表示多次。

③故云"太伯三以天下让"：《论语·泰伯》："子曰：'泰伯，其可谓至德也已矣！三以天下让，民无得而称焉。'""三以天下让"为引孔子语，所以说"故云"。

④西伯：西方诸侯之长。徐天祐说："按《孔丛子》，羊容问子思曰：'周自后稷封为王者之后，至太王、王季、文王，此为诸侯，奚得为西伯乎？'子思曰：'吾闻诸子夏曰："殷帝乙之时，王季以九命作伯于西，受圭瓒秬鬯之赐，故文王因之得专征伐。"此诸侯为伯，犹召公分陕谓之召伯也。'"按，姬昌于殷末时为"三公"，并被殷纣封为"西伯"，事见《史记·殷本纪》。

⑤西伯致太平，伯夷自海滨而往：伯夷归文王事见《孟子·离娄上》："伯夷辟纣，居北海之滨，闻文王作，兴曰：'盍归乎来？吾闻西伯善养老者。'"又见《史记·周本纪》。

⑥发：即周武王，姬姓，名发，周文王次子。他继承其父周文王的遗志，联合庸、蜀、羌等部族，打败了商纣王，建立了西周王朝。据《夏商周断代工程1996—2000年阶段成果报告》，武王前1046—前1043在位，在位四年。

⑦周：指周公旦，姬姓，名旦，周武王之弟，采邑在周（今陕西岐山东北），故称周公。一生功业颇丰，辅助周武王灭商，后又辅佐周成王，平定叛乱，制礼作乐，营建成周等，是儒家心目中的圣人，参见《史记·周本纪》《鲁周公世家》。召：即召公奭（shì），姬姓，名奭，因采邑在召（今陕西岐山西南），故称召公。他曾辅佐武王灭商，被封于燕，为燕国的始君，参见《史记·燕召公世家》。

⑧谥（shì）：古代帝王、贵族、大臣等死后，根据其生前事迹及品德，被加的评定性称号。大王：即太王。

⑨葬于梅里平墟：张觉说："梅里：即今无锡市东13公里处的梅村镇。今镇中伯渎河南岸有泰伯庙，相传为泰伯故宅……平墟：太伯墓在今无锡市东18公里的鸿山西南坡，在梅村乡境内，也就是在吴县北而偏西……鸿山又名皇山，故此墓也称吴王墩、皇陵。古代大丘叫'墟'，'平墟'当即鸿山之古称。"可供参考。

⑩"子季简"以下十六句：《史记·吴太伯世家》所记吴国世系与此

文有所不同，一是在《史记》里熊遂是一个人，为一世，本文则是两个人，为二世；二是馀桥疑吾、柯庐、专子、句毕名字写法不同。其言云："仲雍卒，子季简立。季简卒，子叔达立。叔达卒，子周章立……周章卒，子熊遂立。熊遂卒，子柯相立。柯相卒，子强鸠夷立。强鸠夷卒，子馀桥疑吾立。馀桥疑吾卒，子柯卢立。柯卢卒，子周繇立。周繇卒，子屈羽立。屈羽卒，子夷吾立。夷吾卒，子禽处立。禽处卒，子转立。转卒，子颇高立。颇高卒，子句卑立。"

⑪是时晋献公灭周北虞虞公，以开晋之伐虢(guó)氏：此两句指"假途灭虢"之事。晋献公二十二年(前655)，晋国再次向虞国借路去攻打虢国，虞国大夫宫之奇用唇亡齿寒的道理劝谏虞公，但虞公贪财而不听。同年冬，晋灭虢，回师又灭了虞国。事详见《左传·僖公五年》及《史记·晋世家》。晋献公，名诡诸，春秋时期晋国君主，前676—前651年在位。虞，诸侯国名，在今山西平陆北。武王灭商后，将吴仲雍的曾孙仲(周章之弟)封于虞，称虞仲。因为虞国都城在当时周都城洛邑的北面，故称周北虞。虞国国君与吴国有血缘关系，故此文兼叙其事。开，让开道路。虢，西周以来的诸侯国，姬姓，原都于今陕西宝鸡一带，始封之君为文王之弟虢仲。周幽王被犬戎所灭时，虢随周王室东迁，改都于今河南三门峡陕州区东之上阳，在当时的虞国之南，与虞国隔黄河相望。

⑫凡从太伯至寿梦之世：《史记·吴太伯世家》云："大凡从太伯至寿梦十九世"。

【译文】

古公病势沉重，将要去世的时候，让季历把君位让给太伯，但太伯屡次推让而不接受，所以说"太伯三以天下让"。于是季历即位执政，继续从事前代君王的事业，坚持实行仁义之道。季历去世后，儿子姬昌立为国君，号称西伯，他遵循公刘、古公的事业传统，致力于敬养老人，于是天下的人都归附他。西伯使国内太平了，伯夷从海边去投奔他。西伯去世后，太子姬发立为国君，任用周公旦、召公奭以讨伐殷商。天下已经平定后，才称王，他追称古公为太王，把吴地追封给太伯。太伯这位吴国的始祖去世了，安葬在梅里平墟。仲雍立为国君，这就是吴仲雍。仲雍死后，他的儿子季简即位，之后季简的儿子叔达，叔达的儿子周章，周章的儿子熊，熊的儿子遂，遂的儿子柯相，柯相的儿子强鸠夷，强鸠夷的儿子馀乔疑吾，馀乔疑吾的儿子柯庐，柯庐的儿子周繇，周繇的儿子屈羽，屈羽的儿子夷吾，夷吾的儿子禽处，禽处的儿子专，专的儿子颇高，颇高的儿子句毕相继即位。这时晋献公灭掉了周都北面的虞国，这是因为虞公给晋侯进攻虢国开通了道路。接下来是句毕的儿子去齐，去齐的儿子寿梦继位，从此以后吴国日益强大，自称为王。大约从太伯建国至寿梦的时代，吴与中原各国时常来往会见，并且称霸一方了。

吴王寿梦传第二

【题解】

本篇虽然名为《吴王寿梦传》，但实际记叙的是吴国寿梦和他四个儿子诸樊、馀祭、馀昧、季札的事迹，意在讲述吴国初期在中国崛起的历史。与《左传》《史记》等其他历史文献的记载相比，本文略去了很多史事，而重在叙述两个方面的内容。一是侧重记述吴国与诸侯为敌的史事，重点叙述了因为收留楚国亡臣申公巫臣和齐国亡臣庆封所挑起的几次战争。二是突出吴国从太伯时期就流传下来的让位传统，详细叙述了寿梦想要传位给季札而季札坚持不受的史事。在对这个历史事件的记载中，不但突出了馀祭、馀昧两位公子秉承父命、深明大义坚持传位给季札的德行，更加赞赏季札以先王礼制、国家制度为先，以前代圣贤为榜样，不肯受国的道义之举。本篇还有一个特点值得注意，就是对季札观乐这一重要的历史事件只字未提，而《左传》《史记》都以极大的篇幅详细地描述了季札在鲁国观乐的情况。

此外，本篇叙事与其他史籍相比不够严谨，尤其在记年上存在很多错误，可与《左传》《史记》等史籍参照阅读。

寿梦元年①，朝周②，适楚③，观诸侯礼乐。鲁成公会于钟离④，深问周公礼乐⑤。成公悉为陈前王之礼乐，因为咏歌三代之风[⑥]。寿梦曰:"孤在夷蛮[⑦],徒以椎髻为俗[⑧],岂有斯之服哉[⑨]?"因叹而去,曰:"於乎哉[⑩]! 礼也!"

【注释】

①寿梦元年:即前585年。《史记·吴太伯世家》司马贞《索隐》:"自寿梦已下,始有其年。"寿梦是号,姬姓,名乘,前585—前561年在位。

②周:当时为周简王元年,即前585年。周简王,姬姓,名夷,东周第十位君王,前585—前572年在位。

③楚:西周至战国时期诸侯国。寿梦元年为楚共王六年。

④鲁成公:姬姓,名黑肱,前590—前573年在位。钟离:春秋时期诸侯小国,位于吴、楚边境,在今安徽凤阳。据《左传·成公十五年》《史记·十二诸侯年表》载吴、鲁会于钟离在鲁成公十五年(前576),即吴寿梦十年。本文将此事系于寿梦元年,误。

⑤周公礼乐:相传西周开国之初,周公制礼作乐,所以称"周公礼乐"。

⑥三代之风:夏、商、周三代的乐曲。

⑦孤:古代王侯的谦称。

⑧椎髻:挽在头顶的发髻,形状如椎。这里喻指未开化民族的朴陋风格。

⑨服:服饰、宫室、器物、车骑等等,即指礼乐文化。

⑩於(wū)乎:同"呜呼"。感叹词。

【译文】

寿梦元年,寿梦朝见了周天子,又来到楚国,观赏了其他诸侯国的礼乐。鲁成公在钟离会见了寿梦,寿梦深入地询问了周公制礼作乐的情况。鲁成公便给他详尽地陈述了先王的礼乐,并且为他演奏了夏、商、周三代的乐曲。寿梦说:"我住在蛮夷地区,只把扎椎状的发髻作为习俗,哪有见过这样的礼乐文化啊?"于是无限感慨地离去,说:"哎呀呀! 多好的礼制啊!"

二年，楚之亡大夫申公巫臣适吴[①]，以为行人[②]，教吴射御，导之伐楚。楚庄王怒[③]，使子反将[④]，败吴师，二国从斯结仇。于是吴始通中国，而与诸侯为敌。

【注释】

①申公巫臣：姓屈，字子灵，巫臣原为楚国申县（在今河南南阳）县尹，故称“申公”。据《左传·成公二年》记载，子反想娶夏姬，巫臣劝阻他，自己却携夏姬逃到了晋国，所以称“楚之亡大夫”。

②行人：接待各国使者的官。据《左传·成公七年》和《史记·吴太伯世家》记载，巫臣是让他的儿子狐庸在吴国当行人。

③楚庄王：熊氏，名旅，一作侣，前613—前591年在位，春秋五霸之一。寿梦二年，为楚共王七年（前584），此时楚庄王已死，此当作楚共王。

④子反：楚公子侧，字子反，楚共王时为司马，掌管楚国军政。将（jiàng）：带兵。

【译文】

二年，楚国流亡在外的大夫申公巫臣来到吴国，吴王任命他为接待国宾的外交大臣，巫臣还教吴国人射箭、驾驶战车，并劝导吴人去攻打楚国。楚共王恼羞成怒，派子反率兵回击，打败了吴军，两国从此结下了怨仇。从这个时候起吴国才开始和中原各国交往，与各诸侯相抗衡。

五年，伐楚，败子反。

【译文】

五年，吴国讨伐楚国，击败了子反。

十六年，楚恭王怨吴为巫臣伐之也[1]，乃举兵伐吴，至衡山而还[2]。

【注释】

①楚恭王：即楚共王。熊氏，名审，前590—前560年在位。

②衡山：《左传·襄公三年》："三年春，楚子重伐吴，为简之师，克鸠兹，至于衡山。"杜注："鸠兹，吴邑，在丹阳芜湖县东……衡山，在吴兴乌程县南。"乌程县即今浙江吴兴。又洪亮吉《春秋左传诂》引顾栋高《春秋大事表》："芜湖、乌程相去太远。今太平府当涂县东北六十里有横山。'横'与'衡'古通用，似为近之。"可供参考。

【译文】

十六年，楚共王因为怨恨吴国为了巫臣攻打楚国，于是就起兵讨伐吴国，攻打到衡山才撤回。

十七年，寿梦以巫臣子狐庸为相，任以国政。

【译文】

十七年，寿梦任命巫臣的儿子狐庸为宰相，将国家的政事交给他处理。

二十五年，寿梦病，将卒。有子四人，长曰诸樊[1]，次曰馀祭[2]，次曰馀昧，次曰季札。季札贤，寿梦欲立之。季札让曰："礼有旧制，奈何废前王之礼而行父子之私乎？"寿梦乃命诸樊曰："我欲传国及札，尔无忘寡人之言[3]。"诸樊曰："周之太王知西伯之圣[4]，废长立少，王之道兴。今欲授国于札，臣诚耕于野。”王曰：“昔周行之德加于四海，今汝于区区之国、荆蛮之乡，奚能成天子之业乎？且今子不忘前人之言，必授国以次及于季札。”诸樊曰：“敢不如命？”寿梦卒[⑤]。诸樊以適长摄行事[⑥]，当国政。

【注释】

①诸樊：名遏，一作谒，诸樊是号，前560—前548年在位。

②馀祭（zhài）：据《左传》，前547—前544年在位。《史记·吴太伯世家》则载其前547—前531年在位。

③无：同“毋”。不要。

④太王：即古公亶父。

⑤寿梦卒：徐天祜说：“《春秋·襄公十二年》：‘秋九月，吴子乘卒。’《左传》书‘寿梦卒’，杜预曰：‘寿梦，吴子之号。’”

⑥適长：嫡长，正妻所生的长子。依周代宗法制，只有嫡长子才有继位权。適，同“嫡”。古代称正妻及正妻所生的儿子为“嫡”。

【译文】

二十五年，寿梦病重，将要去世。他有四个儿子，长子叫诸樊，次子叫馀祭，三子叫馀昧，四子叫季札。季札德才兼备，寿梦想让他继承王位。季札推辞说：“礼制有成规，怎么能废弃先王的礼制而按父子之间的私情来办事呢？”寿梦于是命令诸樊说：“我希望把国家传给季札，你不要忘了我的话。”诸樊说：“周族的太王古公亶父知道西伯昌的圣德，便废掉长子而让少子继位，结果周族的王业得以振兴。现在您想把国家交给季札，我心甘情愿到野外去种地当平民。”吴王寿梦说：“从前周王施行的仁德能到达全天下，现在你一个区区小国，处在蛮夷地区，哪能成就天子的伟业呢？如果你不忘记父亲的话，就一定依照兄弟排行的次序把国家传给季札。”诸樊说：“我敢不服从您的命令么？”寿梦去世了。诸樊凭着嫡长子的身份代行君权，执掌国政。

吴王诸樊元年，已除丧，让季札，曰："昔前王未薨之时[①]，尝晨昧不安，吾望其色也，意在于季札。又复三朝悲吟而命我曰[②]：'吾知公子札之贤[③]。'欲废长立少，重发言于口。虽然，我心已许之，然前王不忍行其私计，以国付我。我敢不从命乎？今国者，子之国也，吾愿达前王之义。"季札谢曰："夫适长当国，非前王之私，乃宗庙社稷之制[④]，岂可变乎？"诸樊曰："苟可施于国，何先王之命有？太王改为季历，二伯来入荆蛮，遂城为国，周道就成。前人诵之，不绝于口，而子之所习也。"札复谢曰："昔曹公卒[⑤]，庶存適亡[⑥]，诸侯与曹人不义而立于国。子臧闻之[⑦]，行吟而归。曹君惧，将立子臧，子臧去之，以成曹之道。札虽不才，愿附子臧之义。吾诚避之。"吴人固立季札，季札不受而耕于野，吴人舍之。诸樊骄恣，轻慢鬼神，仰天求死。将死，命弟馀祭曰："必以国及季札。"及封季札于延陵[⑧]，号曰"延陵季子"。

【注释】

①薨(hōng)：古代诸侯或有爵位的大臣死叫做"薨"。

②三朝(cháo)：古代天子、诸侯处理政事的场所分为三朝。外朝有一，是询问万民的地方。内朝有二：一名治朝，是每天处理政事的地方；一名燕朝，是处理完政事后休息的地方，也是和同宗之人商议私事的地方。

③公子：诸侯之子称公子。

④宗庙：天子、诸侯祭祀祖先的场所。社稷：国家与政权的代称。社是土地神，稷是谷神。

⑤曹公：指曹宣公，名庐，前594—前578年在位。前578年夏五

月，晋与齐、鲁、宋、卫、郑、曹等国联合攻秦，曹宣公死于军中。见《春秋·成公十三年》。

⑥庶存適亡：据《左传·成公十三年》记载，曹宣公死后，曹国人派公子负刍守国，派公子欣时（字子臧）运曹宣公尸体回国。这年秋天，负刍杀死太子而自立，即曹成公。

⑦子臧：曹宣公庶子，姬姓，名欣时，字子臧。

⑧延陵：古邑名，在今江苏常州。

【译文】

吴王诸樊元年，服丧期已满，就要让位给季札，说道："过去先王在世时，曾经从早到晚坐立不安，我观察他的表情，知道他的希望全在你身上。他还在朝中各种场合经常哀叹，并告诉我说：'我知道公子季札贤能。'他打算废黜长子而立少子，但是难以把这话说出口。虽然如此，我已经满心答应他了，但是先王不忍心按他个人的意愿来办事，仍然把国家托付给我。我敢不服从命令么？现在国家是您的了，我希望能实现先王的遗愿。"季札推辞说："嫡长子主持国政，并不是先王的私意，而是祖宗留下来的传统、国家的制度，怎么能改变呢？"诸樊说："如果对国家有利，先王之命又有什么？太王改立季历，两位兄长便来到吴越之地，筑起城墙建立了国家，成就了周王朝的治国之道。前人称颂他们，赞不绝口，这也是您了然于心的啊。"季札又推辞说："从前曹宣公死后，庶子负刍杀死嫡长子自立为国君，众诸侯和曹国人民都认为立负刍为君是不合乎道义的。宣公的另一个庶子子臧听说这种情况，一边走一边哀叹着回到曹国。曹成公也害怕了，要立子臧为曹君，子臧逃离了曹国，以此来成全曹国的治国之道。我季札虽然没有才德，却愿意奉行子臧的处世之道。我诚心诚意地避让君位。"吴人坚决要拥立季札，季札坚持不受而到野外去耕作，吴人只好作罢。于是诸樊故意骄纵恣肆，怠慢鬼神，仰求老天赐他一死。临终时，他命令弟弟馀祭说："一定要把国家传给季札。"于是就把季札封到延陵，称他为"延陵季子"。

馀祭十二年[①]，楚灵王会诸侯伐吴[②]，围朱方[③]，诛庆封[④]。庆封数为吴伺祭[⑤]，故晋、楚伐之也。吴王馀祭怒曰："庆封穷来奔吴，封之朱方，以效不恨士也。"即举兵伐楚，取二邑而去。

【注释】

①馀祭十二年：前536年。《春秋》《左传》记馀祭在位仅四年，《史记·吴太伯世家》则记馀祭在位十七年。

②楚灵王会诸侯伐吴：据《左传·昭公四年》此事发生在前538年。楚灵王，熊氏，名围，即位后改名为虔，前540—前529年在位。

③朱方：吴国地名，在今江苏丹徒。

④庆封：姜姓，字子家，又字季。春秋时齐国大夫。前548年，崔杼杀齐庄公而拥立景公，崔杼和庆封分任右相、左相。齐景公二年(前546)，庆封灭掉崔氏执政，次年遭田、鲍、栾、高氏联合进攻，他只好奔鲁，后又奔吴。前538年，楚灵王伐吴，庆封被擒灭族。

⑤祭：徐天祜说："'祭'当作'察'。"

【译文】

馀祭十二年，楚灵王会合诸侯一起进攻吴国，包围了朱方，诛杀了庆封。庆封多次为吴国侦察敌情，所以晋国、楚国才要讨伐他。吴王馀祭愤怒地说："庆封是走投无路了才来投奔吴国的，我把他封在朱方，是为了表明我们是不仇视有才之人的。"于是发兵攻打楚国，夺取了两个城邑才离开。

十三年，楚怨吴为庆封故伐之，心恨不解，伐吴，至乾谿[①]。吴击之，楚师败走。

【注释】

①至乾谿:《左传·昭公六年》:“令尹子荡帅师伐吴,师于豫章,而次于乾谿。吴人败其师于房钟。”《史记·十二诸侯年表》《吴太伯世家》也将此事系于鲁昭公六年(前536年),即馀祭十二年。乾谿,楚国地名,在今安徽亳州东南。

【译文】

十三年,楚国怨恨吴国为了庆封的缘故而去攻打他,心中怨恨总也不能消除,因而攻打吴国,军队开到乾谿。吴军进行反击,结果楚军败退逃跑了。

十七年,馀祭卒[①]。馀昧立,四年,卒。欲授位季札,季札让,逃去,曰:“吾不受位,明矣。昔前君有命,已附子臧之义。洁身清行,仰高履尚,惟仁是处,富贵之于我,如秋风之过耳。”遂逃归延陵。吴人立馀昧子州于,号为吴王僚也。

【注释】

①馀祭卒:《左传·襄公二十九年》:“吴人伐越,获俘焉,以为阍,使守舟。吴子馀祭观舟,阍以刀弑之。”

【译文】

十七年,馀祭去世。馀昧继位,在位四年,也亡故了。馀昧临死前想把君位传给季札,季札辞让,然后逃走了,说:“我不肯接受君位,早已申明了。昔日先君命我继位,我已决心奉行子臧的为人之道。洁身自好,行为清净,追求并培养高尚的情操,谨守仁道,荣华富贵对于我来说,就像秋风从耳边一吹而过罢了。”于是逃回延陵。吴人就拥立馀昧的儿子州于为国君,号称吴王僚。

王僚使公子光传第三

【题解】

本篇题名“王僚使公子光”六字取自开篇首句，取篇首之语作为篇名，在古代是很常见的，但在本书中是特例。本书其他九篇篇题大体是对所记内容的概括，并且一般以吴越两国的国君吴太伯、寿梦、阖闾、夫差、无余、勾践等为主人公，所述历史基本以他们为核心按年代顺序展开。但本篇虽然主要记述吴王僚在位期间发生的史事，但叙述的主人公并不是王僚，而是伍子胥，这在全书中是非常特殊的。作者在对史实的拣选上往往详述王僚各年发生的与伍子胥有关的史事，其他事情则一笔带过甚至略而不提，全篇详细地叙述了伍子胥的家世，叙述其因父伍举受谗被害而出逃的经过，以及他帮助公子光谋取王位的事情，本篇前半部分甚至可以看作是伍子胥的早年传记。

本篇所记内容与《左传》《史记》基本相符，但在叙述风格上似小说家笔法，有很浓的文学色彩。伍子胥在民间是一个传奇人物，他的事迹除正史所记录的事情之外，还有很多民间传说，如渔父和击绵女为了不泄露伍子胥的行踪而沉江投水等，作者把这些都采纳进来，增加了作品的传奇色彩。同时，本篇在塑造人物形象上也是非常成功的，通过对人物外貌、言行的详细描摹，生动地刻画了多个个性格鲜明的人物，如刚强奇伟而又隐忍的伍子胥、野心勃勃而又狡诈的公子光、清逸而豪侠的渔父、坚贞善良而守礼的击绵女、有勇有谋的专诸等，都令人眼前一亮。本篇最后详述了专诸刺杀吴王僚的经过，《史记·刺客列传》也有记载。在这次流血政变中，公子光在伍子胥和专诸的辅助下顺利登上王位，成为吴王阖闾，为下一篇的叙述拉开帷幕。

二年，王僚使公子光伐楚①，以报前来诛庆封也。吴师败而亡舟②，光惧，因舍③，复得王舟而还。光欲谋杀王僚，未有所与合议，阴求贤，乃命善相者为吴市吏。

【注释】

①公子光：即吴王阖闾，名光。《史记》以公子光为诸樊之子，《左传》《世本》以公子光为馀眛之子。前514—前496年在位。

②亡舟：即下文的“王舟”，名馀皇，亦曰艅艎。吴国最华丽的大型战船。

③舍：徐天祐说：“‘舍’字不通，疑当作‘揜（yǎn）’。盖揜其不备，取之以归。”揜，同“掩”。捕取，袭取。《左传·昭公十七年》：“吴伐楚……战于长岸，子鱼先死，楚师继之，大败吴师，获其乘舟馀皇。使随人与后至者守之，环而堑之，及泉，盈其隧炭，陈以待命。吴公子光请于其众，曰：‘丧先王之乘舟，岂唯光之罪，众亦有焉。请藉取之以救死。’众许之。使长鬣者三人潜伏于舟侧，曰：‘我呼馀皇，则对。师夜从之。’三呼，皆迭对。楚人从而杀之。楚师乱，吴人大败之，取馀皇以归。”《史记·吴太伯世家》：“公子光伐楚，败而亡王舟，光惧，袭楚，复得王舟而还。”

【译文】

二年，吴王僚派公子光攻打楚国，为了报从前楚国联合诸侯讨伐吴国、诛杀庆封之仇。吴军战败，而且丢失了吴国著名战船王舟艅艎，公子光害怕吴王怪罪，就偷袭楚军，重获王舟才撤军返回。公子光想谋杀吴王僚，但还没有可以共同谋划的人，于是暗中访求贤能之士，并任命一位擅长相面的人担任吴都集市的官吏。

五年，楚之亡臣伍子胥来奔吴①。伍子胥者，楚人也，名员。员父奢，兄尚。其前名曰伍举，以直谏事楚庄王。王即位三年，不听国政，沉湎于酒，淫于声色，左手拥秦姬，右手抱越女，身坐钟鼓之间而令曰："有敢谏者，死！"于是伍举进谏曰："有一大鸟，集楚国之庭②，三年不飞亦不鸣，此何鸟也？"于是庄王曰："此鸟不飞，飞则冲天；不鸣，鸣则惊人。"伍举曰："不飞不鸣，将为射者所图，弦矢卒发③，岂得冲天而惊人乎④？"于是庄王弃其秦姬、越女，罢钟鼓之乐，用孙叔敖⑤，任以国政，遂霸天下，威伏诸侯。庄王卒，灵王立⑥。建章华之台⑦，与登焉。王曰："台美！"伍举曰："臣闻国君服宠以为美⑧，安民以为乐，克听以为聪，致远以为明。不闻以土木之崇高、虫镂之刻画、金石之清音、丝竹之凄唳以之为美⑨。前庄王为抱居之台⑩，高不过望国氛⑪，大不过容宴豆⑫，木不妨守备，用不烦官府，民不败时务，官不易朝常。今君为此台七年，国人怨焉，财用尽焉，年谷败焉，百姓烦焉⑬，诸侯忿怨，卿士讪谤，岂前王之所盛，人君之美者耶？臣诚愚，不知所谓也。"灵王即除工去饰，不游于台。由是伍氏三世为楚忠臣。

【注释】

①伍子胥：名员（yún），字子胥，《史记》有传，可参阅。其奔吴之事，也可参阅《左传·昭公二十年》。

②庭：通“廷”。朝廷，宫廷。

③卒(cù)：同“猝”。突然，急速。

④岂得冲天而惊人乎：上述谏说之言又见于《史记·楚世家》及《韩非子·喻老》。

⑤孙叔敖：春秋时楚国期思(今河南淮滨东南)人，楚庄王时为令尹。

⑥庄王卒，灵王立：据《史记·楚世家》，楚庄王死后，经共王审、康王招、郏敖而至灵王，其间有三世共五十年，此文有所省略。

⑦章华之台：在今湖北监利西北。《水经注》卷二十八：“水东入离湖，湖在(华容)县东七十五里……湖侧有章华台，台高十丈，基广十五丈。”

⑧服宠：使人归服和尊崇。

⑨虫镂：雕刻。张觉认为虫是动物的通称，此文用来指古建筑梁、柱上的各种动物图案，可备一说。金石、丝竹：古时将乐器按制作材料，分为金、石、丝、竹、匏、土、革、木八类，称之为“八音”。金指钟、镈、铙等青铜制的乐器。石，指磬。丝，指弦乐器，如琴、瑟之类。竹，指管乐器，如管、箫之类。

⑩抱居之台：《国语·楚语上》作“匏居”，韦昭注：“匏居，台名。”

⑪望国氛：观察天象以明察国家气运吉凶。氛，云气，这里指预示灾祸的不祥之气。《国语·楚语上》：“台不过望氛祥。”韦昭注：“凶气为氛，吉气为祥。”

⑫豆：古代一种盛食物的器皿，形似高脚盘。

⑬百姓：指百官。《国语·楚语上》作“百官”。《诗经·小雅·天保》：“群黎百姓。”毛传：“百姓，百官族姓也。”

【译文】

五年，楚国逃亡在外的臣子伍子胥前来投奔吴国。伍子胥是楚国人，名叫员。伍员的父亲叫伍奢，哥哥叫伍尚。他的祖父名叫伍举，曾凭着直言进谏侍奉楚庄王。楚庄王即位三年，不过问国家政事，沉湎于酒宴之间，纵情于音乐美女之中，左手搂着秦地的歌姬，右手抱着越国的美女，坐在钟声鼓乐之间，并下令说："有敢来进谏的，就处死。"在这个时候伍举进谏说："有一只大鸟，栖息在楚国的殿堂上，三年来既不飞翔，也不鸣叫，请问这是什么鸟啊？"于是楚庄王说："这鸟不飞则已，一飞就会冲上云霄；不鸣则已，一鸣就会惊人。"伍举说："这鸟不飞不鸣，就会被射鸟人作为图谋的目标，等到箭突然射来，难道还能冲天而惊人吗？"于是楚庄王舍弃了秦姬和越女，停止了钟鼓的演奏，并且重用孙叔敖，把国家政事交给他执掌，终于成为天下的霸主，威震各国诸侯。楚庄王去世后，楚灵王立为国君。楚灵王营建了章华台，与伍举一起登上台。楚灵王说："这台真美！"伍举说："我听说国君把受人民的信服和尊崇当作美，把使人民生活安定当作快乐，把能够听取劝谏当作耳聪，把能掌握远方的情况当作明视。不曾听说把巍峨高峻的建筑、繁缛的镂刻雕画、清越悠扬的金钟石磬之声、凄唳的琴瑟箫管之音当作美的。先前庄王建造的抱居台，高度只够观望国家的吉凶气运，大小只够容放宴饮时用的器皿，所用木材不妨害城郭的守备，费用不扰乱国库，役使百姓不耽误农事，劳烦官吏不影响他们的正常政务。而现在大王建造此台历时七年，国内的人民怨声载道，国家财物消耗殆尽，农业收成遭到破坏，百官烦劳奔忙，诸侯愤怒怨恨，贵族卿士大夫诋毁诽谤，这难道是先王所称道，一国君主所赞美的吗？为臣我实在愚笨，不知道您所说的意思啊。"楚灵王立即解雇了工匠，撤下了台上的装饰，不再登台游玩。从此伍家三代都成了楚国的忠臣。

楚平王有太子名建[①]，平王以伍奢为太子太傅[②]，费无忌为少傅[③]。平王使无忌为太子娶于秦。秦女美容，无忌报平王曰："秦女天下无双，王可自取[④]。"王遂纳秦女为夫人，而幸爱之，生子珍，而更为太子娶齐女。无忌因去太子而事平王，深念平王一旦卒而太子立，当害己也，乃复谗太子建。建母蔡氏无宠，乃使太子守城父[⑤]，备边兵。顷之，无忌日夜言太子之短，曰："太子以秦女之故，不能无怨望之心，愿王自备。太子居城父，将兵，外交诸侯，将入为乱。"平王乃召伍奢而按问之[⑥]。奢知无忌之谗，因谏之曰："王独奈何以谗贼小臣而疏骨肉乎?"无忌承宴[⑦]，复言曰："王今不制，其事成矣，王且见擒。"平王大怒，因囚伍奢，而使城父司马奋扬往杀太子[⑧]。奋扬使人前告太子："急去！不然将诛。"三月，太子奔宋[⑨]。

【注释】

①楚平王：熊氏，名弃疾，即位后改名熊居，前528—前516年在位。

②太子太傅：官名，辅导太子的主官。

③费无忌：一作费无极，是楚平王的宠臣。少傅：辅导太子的副官。

④取：同"娶"。

⑤城父：楚国地名，在今河南宝丰东。

⑥按问：查究审问。

⑦承宴：谓趁闲暇之机。承，通"乘"。趁。宴，安逸，指休息。

⑧司马：都司马，掌管军政的官。《周礼·夏官·都司马》："都司马掌都之士庶子及其众庶、车马、兵甲之戒令，以国法掌其政学，以听国司马。"郑玄注："都，王子弟所封及三公采地也。司马主其军赋。"

⑨宋：西周至战国时期诸侯国。都商丘(今属河南)。此时为宋元公十年(前522年)。

【译文】

楚平王的太子名叫建，平王任命伍奢为太子太傅，费无忌为少傅。平王派费无忌到秦国为太子娶亲。要娶的秦国女子容貌秀美，费无忌报告平王说："秦国那位美女天下无双，大王可以自己娶了。"于是平王把这个秦国女子纳为自己的夫人，而且十分宠爱她，后来生了儿子珍，而给太子建另娶了一个齐国女子。费无忌就此离开太子而服侍平王，他十分担心一旦平王去世而太子即位，会加害自己，因而又在平王面前谗毁太子建。太子建的母亲蔡氏不受宠爱，平王派太子建去守卫城父，防备边境的敌军。过了不久，费无忌又日夜在平王面前说太子的坏话，他对平王说："太子因为秦女的缘故，心里不可能没有怨恨，希望大王自己多加戒备。太子住在城父统帅着军队，在外勾结别国诸侯，将要回国都发动叛乱。"平王于是召见伍奢责问此事。伍奢明白这是费无忌的谗毁，就劝谏平王说："大王为什么偏要因为谗毁陷害别人的小人而疏远自己的亲骨肉呢？"费无忌又趁闲暇的时候对平王说："大王现在如不加以制裁，那太子建的叛乱就要成功了，大王这就快被俘虏了。"平王非常愤怒，就把伍奢拘禁起来，同时派城父都司马奋扬去杀掉太子。奋扬事先派人告诉太子："快点逃走，否则将遭杀戮。"三月，太子建逃到宋国。

无忌复言平王曰："伍奢有二子，皆贤，不诛，且为楚忧。可以其父为质而召之。"王使使谓奢曰："能致二子则生，不然则死。"伍奢曰："臣有二子，长曰尚，少曰胥。尚为人慈温仁信，若闻臣召，辄来。胥为人少好于文，长习于武，文治邦国，武定天下，执纲守戾①，蒙垢受耻，虽冤不争，能成大事。此前知之士，安可致耶？"

【注释】

①执纲守戾：薛耀天说："执守纲戾的错综说法。意为固执自信。执守，固执。纲戾，犹刚戾，刚愎自用。"

【译文】

无忌又对平王说:“伍奢有两个儿子,都很贤能,如不杀掉他们,将成为楚国的忧患。可以用他们的父亲做人质,把他们召来。”平王派人对伍奢说:“你能把两个儿子召来就可以活命,否则就会死。”伍奢说:“我有两个儿子,长子叫尚,幼子叫胥。伍尚为人慈善温和,仁爱诚实,如果听到我的召唤,马上就会来。伍子胥为人从小就爱好文辞,长大后又练习武艺,文才能够治理国家,武功可以平定天下,他固执自信,能够容忍污蔑忍受耻辱,即便被冤枉也不争辩,能成就大事。他是个有预见远谋的贤士,怎么可能把他召来呢?”

平王谓伍奢之誉二子,即遣使者驾驷马[①],封函印绶往[②],诈召子尚、子胥[③]。令曰:“贺二子,父奢以忠信慈仁,去难就免。平王内惭囚系忠臣[④],外愧诸侯之耻,反遇奢为国相,封二子为侯。尚赐鸿都侯,胥赐盖侯,相去不远三百余里。奢久囚系,忧思二子,故遣臣来奉进印绶。”尚曰:“父系三年,中心忉怛[⑤],食不甘味,尝苦饥渴,昼夜感思,忧父不活,惟父获免,何敢贪印绶哉?”使者曰:“父囚三年,王今幸赦,无以赏赐,封二子为侯。一言当至,何所陈哉?”

【注释】

①驷(sì):同驾一辆车的四匹马。

②印绶:官印及系于印纽的丝带。古代用不同颜色的丝带系在官印上来区分官吏的身份和等级。

③诈:原作“许”,徐乃昌引蒋光煦说:“宋本‘许’作‘诈’。”据改。

④平王:使者不当在平王在世时称其谥号,此处行文失误,后文也有类似情况。

⑤忉怛(dāo dá):忧伤,痛苦。忉,原作“切”,徐乃昌引蒋光煦说:“宋本作‘忉’。”据改。

【译文】

楚平王认为伍奢是有意抬高他两个儿子,就派使者驾着四马大车,带着加封装匣的官印及绶带,去骗伍尚、伍子胥回国。使者宣告制令说:“祝贺二位,你们的父亲伍奢因为忠诚守信,慈爱仁义,消除了灾难,得到了赦免。大王在国内为囚禁忠臣而悔疚,在国外因被诸侯耻笑而羞愧,因此反而任伍奢为国相,封你们二位为侯。赐封伍尚为鸿都侯,赐封伍子胥为盖侯,你们的封地相距不过三百多里。伍奢长期被囚禁,挂念你们,所以派我来送上印绶。”伍尚说:“父亲被囚禁三年,我们忧心忡忡,饭吃不出滋味,常常忍受饥渴之苦,日夜思虑,担心父亲活不成了,我们只希望父亲能获得赦免,哪敢贪图官爵呢?”使者说:“你们父亲被囚禁三年,幸而大王现在赦免了他,没有别的用来赏赐,就封他的两个儿子为侯。听了这话就该立马赶去国都,还有什么好说的呢?”

尚乃入报子胥曰:“父幸免死,二子为侯,使者在门,兼封印绶,汝可见使。”子胥曰:“尚且安坐,为兄卦之。今日甲子,时加于巳,支伤日下,气不相受[①]。君欺其臣,父欺其子。今往方死,何侯之有?”尚曰:“岂贪于侯,思见父耳。一面而别,虽死而生。”子胥曰:“尚且无往,父当我活。楚畏我勇,势不敢杀。兄若误往,必死不脱。”尚曰:“父子之爱,恩从中出,徼倖相见[②],以自济达。”于是子胥叹曰:“与父俱诛,何明于世?冤仇不除,耻辱日大。尚从是往,我从是决[③]。”尚泣曰:“吾之生也,为世所笑,终老地上,而亦何之?不能报仇,毕为废物。汝怀文武,勇于策谋,父兄之仇,汝可复也。吾如得返,是天祐之,其遂沉埋[④],亦吾所喜。”胥曰：“尚且行矣，吾去不顾。勿使临难，虽悔何追！”旋泣辞行，与使俱往。

【注释】

①“今日甲子”以下四句：这是按使者传达制令的日期时辰来占卜吉凶。甲子，古人用干支纪日，表示甲子日。巳(sì)，古人用十二地支来表示十二时辰。巳时是上午九时至十一时。支，地支的简称。张觉认为“巳”在五行配“火”，而表示日期的“甲子”的地支“子”在五行配“水”，根据五行相胜之道，水胜火，所以这表示时辰的地支“巳”伤于甲子日之下，而表示时辰的“支”象征在下位的臣，“日”象征在上位的平王，“支伤日下”预示着伍奢父子将被害于楚王。所以下文说“今往方死”。可备一说。

②徼倖：同“侥幸”。

③决：通“诀”。告别。

④沉埋：死的婉转说法。沉，没于水中。埋，没于土中。

【译文】

伍尚于是入内告诉伍子胥说：“父亲侥幸免死，我们二人被封为侯，使者就在门外，带着加封的印绶，你可以见见使者。”伍子胥说：“你且安心坐一会儿，我为兄长卜一卦。今天是甲子日，时辰正当巳时，表示时辰的地支被表示日期的干支所伤，这样的气数是不能接受制令的。这预示国君欺骗他的大臣，父亲欺骗他的儿子。现在去正好被处死，哪有什么封侯之赏？”伍尚说：“我哪里是贪图封侯，只是想见见父亲罢了！与父亲见一面再诀别，虽死犹生。”伍子胥说：“你暂且不要前往，父亲因为我的缘故还活着。楚王畏惧我的勇猛，势必不敢杀害父亲。兄长如果错误地前去，一定会被杀死而无法逃脱。”伍尚说：“父子之间这样相亲相爱，恩情发自内心，如能侥幸相见，那我内心就会坦然些。”于是伍子胥哀叹道：“我们和父亲一起被处死，怎么能叫世人明白真相？冤仇不能昭雪，耻辱就会与日俱增。兄长从此前去，我就此与你诀别吧。”伍尚哭着说：“我活着也会被世人耻笑，即使在世上终其天年，又能怎样呢？不能报仇，终究是个废物。你胸怀文韬武略，善于出谋划策，父兄的冤仇，你是有能力报的。我如果能够活着回来，那是上天保佑，如果就此埋尸地下，也是我心甘情愿的。”伍子胥说：“兄长就要动身了，我也一去不返。但愿灾难不会降临到你头上，否则后悔也来不及了。”伍尚随即与伍子胥洒泪话别，与楚使者一同走了。

楚得子尚，执而囚之，复遣追捕子胥。胥乃贯弓执矢去楚[①]。楚追之，见其妻，曰：“胥亡矣，去三百里。”使者追及无人之野，胥乃张弓布矢，欲害使者，使者俯伏而走。胥曰：“报汝平王，欲国不灭，释吾父兄。若不尔者，楚为墟矣。”使返报平王，王闻之，即发大军追子胥至江，失其所在，不获而返。子胥行至大江，仰天行哭林泽之中，言：“楚王无道，杀吾父兄，愿吾因于诸侯以报仇矣！”闻太子建在宋，胥欲往之。伍奢初闻子胥之亡，曰：“楚之君臣且苦兵矣！”尚至楚就父，俱戮于市。

【注释】

①贯（wān）弓：弯弓，张满弓。贯，通“弯”。

【译文】

楚平王骗到伍尚后，立刻将他拘捕囚禁起来，又派人追捕伍子胥。伍子胥弯弓持箭逃离楚国。楚平王派去追捕伍子胥的人，见到了伍子胥的妻子，她说：“伍子胥逃走了，出去有三百里了。”使者追到没有人烟的旷野中，伍子胥开弓搭箭，要杀害使者，使者吓得伏下身子就往回跑。伍子胥喊道：“回去报告你们大王，要想国家不亡，就放了我的父亲兄长。如果不这样做,楚国将变成废墟了。”使者回去报告了平王,平王听后,当即派大批军队追捕伍子胥,追到江边,不知伍子胥藏在什么地方,只好毫无所获地返回。伍子胥逃到大江边上,在丛林沼泽之中一边奔走一边仰天痛哭,他扬言:“楚王昏庸无道,杀害我的父亲兄长,但愿我能借助诸侯的力量报了这个仇。”听说太子建在宋国,伍子胥就打算去投奔宋国。伍奢当初听到伍子胥逃走的消息就说:“楚国君臣就要遭受战争之苦了!”伍尚来到楚都父亲身边,父子二人在集市上一起被杀死。

伍员奔宋,道遇申包胥[①],谓曰:“楚王杀吾兄父,为之奈何?”申包胥曰:“於乎!吾欲教子报楚,则为不忠;教子不报,则为无亲友也。子其行矣,吾不容言[②]。”子胥曰:“吾闻父母之仇,不与戴天履地[③];兄弟之仇,不与同域接壤;朋友之仇,不与邻乡共里。今吾将复楚辜,以雪父兄之耻。”申包胥曰:“子能亡之,吾能存之;子能危之,吾能安之。”胥遂奔宋。

【注释】

①申包胥:又作“申鲍胥”,春秋时楚国大夫,姓公孙,封于申而以申为氏,故称申包胥。

②容言:留有说话的余地。

③不与戴天履地:与“不共戴天”义同,不愿和仇敌在同一个天底下并存,形容仇恨极深,要进行你死我活的报复。戴天,头顶着天。履,踏。

【译文】

伍员投奔宋国,途中遇到申包胥,对他说:“楚王杀了我的父亲兄长,对这事该怎么办?”申包胥说:“唉!我要是教你报复楚国,就是对楚王不忠;如果教你不去报仇,那就是没有亲友的情分。你就这样走吧,我不能说什么。”伍子胥说:“我听说杀父母的仇人,不能和他们头顶同一片天空,脚踩同一块土地;对兄弟的仇人,不能和他们生活在同一地区及邻近地区;对朋友的仇人,不能和他居住在相邻的乡或同一个里巷。现在我要报复楚王犯下的罪孽,以洗刷父兄的耻辱。”申包胥说:“你能消灭楚国,我就能保住它;你能使它危险,我就能让它平安。”伍子胥就投奔到宋国去了。

宋元公无信于国①,国人恶之。大夫华氏谋杀元公②,国人与华氏因作大乱。子胥乃与太子建俱奔郑,郑人甚礼之。太子建又适晋,晋顷公曰③:“太子既在郑,郑信太子矣。太子能为内应而灭郑,即以郑封太子。”太子还郑,事未成,会欲私其从者④,从者知其谋,乃告之于郑。郑定公与子产诛杀太子建⑤。

【注释】

①宋元公:名佐,前531—前517年在位。伍子胥奔宋在宋元公十年(前522)。

②华氏:指华定、华亥。宋国内乱事详见《左传·昭公二十年》。

③晋顷公:名去疾,前525—前512年在位。此时为晋顷公四年(前522)。

④私:薛耀天说:“利,收买。此句《史记·伍子胥列传》作‘会自私欲杀其从者’。与本文异。”

⑤郑定公与子产诛杀太子建:据《史记·郑世家》诛杀太子建在郑定公十年(前520),《史记·十二诸侯年表》则列在定公十一年

(前519)。郑定公,名宁,前529—前514年在位。此时为郑定公八年(前522)。子产,即公孙侨、公孙成子,名侨,字子产,春秋时政治家。

【译文】

宋元公对国人不讲信用,国民都厌恶他。大夫华氏图谋杀死宋元公,国民支持华氏而发动大规模叛乱。伍子胥于是和太子建一起投奔郑国,郑国人十分礼遇他们。太子建又到晋国访问,晋顷公说:"太子既然在郑国,而郑国也已信任太子了。太子如果能做内应而帮助我们消灭郑国,我就把郑国封给太子。"太子建回到郑国,事情还未成功,正想收买郑国的随从,随从因而得知了他的阴谋,就报告了郑定公。郑定公便与子产杀死了太子建。

建有子名胜,伍员与胜奔吴。到昭关①,关吏欲执之。伍员因诈曰:"上所以索我者,美珠也。今我已亡矣,将告子取吞之②。"关吏因舍之。与胜行去,追者在后,几不得脱。至江,江中有渔父乘船从下方溯水而上。子胥呼之,谓曰:"渔父渡我!"如是者再。渔父欲渡之,适会旁有人窥之,因而歌曰:"日月昭昭乎侵已驰③,与子期乎芦之漪④。"子胥即止芦之漪。渔父又歌曰:"日已夕兮予心忧悲,月已驰兮何不渡为?事浸急兮当奈何⑤?"子胥入船,渔父知其意也,乃渡之千浔之津⑥。子胥既渡,渔父乃视之,有其饥色,乃谓曰:"子俟我此树下,为子取饷。"渔父去后,子胥疑之,乃潜身于深苇之中。有顷,父来,持麦饭、鲍鱼羹、盎浆⑦,求之树下,不见,因歌而呼之,曰:"芦中人,芦中人,岂非穷士乎?"如是至再,子胥乃出芦中而应。渔父曰:"吾见子有饥色,为子取饷，子何嫌哉？”子胥曰：“性命属天，今属丈人[⑧]，岂敢有嫌哉？”二人饮食毕，欲去，胥乃解百金之剑[⑨]，以与渔者：“此吾前君之剑，中有七星，价直百金[⑩]，以此相答。”渔父曰：“吾闻楚之法令：得伍胥者，赐粟五万石，爵执圭[⑪]。岂图取百金之剑乎？”遂辞不受，谓子胥曰：“子急去，勿留，且为楚所得。”子胥曰：“请丈人姓字。”渔父曰：“今日凶凶[⑫]，两贼相逢，吾所谓渡楚贼也。两贼相得，得形于默，何用姓字为？子为芦中人，吾为渔丈人，富贵莫相忘也。”子胥曰：“诺。”既去，诫渔父曰：“掩子之盎浆，无令其露。”渔父诺。子胥行数步，顾视渔者，已覆船自沉于江水之中矣。

【注释】

①昭关：春秋时吴楚交界处的一个重要关口，在今安徽含山北。

②将告子取吞之：原作“将去取之”，从张觉说据《初学记》卷七引文改。

③侵：渐渐地。

④漪（yī）：岸边。

⑤浸：逐渐地。

⑥浔：徐天祜说：“‘浔’当作‘寻’。”寻，古代的长度单位，一寻等于八尺。千寻，形容极远。

⑦鲍鱼羹：用咸鱼做的汤羹。鲍，盐渍鱼。羹，带汁的食物。盎：一种腹大口小的容器。

⑧丈人：对年长者的尊称。

⑨金：货币单位，二十两或二十四两为一镒（yì），一镒又称一金。

⑩直：同“值”。

⑪执圭：也作“执珪”，春秋时楚国设置的爵位名。圭，玉制的礼器，上尖下方，为古代贵族朝聘或祭祀时所执。《周礼·春官·大宗

伯》:“以玉作六瑞,以等邦国。王执镇圭,公执桓圭,侯执信圭,伯执躬圭,子执谷璧,男执蒲璧。”

⑫凶凶:恐惧的样子,此处形容世道凶险。

【译文】

太子建有个儿子叫胜,伍员与胜一起逃奔吴国。走到昭关,守关的官吏想拘捕他们。伍子胥便欺骗他说:“君上之所以要搜捕我,是为了一颗宝珠。现在我已经把它弄丢了,如果你要抓我,我将告发说你把它私吞了。”关吏于是放了他们。伍子胥与胜出关走了,追兵在后,差一点就不能脱身。伍子胥逃到江边,江中正有一个渔翁驾船从下游逆水而上。伍子胥就招呼他,对他说:“渔翁请渡我过江!”这样连续喊了两次。渔翁正想把伍子胥渡过江,可碰巧有人窥视他们,于是渔翁歌唱道:“日月明亮啊渐渐已经驰去,我和您相约啊在芦苇岸边。”伍子胥听到后就躲到芦苇岸边。渔翁又唱道:“太阳已经落山啊我内心忧伤,月亮已经赶上来啊为什么还不渡江?事情越来越紧急啊应该怎么办?”于是伍子胥上了船,渔翁早已明白伍子胥的心意,就把他渡到一个很远的渡口上。伍子胥过江之后,渔翁才仔细观察他,发现他面有饥色,就对他说:“你在这棵树下等我,我去给你拿点吃的。”渔翁离开后,伍子胥对他有点怀疑,就藏身到了芦苇深处。过了不久,渔翁回来了,端着麦子饭、腌鱼羹和一罐水,来到树下找伍子胥,却不见人影,就用歌声呼唤他:“芦苇中的人,芦苇中的人,你难道不是一个穷途之士吗?”这样喊了两次,伍子胥才从芦苇中出来答应。渔翁说:“我看到你面有饥色,为你拿点吃的,你为什么要猜疑啊?”伍子胥说:“我的性命属于上天,现在属于您老人家,哪里敢有疑心啊?”二人吃喝完毕,要离开了,伍子胥便解下一把价值百金的宝剑,送给渔翁说:“这是我祖父的宝剑,上边有铸有北斗七星,价值百金,我送给您作为报答。”渔翁说:“我听说楚国有法令:抓获伍子胥的,赏粟五万石,封赏的爵位是执珪。我难道还贪图一把价值百金的剑吗?”渔翁推辞不受,对伍子胥说："你赶快逃走，不要停留，否则就要被楚国抓获了。"伍子胥说："请问您老人家的姓氏名字。"渔翁说："当今世道是这样凶险，两个叛贼碰到一起，我就是以后人们所说的把楚国流亡的叛贼渡过江的人了。两个叛贼相投合，这种投合表现在默契，哪用得着知道姓名呢？你是芦苇中的人，我是老渔翁，今后富贵了，不要忘记我。"伍子胥说："好的。"已经要走了，又告诫渔翁说："遮盖好你的壶浆，不要让它露在外面。"渔翁答应了。伍子胥走了几步，回头看渔翁，只见他已经把船弄翻而自沉在江水之中了。

子胥默然，遂行至吴，疾于中道，乞食溧阳[①]。适会女子击绵于濑水之上[②]，筥中有饭[③]。子胥遇之，谓曰："夫人[④]，可得一餐乎？"女子曰："妾独与母居，三十未嫁，饭不可得。"子胥曰："夫人赈穷途少饭，亦何嫌哉？"女子知非恒人，遂许之，发其箪筥[⑤]，饭其盎浆，长跪而与之[⑥]。子胥再餐而止。女子曰："君有远逝之行，何不饱而餐之？"子胥已餐而去，又谓女子曰："掩夫人之壶浆，无令其露。"女子叹曰："嗟乎！妾独与母居三十年，自守贞明，不愿从适[⑦]，何宜馈饭而与丈夫？越亏礼仪，妾不忍也。子行矣！"子胥行，反顾女子，已自投于濑水矣。於乎！贞明执操，其丈夫女哉！

【注释】

①溧(lì)阳：秦时地名，在今江苏溧阳。此当为作者追述之语，春秋时还未置溧阳县。

②击绵：捶捣绵帛。濑水：即溧水，在今江苏溧阳中部。

③筥(jǔ)：圆形的竹筐，古代用来盛饭食。

④夫人：古代诸侯之妻称为夫人，故也用为妇女的尊称。

⑤箪（dān）：同上文“筥”一样，为古代盛饭的圆形竹器。

⑥长跪：古代的一种礼节，直身而跪。古人席地而坐，坐时两膝着地而将臀部放在脚跟上。跪则伸直腰与大腿，以示庄敬。

⑦从适：旧指女子出嫁。

【译文】

伍子胥默然不语，赶往吴国去，在半路上生了病，在溧阳讨饭。碰巧一位女子在濑水边洗涤捶捣绵帛，竹筐里装着饭食。伍子胥遇见了她，对她说：“夫人，可以给我吃顿饭吗？”女子说：“我独自和母亲住在一起，三十岁了还未嫁人，我不能给你饭吃。”伍子胥说：“夫人救济一个困境中的人少许饭食，违反礼义又有什么关系啊！”女子知道伍子胥不是平常的人，就答应了，打开盛饭的竹筐，盛上汤饭，直身跪起，端给伍子胥。伍子胥吃了两口就停止了。女子说：“先生您要走很远的路，为什么不饱餐一顿呢？”伍子胥吃完饭要离开，又对女子说：“藏好你的壶浆，不要让它露在外面。”女子叹息道：“唉！我独自与母亲住了三十年，固守自己的贞节，不愿嫁人，我怎么可以馈赠饭食给一个男子吃呢？我所以做出这种逾越损害礼仪的事情，就是因为我不忍心您挨饿啊。您走吧。”伍子胥走了几步，回头看那女子，已经投濑水自尽了。唉！贞节贤明，执守操行，真是大丈夫式的女子啊！

子胥之吴，乃被发佯狂[①]，跣足涂面[②]，行乞于市。市人观，罔有识者。翌日[③]，吴市吏善相者见之，曰：“吾之相人多矣，未尝见斯人也，非异国之亡臣乎？”乃白吴王僚[④]，具陈其状：“王宜召之。”王僚曰：“与之俱入。”公子光闻之，私喜曰：“吾闻楚杀忠臣伍奢，其子子胥，勇而且智，彼必复父之仇，来入于吴。”阴欲养之。市吏于是与子胥俱入见王，王僚怪其状伟，身长一丈，腰十围[5]，眉间一尺。王僚与语三日，辞无复者。王曰："贤人也。"子胥知王好之，每入语语[6]，遂有勇壮之气，稍道其仇，而有切切之色[7]。王僚知之，欲为兴师复仇。公子谋杀王僚，恐子胥前亲于王而害其谋，因谗："伍胥之谏伐楚者，非为吴也，但欲自复私仇耳，王无用之。"子胥知公子光欲害王僚，乃曰："彼光有内志[8]，未可说以外事[9]。"入见王僚，曰："臣闻诸侯不为匹夫兴师用兵于比国[10]。"王僚曰："何以言之？"子胥曰："诸侯专为政，非以意，救急后兴师。今大王践国制威，为匹夫兴兵，其义非也。臣固不敢如王之命。"吴王乃止。

【注释】

①被：同"披"。

②跣（xiǎn）：光着脚。

③翌（yì）：次日，明天。

④白：禀告。

⑤围：量词。两只手的拇指和食指合拢起来的长度，或两只胳膊合拢起来的长度为一围。"腰十围"是夸饰之词。

⑥语语（yù yǔ）：谈话辩论。第一个语指告诉。

⑦切切：急迫的样子。

⑧内志：对国内事情的思谋，谓在国内有篡位的野心。

⑨外事：国外之事，指对外国用兵的事。

⑩匹夫：平民，这里是伍子胥自指。比国：比邻之国，指楚国。

【译文】

伍子胥到了吴国都城后，就披头散发佯装颠狂，赤着脚脸上涂满烂泥，在街市乞讨。街上的人都去看他，但没有人认识他。第二天，吴国那位擅长相面的集市官吏见到他，说："我相过面的人多了，还不曾见过这样一个人，莫非是别国流亡的大臣？"于是呈报吴王僚，具体陈述了伍子胥的状貌，并建议说："大王应该召见他。"吴王僚说："你去请他来一起进见。"公子光听说这件事后，暗自高兴地说："我听说楚王杀了忠臣伍奢，他的儿子伍子胥，勇敢而且有智谋，他一定是为了替父亲报仇而投奔到了吴国。"暗中想将其纳到自己门下。于是那位吴市官吏就和伍子胥一起进宫拜见吴王僚，吴王僚惊奇伍子胥的形貌魁梧高大，身高一丈，腰粗十围，两眉间相距一尺。吴王僚和伍子胥交谈了三天，伍子胥的言辞没有重复的。吴王僚说："是个贤能的人才啊。"伍子胥知道吴王喜欢自己，每次进宫和吴王交谈，都表现出一种英勇豪壮的气概，稍稍言及自己的冤仇，便有咬牙切齿痛恨的表情。吴王僚知道了他的遭遇，想要为他兴兵报仇。公子光谋划杀害吴王僚，担心伍子胥先亲近吴王，从而破坏他的阴谋，于是进谗言说："伍子胥劝大王讨伐楚国，不是为了吴国，而是想为自己报私仇罢了，希望大王不要采用他的计谋。"伍子胥知道公子光想要谋害吴王僚，就思忖道："他公子光有弑君自立的意思，现在还不能游说吴王对外用兵。"伍子胥入宫面见吴王僚，说："我听说诸侯不会为一个普通人而兴师动众进攻邻国。"吴王僚问："为什么这样说？"伍子胥说："诸侯专权处理政事，并不是只凭个人意愿来办事，只有为了援救危急的情况，然后才可以出动军队。现在大王居国君之位，操持威权，如果为一个普通百姓动用军队，在道义上是不对的。我决不敢遵从大王之命。"吴王就此作罢。

子胥退耕于野，求勇士荐之公子光，欲以自媚，乃得勇士专诸[①]。专诸者，堂邑人也[②]，伍胥之亡楚如吴时，遇之于途。专诸方与人斗，将就敌，其怒有万人之气，甚不可当，其妻一呼即还。子胥怪而问其状："何夫子之怒盛也，闻一女子之声而折道，宁有说乎?”专诸曰:“子视吾之仪，宁类愚者也？何言之鄙也？夫屈一人之下，必伸万人之上。”子胥因相其貌，碓颡而深目[③]，虎膺而熊背，戾于从难[④]，知其勇士，阴而结之，欲以为用。遭公子光之有谋也，而进之公子光。

【注释】

①专诸:《左传·昭公二十七年》作“鱄设诸”。《史记·刺客列传》有专诸传，可参阅。

②堂邑:地名，本名棠，在今江苏六合北。

③碓颡(duì sǎng):凸额头，眉额突出如碓。碓，舂米的工具。颡，额，脑门。

④从难:从事危难之事，指敢于冒险。

【译文】

伍子胥离开朝廷到乡野间种地，访求勇士推荐给公子光，想以此来讨好公子光，于是找到了一位名叫专诸的勇士。专诸是堂邑人，伍子胥逃离楚国奔向吴国时，在路上碰到他。当时专诸正要和别人搏斗，将要逼近对方时，表现出的愤怒可比一万人发出的火气，甚是不可抵挡，但他的妻子喊了一声，他立刻就回去了。伍子胥感到奇怪而问他当时的情况:“为什么您正在盛怒之下，听到一位女子的叫声就能转身回去呢?难道有什么说法吗?”专诸说:“你看我的仪表，难道像一个愚笨的人吗?你的话怎么那样粗鄙？我屈身一人之下，必定出头于万人之上。”伍子胥于是仔细观察专诸的容貌，见他额头高耸，眼睛深凹，有虎一样的胸脯，熊一样的脊背，刚猛而敢于冒险，知道他是位勇士，就暗中和他结交，想为己所用。正巧碰上公子光有谋杀吴王僚的打算，就把专诸推荐给了公子光。

光既得专诸，而礼待之。公子光曰："天以夫子辅孤之失根也①。"专诸曰："前王馀昧卒，僚立，自其分也②，公子何因而欲害之乎？"光曰："前君寿梦有子四人，长曰诸樊，则光之父也，次曰馀祭，次曰馀昧，次曰季札。札之贤也。将卒，传付適长，以及季札。念季札为使，亡在诸侯③，未还，馀昧卒，国空，有立者，適长也。適长之后，即光之身也。今僚何以当代立乎？吾力弱，无助于掌事之间，非用有力徒，能安吾志？吾虽代立，季子东还，不吾废也。"专诸曰："何不使近臣从容言于王侧，陈前王之命，以讽其意④，令知国之所归？何须私备剑士，以捐先王之德？"光曰："僚素贪而恃力，知进之利，不睹退让。吾故求同忧之士，欲与之并力。惟夫子诠斯义也⑤。"专诸曰："君言甚露乎⑥？于公子何意也？"光曰："不也。此社稷之言也，小人不能奉行，惟委命矣。"专诸曰："愿公子命之。"公子光曰："时未可也。"专诸曰："凡欲杀人君，必前求其所好。吴王何好？"光曰："好味。"专诸曰："何味所甘？"光曰："好嗜鱼之炙也。"专诸乃去，从太湖学炙鱼，三月得其味，安坐待公子命之。

【注释】

①根：根本，根基，指王位。

②分（fèn）：名分。

③亡：外出。季札出使诸侯的事详《左传·襄公二十九年》《史记·吴太伯世家》。

④讽：用委婉含蓄的语言暗示劝说，而不直说。

⑤诠：阐明，这里是理解、明白的意思。

⑥露：直白，不掩饰。

【译文】

公子光得到专诸后，以礼相待。公子光说："是上天派先生来帮助我这个失去王位的人啊！"专诸说："前王馀昧去世，僚即位，自是合乎他的名分的，公子为什么要谋害他呢？"公子光说："先君寿梦有四个儿子，大儿子叫诸樊，就是我的父亲，二儿子叫馀祭，三儿子叫馀昧，四儿子叫季札。因为季札很贤明，所以先君临终时，把王位传给嫡长子，进而依次传到季札。考虑到季札作为使者，出使访问诸侯国，还没有回来，所以馀昧去世后，国君之位空悬，如果立君，应是嫡长子。而嫡长子的后代就是我啊。现在僚凭什么代替我继承君位呢？我力量薄弱，执政大臣当中没有帮助我的，不用勇士，怎么能完成我的志向呢？我即使取代王僚而立为国君，季札东来回国后，也不会废除我。"专诸说："为什么不派一个亲近的大臣到吴王身边从容进言，陈述先君的遗命，用婉转的言辞来打动他的心，让他知道国家应归谁所有呢？何必暗地里准备刺客，而毁弃先王的德行呢？"公子光说："僚一向贪得无厌而依仗强力，只知贪图进取的好处，不知退让。所以我访求能患难与共的勇士，想和他齐心合力。希望先生能明白这个道理。"专诸说："您的话太直白了吧，公子究竟是什么意图呢？"公子光说："不是这样。这些是事关国家命运的话，小人不能奉命做这样的事，只有把性命委托给您了。"专诸说："请公子下命令吧。"公子光说："时机还不成熟。"专诸说："凡是要刺杀国君，一定要先了解他的嗜好。吴王喜欢什么？"公子光说："他喜欢美味。"专诸又问："最爱吃哪种美味？"公子光说："他最喜欢吃烤鱼。"专诸于是离开吴都，到太湖学习烤鱼，三个月后，烤的鱼很美味了，就安心坐等公子光的命令。

八年，僚遣公子伐楚，大败楚师，因迎故太子建母于郑。郑君送建母珠玉簪珥，欲以解杀建之过。

【译文】

八年，僚派公子光讨伐楚国，大败楚军，并顺便从郑国迎回了已故楚太子建的母亲。郑国国君送给建的母亲珍珠、宝玉、发簪、玉耳环等首饰，想以此消解杀害建的过错。

九年，吴使光伐楚，拔居巢、钟离[①]。吴所以相攻者，初，楚之边邑脾梁之女与吴边邑处女蚕[②]，争界上之桑，二家相攻，吴国不胜，遂更相伐，灭吴之边邑。吴怒，故伐楚，取二邑而去。

【注释】

①居巢：《春秋》《左传》均作"巢"，春秋时吴、楚交争之地。但古籍中记载的居巢在江淮一带的就有好几处，张觉认为此居巢在今安徽巢湖西南。

②脾梁：脾，原作"胛"，据万历本改。《史记·吴太伯世家》："初，楚边邑卑梁氏之处女与吴边邑之女争桑。"《史记·伍子胥列传》："楚平王以其边邑钟离与吴边邑卑梁氏俱蚕，两女子争桑相攻。"《史记·楚世家》："初，吴之边邑卑梁与楚边邑钟离小童争桑。"张守节《正义》："卑梁邑，近钟离也。"本文从《吴太伯世家》，认为脾梁为楚国边邑。

【译文】

九年，吴国派公子光攻打楚国，攻克了楚国的居巢、钟离。吴国之所以进攻楚国，起初是楚国边镇脾梁的妇女和吴国边邑的妇女为养蚕争夺边界上的桑叶，两家互相攻击，吴国那一家未能取胜，于是吴楚双方交替相攻，灭掉了吴国的边邑。吴王大怒，所以发兵讨伐楚国，掠取了两座城池后才撤兵。

十二年冬，楚平王卒。伍子胥谓白公胜曰[①]："平王卒，吾志不悉矣。然楚国有，吾何忧矣？"白公默然不对，伍子胥坐泣于室。

【注释】

①白公胜：即楚平王太子建的儿子，名胜，曾与伍子胥一起逃到吴国。楚惠王十年（前479），楚令尹子西召胜回国，让他住在白邑（在今河南息县东），故号白公。

【译文】

十二年冬天，楚平王去世。伍子胥对白公胜说："平王死了，我报仇的志向无法完成了。但楚国还在，还有仇可报，我担心什么呢？"白公胜默不作答，伍子胥坐在屋中哭泣。

十三年春[①]，吴欲因楚葬而伐之，使公子盖馀、烛佣以兵围楚[②]，使季札于晋以观诸侯之变[③]。楚发兵绝吴后，吴兵不得还。于是公子光心动。伍胥知光之见机也，乃说光曰："今吴王伐楚，二弟将兵，未知吉凶。专诸之事，于斯急矣。时不再来，不可失也。"于是公子见专诸曰："今二弟伐楚，季子未还，当此之时，不求何获？时不可失，且光真王嗣也。"专诸曰："僚可杀也。母老，子弱，弟伐楚，楚绝其后。方今吴外困于楚，内无骨鲠之臣[④]，是无如我何也。"

【注释】

①十三年春：徐天祜说："《索隐》曰：'据《表》及《左氏》，僚止合有十二年事。'今《史记·世家》乃书云'十三年'，此书似承《世家》之误。"徐说是。

②盖馀、烛佣:《左传·昭公二十七年》作“掩馀”“烛庸”。

③变:反应,指对吴伐楚的态度有什么变化。

④骨鲠(gěng):鱼骨头,比喻耿直,刚正。

【译文】

十三年春,吴王想趁楚国举办丧事之机发动进攻,派遣公子盖馀、烛佣率兵围攻楚国,同时派出使晋国的季札,观察诸侯的反应。楚国发兵断绝了吴军的后路,致使吴军无法退回国内。看到这种情况,公子光内心活动起来。伍子胥知道公子光看到了时机,就劝他说:“目前吴王派兵攻打楚国,他的两个弟弟带兵出战,不知是吉是凶。利用专诸刺杀吴王一事,在这个时刻该赶紧了。时机不会再来,不可丧失。”于是,公子光召见专诸,对他说:“眼下僚的两个弟弟正在攻打楚国,季札出使未归,赶上这样的时机,不去求取,还指望有什么收获?机不可失,况且我才是真正的王位继承者。”专诸说:“僚是可以杀死的。他的母亲年纪已老,儿子还很幼弱,两个弟弟又在攻打楚国,而且被断绝了退路。如今吴国外困于楚国,而朝廷内又没有忠诚正直的大臣,是没有办法对付我们的。”

四月,公子光伏甲士于窋室中[①],具酒而请王僚。僚白其母曰:“公子光为我具酒,来请期,无变悉乎?”母曰:“光心气怏怏[②],常有愧恨之色,不可不慎。”王僚乃被棠銕之甲三重[③],使兵卫陈于道,自宫门至于光家之门。阶席左右皆王僚之亲戚,使坐立侍皆操长戟交轵[④]。酒酣,公子光佯为足疾,入窋室裹足,使专诸置鱼肠剑炙鱼中进之。既至王僚前,专诸乃擘炙鱼,因推匕首。立戟交轵倚专诸胸,胸断臆开,匕首如故,以刺王僚,贯甲达背。王僚既死,左右共杀专诸,众士扰动。公子光伏其甲士,以攻僚众,尽灭之。遂自立,是为吴王阖闾也。乃封专诸之子,拜为客卿[⑤]。

【注释】

①窋(kū)室：地下室。

②怏怏(yàng)：指不服气或闷闷不乐的神情。

③棠鏔之甲：《太平御览》卷三百五十六引文作“棠夷之甲”。张觉认为“棠”疑指棠溪，在今河南遂平西北，以铸剑戟而闻名。鏔，古“铁”字。

④坐：疑当作“夹”，形近而误。《史记·刺客列传》作“夹立侍皆持长铍”。夹，在两旁。戟：一种头部有两个横刃的长柄兵器。轵：徐乃昌引俞樾说：“此‘轵’字当读为‘枝’，古字通用。‘枝’从支声，‘轵’从只声，两声相近，‘胑’或作‘肢’，即其证也。戟者，有枝之兵。交轵，即交枝，言戟枝相交也。下文‘立戟交轵’义同。”

⑤客卿：原为秦官名，授予在秦国担任高级官员的别国人。谓以客礼待之，故称客卿。

【译文】

四月，公子光在地下室埋伏了身穿盔甲的士兵，设酒席宴请吴王僚。吴王僚对他母亲说：“公子光设酒席宴请我，该不会有什么变乱吧？”吴王僚的母亲说：“光心思神气怏怏不乐，常有羞愧恼恨的神色，不可不谨慎。”吴王僚于是披戴三层棠铁甲衣，沿途列兵守卫，从王宫大门直到公子光家门口。台阶、席位、身边都布满了吴王僚的亲信，还让两旁站着的侍从都拿着长戟交叉护卫。当酒喝到酣畅时，公子光假装脚痛，到地下室包脚，让专诸把鱼肠剑藏在烤鱼中端进去。专诸走到吴王僚跟前后，就掰开烤鱼，推出了匕首。吴王僚的侍卫立刻把戟交叉地插在专诸的胸膛上，专诸前胸当即裂开，但他仍把匕首刺向吴王僚，刺穿了吴王僚的盔甲，直达后背。吴王僚死后，左右侍从一起杀死了专诸，一时众人扰动。公子光出动他预先埋伏的甲兵，攻击吴王僚的侍从，把他们全部消灭。公子光就自立为王，这就是吴王阖闾。于是封赏专诸的儿子，任命他为客卿。

季札使还，至吴，阖闾以位让，季札曰："苟前君无废，社稷以奉君也，吾谁怨乎？哀死待生[①]，以俟天命。非我所乱，立者从之，是前人之道。"命哭僚墓[②]，复位而待。公子盖馀、烛佣二人，将兵遇围于楚者，闻公子光杀王僚自立，乃以兵降楚，楚封之于舒[③]。

【注释】

①哀死待生：《左传·昭公二十七年》《史记·吴太伯世家》均作"哀死事生"。杨伯峻《春秋左传注》："哀死者，谓王僚。事生者，谓阖庐。"薛耀天、张觉以为"待"应作"侍"，形近而误。

②命哭僚墓：义不可通。《左传》《史记》"命"上均有"复"字。杜预注："复使命于僚墓。"

③舒：春秋时舒国，为楚所灭，在今安徽舒城。

【译文】

季札出使回到吴国，阖闾以王位相让，季札说："假如先王的祭祀不被废弃，我愿把国家奉献给您，我又责怨谁呢？我哀悼死者，侍奉生者，以顺应天命。不是我引发的祸乱，谁即位为君，我就顺从谁，这是先辈传下的规矩。"于是到僚墓前复命哭祭，然后回到自己本来的职位，等候阖闾分配任务。公子盖馀、烛佣二人所率军队在楚国被包围，听说公子光杀了吴王僚，自立为君，就率部投降了楚国，楚国把他们封在舒。

阖闾内传第四

【题解】

本篇是阖闾的传记，记载从阖闾立为吴王(前514)至称霸一方十多年间的历史，开篇承接上篇公子光在伍子胥的帮助下即位为吴王阖闾，从阖闾元年开始任用伍子胥建城筑郭、训练军队直至破楚威齐成就霸业的全过程。按照时间顺序记载的主要事件有：伍子胥建设国都，干将莫邪铸剑，吴人杀子作钩，吴接纳白喜，要离刺杀庆忌，孙武试兵法，孙子攻楚拔舒，楚诛费无忌止谤，吴王葬女，楚昭王得湛卢剑，风湖子论剑，吴联合唐、蔡伐楚，吴军入郢，楚昭王出奔，伍子胥掘墓复仇，郑渔者之子退兵，申包胥哭秦救楚，吴军回师，昭王返国，伍子胥偿金，齐女思乡，夫差立为太子，阖闾遂成为春秋列强。

本篇博采传说异闻，内容远比《左传》《史记》丰富，文学色彩浓厚，很多情节如干将铸剑、杀子衅钩、阖闾为女儿出殡、湛卢剑水行如楚、齐女思乡等，都描写得具体生动，气氛烘托、场面渲染也精彩纷呈。此外，作者叙述中还注重与前后篇的历史事件相呼应，如伍子胥掘平王墓鞭尸回应了前一篇中伍子胥对平王的刻骨仇恨，郑渔者之子退兵、投金偿击绵女的情节使前篇中伍子胥落魄时受到救助的结局有了着落，反映了作者浓厚的复仇报恩思想；吴大夫被离告诫伍子胥警惕白喜、阖闾论夫差心性等则为下篇伍子胥受谗遇害、夫差身死国灭的结局埋下伏笔，表明作者注重在叙述中发掘历史事件的前因后果。

全书篇章题目从此篇开始有了“内”“外”之分，徐天祜说：“元本《阖闾》《夫差传》皆曰‘内传’，下卷《无余》《勾践传》皆曰‘外传’，‘内’吴而‘外’越，何也？况晔又越人乎？若以吴为‘内’，则《太伯》《寿梦》《王僚》三传不曰‘内’，而《阖闾》《夫差》二传独曰‘内’，又何也？”有的学者认为本书作者赵晔虽为越人，但是接受了儒家正统观念，认为作为周王室后裔的吴国才是正统，所以有了“内吴外越”之称；也有学者认为“内吴外越”之分是作者受公羊学对吴越两国态度差异的影响而做的划分。张觉认为“内”“外”两字可能与《韩非子》中的《内储说》《外储说》之“内”“外”相似，仅用来区别篇题，等于说“上”“下”，而没有什么特别的含义。此种看法似更加合理。

阖闾元年，始任贤使能，施恩行惠，以仁义闻于诸侯。仁未施，恩未行，恐国人不就，诸侯不信，乃举伍子胥为行人，以客礼事之，而与谋国政。阖闾谓子胥曰：“寡人欲强国霸王，何由而可？”伍子胥膝进，垂泪顿首曰：“臣，楚国之亡虏也，父兄弃捐，骸骨不葬，魂不血食[①]，蒙罪受辱，来归命于大王，幸不加戮，何敢与政事焉？”阖闾曰：“非夫子，寡人不免于縶御之使[②]。今幸奉一言之教[③]，乃至于斯，何为中道生进退耶[④]？”子胥曰：“臣闻谋议之臣，何足处于危亡之地[⑤]。然忧除事定，必不为君主所亲。”阖闾曰：“不然。寡人非子，无所尽议，何得让乎？吾国僻远，顾在东南之地，险阻润湿，又有江海之害。君无守御，民无所依，仓库不设，田畴不垦。为之奈何？”子胥良久对曰：“臣闻治国之道，安君理民，是其上者。”阖闾曰：“安君治民，其术奈何？”子胥曰：“凡欲安君治民，兴霸成王，从近制远者，必先立城郭，设守备，实仓廪，治兵库。斯则其术也。”阖闾曰：“善。夫筑城郭，立仓库，因地制宜，岂有天气之数以威邻国者乎[6]？”子胥曰：“有。”阖闾曰：“寡人委计于子。”

【注释】

①血食：古代杀牲取血，用以祭祀，故称血食。

②絷（zhí）御之使：驾御车马的差使，此指奉命外出征战。絷，用绳子拴缚马足。

③一言之教：指伍子胥推荐专诸，协助阖闾伺机刺杀吴王僚登上王位。

④进退：进仕退隐，这里偏义指隐退不参政。

⑤何足：足可以。薛耀天说：“何通可。《左传·襄公十年》：‘何谓正矣。’《经典释文》：‘何，或作可。’”

⑥天气之数：古代阴阳家认为天道与人事相感应，天象能够预示人间事态的吉凶，顺应天道，以人事活动模拟天象便可以获福；同时观察推测天人之际的联系，并相应采取对策措施，这些都属于阴阳术数。

【译文】

阖闾元年，吴王阖闾一即位就开始任用贤能，施行恩惠，以讲究仁义而闻名于诸侯。当仁义之道尚未实施，恩惠之策尚未实行时，阖闾担心国人不亲近自己，诸侯也不相信自己，于是就任用伍子胥为接待国宾的外交大臣，用对待客卿的礼遇对待他，并和他一起商讨国家政事。阖闾对伍子胥说：“我想使国家强盛从而王霸天下，从哪做起才能达成这个目标呢？”伍子胥跪行上前，边流泪边磕头说：“我是楚国逃亡的罪人，抛弃了自己的父兄，使他们的尸骨得不到安葬，灵魂得不到祭祀，我带着罪名忍受耻辱前来投奔大王，您不杀掉我，我已经够幸运了，哪里还敢参与政事呢?"阖闾说:"要不是先生,恐怕我只能去干那些征战杀敌的差使。幸亏当时得到您的指教,我才达到今天这种地步。为什么半道上您有了打退堂鼓的念头呢?"伍子胥说:"我听说一个出谋划策的臣子,在国家与君主处于危亡之境的时候,是足可以与君王相处的。然而等到忧患消除,国事安定以后,他必然不再被君主所亲近。"阖闾说:"您说的不对。我若没有先生,就不再有什么人能一起详尽地商议国事了,哪会责怪您呢? 我的国家地处偏远,只在东南地区,地势艰险阻塞,气候潮湿,而且有江河海洋的水患。目前国君没有防御措施,百姓没有依靠,粮仓府库未曾建设,田地也不曾开垦。对此该怎么办呢?"伍子胥过了很久才回答说:"我听说治国之道,使国君安泰,使人民安定有秩序,这才是上策。"阖闾问:"要使国君安定,人民得到治理,其具体办法是什么?"伍子胥说:"凡是想国君安定,人民得到治理,建立霸业,称王天下,让周围各国顺从,让远方各国得到控制,一定要先建设城池,设置守卫军备,充实粮仓,修治兵库。这就是应采取的具体办法。"阖闾说:"好。建设城池,设立仓库,这需要因地制宜,难道也有什么天道来威慑邻国吗?"伍子胥说:"有。"阖闾说:"那我就把这项大计委托给你去筹划了。"

子胥乃使相土尝水,象天法地,造筑大城,周回四十七里。陆门八[①],以象天八风[②],水门八,以法地八聪[③]。筑小城[④],周十里,陵门三。不开东面者,欲以绝越明也。立阊门者,以象天门,通阊阖风也[⑤]。立蛇门者,以象地户也[⑥]。阖闾欲西破楚,楚在西北,故立阊门以通天气,因复名之破楚门。欲东并大越,越在东南,故立蛇门以制敌国[⑦]。吴在辰,其位龙也,故小城南门上反羽为两鲵鱙[⑧],以象龙角。越在巳地,其位蛇也,故南大门上有木蛇,北向首内,示越属于吴也。

【注释】

①陆门八:张觉引《吴郡志》卷三:“东面娄、匠二门,西面阊、胥二门,南面盘、蛇二门,北面齐、平二门。”陆门,《艺文类聚》卷六十三引作“陵门”。故下文“陵门”当即“陆门”。

②八风:八方之风,古籍说法不一。据《吕氏春秋·有始》及高诱注:东北曰炎风,一曰融风;东方曰滔风,一曰明庶风;东南曰熏风,一曰清明风;南方曰巨风,一曰凯风;西南曰凄风,一曰凉风;西方曰飂风,一曰阊阖风;西北曰厉风,一曰不周风;北方曰寒风,一曰广莫风。《淮南子·地形训》分别称为炎风、条风、景风、巨风、凉风、飂风、丽风、寒风。《说文》分别称为融风、明庶风、清明风、景风、凉风、阊阖风、不周风、广莫风。

③聪:当作“窗”。《艺文类聚》卷六十三引文作“窗”。

④小城:遗址位于江苏无锡和常州交界处,现存东城和西城两个小城,小城北墙已不存,西南垣保存较好,东西长约1000米,南北最宽处约500米。

⑤阊阖风:即上文“八风”中的西风。

⑥地户:地之门户。户,甲骨文字形,象门(門)字的一半,古代双扇的叫“门”,单扇的叫“户”。这里“户”泛指门。

⑦越在东南,故立蛇门以制敌国:古代阴阳学家把十二地支和十二种生肖及四面八方相配。越在吴国东南方,对应巳和蛇。

⑧反羽:即“反宇”,屋顶檐尾沿上仰起的瓦当。本文似具体指屋顶正脊两端翘起的“鸱吻”。鲵鱙:徐乃昌引孙诒让说:“当作‘蟉绕’……《太平御览》七十六引《勾践归国外传》说越王作飞翼之楼云:‘为两蟉绕栋,以象龙角。’制正与此同。可据以校此文之误。”蟉当指蟉虬,屈曲盘绕的无角小龙。又孙诒让所引在《太平御览》卷一百七十六。

【译文】

伍子胥于是派人察看地形,探测水文,取法天地,筑造了一座大城,全城周长四十七里。陆路有八个城门,象征天上八方来风,水路有八个城门,模仿地上八方窗户。还筑造了一座小城,方圆十里,陆路有三个城门。没有在东面开设城门,是想以此来隔绝越国的光明。设立阊门,用以象征天门,使阊阖之风即西风能通过。设立蛇门,是取象大地的门户。阖闾想向西攻破楚国,楚国位于吴国的西北,所以设立阊门以使天气畅通,因此阊门又叫做破楚门。阖闾想向东吞并越国,越国位于吴国的东南,所以设立蛇门来克制敌国。吴国地处辰位,辰位属龙,所以小城南门城楼上的鸱吻做成两条小龙盘绕着,用它们来象征龙角。越国地处巳位,巳位属蛇,所以大城南门上装饰了一条木制的蛇,蛇身向北,蛇头朝着城里,表示越国归属于吴国。

城郭以成[①],仓库以具,阖闾复使子胥、屈盖馀、烛佣习术战骑射御之巧[②]。未有所用,请干将铸作名剑二枚。干将者,吴人也,与欧冶子同师,俱能为剑。越前来献三枚,阖闾得而宝之,以故使剑匠作为二枚,一曰干将,二曰莫耶。莫耶,干将之妻也。干将作剑[③],采五山之铁精[④],六合之金英[⑤],候天伺地,阴阳同光,百神临观,天气下降,而金铁之精不销沦流[⑥]。于是干将不知其由。莫耶曰:“子以善为剑闻于王,使子作剑,三月不成,其有意乎?”干将曰:“吾不知其理也。”莫耶曰:“夫神物之化,须人而成。今夫子作剑,得无得其人而后成乎?”干将曰:“昔吾师作冶,金铁之类不销,夫妻俱入冶炉中,然后成物。至今后世即山作冶,麻绖葌服[⑦],然后敢铸金于山。今吾作剑不变化者,其若斯耶?”莫耶曰:“师知烁身以成物[⑧],吾何难哉?”于是干将妻乃断发剪爪,投于炉中,使童女童男三百人鼓橐装炭[⑨],金铁乃濡[⑩],遂以成剑。阳曰干将，阴曰莫耶。阳作龟文，阴作漫理。干将匿其阳，出其阴而献之，阖闾甚重。既得宝剑，适会鲁使季孙聘于吴[11]，阖闾使掌剑大夫以莫耶献之。季孙拔[12]，剑之锷中缺者大如黍米[13]，叹曰："美哉！剑也。虽上国之师[14]，何能加之！夫剑之成也，吴霸。有缺，则亡矣。我虽好之，其可受乎？"不受而去。

【注释】

①以：通"已"。

②屈盖馀、烛佣：徐乃昌引俞樾说："按上《传》盖馀、烛庸已降楚矣，此《传》错也。"译文姑从原文。

③干将作剑：今浙江德清境内有莫干山，传说是因干将、莫邪（本书作"莫耶"）曾在此铸剑而得名。

④五山：五大名山，古代所指不一。张觉说，据《列子·汤问》指位于渤海之东的岱舆、员峤、方壶、瀛洲、蓬莱，据《史记·孝武本纪》指华山、首山、太室、泰山、东莱，据《后汉书·冯衍传》"经营五山"注："五山，即五岳也。"

⑤六合：上下和四方，泛指天地或宇宙。

⑥不销沦流：铜铁矿石不熔为流质。销，熔化。沦，水的微波，指金属熔化后形成沦漪。

⑦麻绖（dié）蒸（jiān）服：即指孝服。绖，古代丧期系在头上或腰间的麻带。蒸服，茅草衣。

⑧烁：通"铄"。熔化。

⑨橐（tuó）：古代冶炼时用来鼓风吹火的袋状设备，通常用牛皮制成，功能类似后代的风箱。

⑩濡（ruǎn）：同"软"。柔顺，柔软，指熔化。

⑪季孙：鲁国大夫，此时值鲁昭公二十八年(前514)，当季平子掌国政。聘：访问。《礼记·曲礼下》："诸侯使大夫问于诸侯曰聘。"

⑫季孙拔：《北堂书钞》卷一百二十二引作"季孙拔剑视之"。

⑬锷：刀剑之刃。

⑭上国：指与吴楚相对而言的中原各诸侯国。

【译文】

城池已建成，仓库已完备，阖闾又派伍子胥、屈盖馀、烛佣训练部队加强战术、骑马、射箭、防御等军事技能。因没有更好的武器使用，就请干将铸造了两把名剑。干将是吴国人，与欧冶子同出一个师傅门下，都擅长铸剑。越国之前进贡过三把剑，阖闾得到后把他们当作宝贝，因而让剑匠干将又铸了两把：一把名叫干将，一把名叫莫耶。莫耶是干将的妻子。干将铸剑，采用五大名山出产的铁石中的精品以及天地四方的优质金属，等待、观察天地变化，在日月同照之时，众位神灵都亲临观看，天地之气已经畅通，可是炉中的金铁精粹并不熔化成液体而流动。这时干将不知道其中的缘故了。莫耶说："你以擅长铸剑而为吴王所知，他吩咐你铸剑，可你三个月还没有铸成，你这样做，莫非是故意的吗？"干将说："我不知道其中的道理。"莫耶说："神物的变化，往往需要人去催化才能成功。现在你铸剑，是不是也需要得到人的催化才能成功呢？"干将说："从前我师傅冶炼，有一次因为炉中的铜铁不熔化，他夫妻俩就一起跳到了冶炉中，然后才炼成宝物。所以直到今天他的后代们到山上冶炼，要束麻带穿草衣作服丧打扮，然后才敢在山上炼铁铸金。现在我铸剑而金铁不熔化的原因，莫非也是这样？"莫耶说："先师为了将东西铸成而熔化自身，我们又有什么为难的呢？"于是干将的妻子剪下头发、指甲，投到炉中，让三百个童男童女装上炭，鼓风吹火，这样铜铁才熔化成液状，于是铸成了宝剑。阳剑取名干将，阴剑取名莫耶。阳剑上有龟甲图纹，阴剑上纹理漫乱不规则。干将把阳剑藏起来，把阴剑拿出来献给了吴王，阖闾非常珍爱它。得到宝剑后，恰巧鲁国派季平子来吴国访问，阖闾让掌管宝剑的大夫拿莫耶剑献给季平子。季平子将剑拔出，看到剑刃上有个米粒大的缺口，叹息说："这把剑真美啊！即使中原诸国的工匠师傅，也无法超出这个水平！这把剑铸成了，吴国要称霸了。但剑刃上有了缺口，吴国就要灭亡了。我虽然喜欢这把剑，难道可以接受它吗？"季平子没有接受赠剑，离开了吴国。

阖闾既宝莫耶，复命于国中作金钩。令曰："能为善钩者，赏之百金。"吴作钩者甚众，而有人贪王之重赏也，杀其二子，以血衅金[①]，遂成二钩，献于阖闾，诣宫门而求赏。王曰："为钩者众，而子独求赏，何以异于众夫子之钩乎？"作钩者曰："吾之作钩也，贪而杀二子，衅成二钩。"王乃举众钩以示之："何者是也？"王钩甚多，形体相类，不知其所在。于是钩师向钩而呼二子之名："吴鸿、扈稽，我在于此，王不知汝之神也。"声绝于口，两钩俱飞着父之胸。吴王大惊，曰："嗟乎！寡人诚负于子。"乃赏百金，遂服而不离身。

【注释】

①衅（xìn）：同"衅（釁）"。涂抹。古代铸造器物，杀牲取血，涂在缝隙里。

【译文】

阖闾把莫耶剑当作宝贝后，又在国内下令制造金钩。下令说："谁能制造好钩，就赏给他百金。"吴国能制造钩的人很多，而有人贪图吴王的重赏，杀了自己的两个儿子，把他们的血涂在金属上，铸成了两把钩，用来献给阖闾，到王宫门口请求赏赐。吴王说："吴国能造钩的人很多，而只有你来请求赏赐，你造的钩与众人的钩有什么不同吗？"这个造钩的工匠说："我造钩时，贪图赏赐而杀死了两个儿子，把他们的血涂在金属上铸成了两把钩。"吴王于是举起许多钩给他看并问道:"哪两把是你制造的?"吴王的钩非常多,而且外形类似,这个工匠不知自己的钩放在哪里。于是,这位造钩的工匠对着钩喊两个儿子的名字:"吴鸿、扈稽,我在这里,大王不知道你们的神奇。"话音刚落,两把钩一起飞来,依附到他们父亲的胸前。吴王大吃一惊,说:"可叹啊!我实在对不起你。"于是赏给这个工匠百金,就佩带这两把钩而时刻不离身。

六月,欲用兵,会楚之白喜来奔①。吴王问子胥曰:"白喜何如人也?"子胥曰:"白喜者,楚白州犁之孙。平王诛州犁,喜因出奔,闻臣在吴而来也。"阖闾曰:"州犁何罪?"子胥曰:"白州犁,楚之左尹,号曰郄宛②,事平王。平王幸之,常与尽日而语,袭朝而食③。费无忌望而妒之,因谓平王曰:'王爱幸宛,一国所知。何不为酒,一至宛家,以示群臣于宛之厚?'平王曰:'善。'乃具酒于郄宛之舍。无忌教宛曰:'平王甚毅猛而好兵,子必前陈兵堂下门庭。'宛信其言,因而为之。及平王往而大惊,曰:'宛何等也?'无忌曰:'殆且有篡杀之忧,王急去之,事未可知。'平王大怒,遂诛郄宛。诸侯闻之,莫不叹息。喜闻臣在吴,故来,请见之。"阖闾见白喜而问曰:"寡人国僻远,东滨海,侧闻子前人为楚荆之暴怒④,费无忌之谗口。不远吾国,而来于斯,将何以教寡人?"喜曰:"楚国之失虏,前人无罪,横被暴诛。臣闻大王收伍子胥之穷厄,不远千里,故来归命,惟大王赐其死。"阖闾伤之,以为大夫,与谋国事。

【注释】

①白喜:也作伯嚭,字子馀,楚大夫伯州犁之孙,奔吴后任太宰,故又称太宰嚭。

②“白州犁”以下三句：据《左传》伯州犁与郄宛实为两人，伯州犁为太宰，是被公子围所杀，死于平王未立之前。郄宛为左尹，被费无忌谗害，为令尹子常所杀，死于平王已死之后。本文则记白州犁与郄宛为一人，且被费无忌谗害，为平王所杀。

③袭朝（zhāo）：重朝，连着第二天早上。

④侧闻：从旁闻知。谦辞。这句的意思是说郄宛死于楚王暴怒和费无忌的谗陷，但为了客气而避讳说“死”，因而点出其事即止。

【译文】

六月，阖闾打算兴兵作战，恰巧碰上楚国的白喜前来投奔。吴王问伍子胥说：“白喜是怎样一个人？”伍子胥说：“白喜是楚国白州犁的孙子。楚平王杀了白州犁，白喜因而逃出楚国，听说我在吴国就赶来投奔。”阖闾说：“白州犁犯了什么罪？”伍子胥说：“白州犁是楚国的左尹，号郄宛，侍奉楚平王。楚平王非常喜欢他，常和他整日交谈，直到第二天早晨又一起就餐。费无忌见此情形十分嫉妒，就对平王说：‘大王宠爱郄宛，这是全国都知道的。为什么不到郄宛家安排一场酒宴，以向群臣表示一下您对郄宛的厚爱呢？’平王说：‘好。’于是在郄宛家置备酒席。费无忌又教唆郄宛说：‘大王非常刚毅勇猛而喜欢兵器，你一定要事先在厅堂下面到大门口的空地上陈列兵器。’郄宛信了他的话，就照着做了。等平王去到郄宛家看到这种布置，便大吃一惊，说：‘郄宛这是要干什么啊？’费无忌说：‘恐怕就要有篡逆杀君的忧患了，大王赶快离开，事情还不知会发展成什么样。’平王非常愤怒，于是处死了郄宛。各国诸侯听说后，无不为之叹息。白喜听说我在吴国，所以来了，请求您接见他。”阖闾接见了白喜而问道：“我的国家地处偏远，东面临海，听说您祖父因为楚王的暴怒、费无忌的谗言而被杀害。您不嫌弃我国边远，而来到这里，将用什么来指教我呢？”白喜说：“我是楚国逃亡的犯人，祖父无罪，却横遭残害。我听说大王收留了穷困中的伍子胥，所以不远千里，前来归顺，只希望大王赐我一死。”阖闾怜悯他，任命他为大夫，和他一起商量国家政事。

吴大夫被离承宴问子胥曰:"何见而信喜?"子胥曰:"吾之怨与喜同,子不闻《河上歌》乎?'同病相怜,同忧相救。惊翔之鸟,相随而集。濑下之水[①],因复俱流。'胡马望北风而立[②],越燕向日而熙[③]。谁不爱其所近,悲其所思者乎?"被离曰:"君之言外也,岂有内意以决疑乎?"子胥曰:"吾不见也。"被离曰:"吾观喜之为人,鹰视虎步,专功擅杀之性,不可亲也。"子胥不然其言,与之俱事吴王。

【注释】

①濑(lài):激荡于沙石之间的湍急流水。

②胡:我国古代对西北部民族的泛称。

③熙:通"嬉"。嬉戏,玩乐。

【译文】

吴国大夫被离乘闲暇的时候问伍子胥说:"你怎么刚见到白喜就信任了他呢?"伍子胥说:"我的怨仇与白喜是相同的,您没有听过《河上歌》吗?这歌唱道:'疾病相同的人互相怜悯,忧患相同的人互相救助。惊飞的群鸟相随着停在一起,沙石上急流下来的水回还往复汇在一起流去。'胡地的马总是迎着北风站立,越地的燕子总是对着太阳而嬉戏。谁不喜欢与自己命运相近的人,哀怜自己所思念的人呢?"被离说:"您这说的是表面上的道理,难道您内心没有什么别的想法来解决我的疑虑吗?"伍子胥说:"我还没有想到。"被离说:"我看白喜这个人,目光像鹰,走路似虎,表现出一种一心追求功利、嗜杀残忍的本性,不可以和他亲近啊。"伍子胥对被离的话不以为然,仍与白喜一起侍奉吴王。

二年,吴王前既杀王僚,又忧庆忌之在邻国[①],恐合诸侯来伐。问子胥曰:"昔专诸之事于寡人厚矣。今闻公子庆忌有计于诸侯，吾食不甘味，卧不安席，以付于子。”子胥曰：“臣不忠无行，而与大王图王僚于私室之中，今复欲讨其子，恐非皇天之意。”阖闾曰：“昔武王讨纣，而后杀武庚[②]，周人无怨色。今若斯议，何乃天乎[③]？”子胥曰：“臣事君王，将遂吴统[④]，又何惧焉？臣之所厚其人者，细人也[⑤]，愿从于谋。”吴王曰：“吾之忧也，其敌有万人之力，岂细人之所能谋乎？”子胥曰：“其细人之谋事，而有万人之力也。”王曰：“其为何谁？子以言之。”子胥曰：“姓要[⑥]，名离。臣昔尝见曾折辱壮士椒丘䜣也。”王曰：“辱之奈何？”子胥曰：“椒丘䜣者，东海上人也，为齐王使于吴，过淮津，欲饮马于津。津吏曰：‘水中有神，见马即出，以害其马。君勿饮也。’䜣曰：‘壮士所当，何神敢干？’乃使从者饮马于津，水神果取其马，马没。椒丘䜣大怒，袒裼持剑[⑦]，入水求神决战，连日乃出，眇其一目[⑧]。遂之吴，会于友人之丧。䜣恃其与水战之勇也，于友人之丧席而轻傲于士大夫，言辞不逊，有陵人之气[⑨]。要离与之对坐，合坐不忍其溢于力也[⑩]。时要离乃挫䜣曰：‘吾闻勇士之斗也，与日战不移表[⑪]，与神鬼战者不旋踵，与人战者不达声，生往死还，不受其辱。今子与神斗于水，亡马失御，又受眇目之病，形残名勇，勇士所耻。不即丧命于敌，而恋其生，犹傲色于我哉！’于是椒丘䜣卒于诘责，恨怒并发，暝即往攻要离。于是要离席阑至舍，诫其妻曰：‘我辱勇士椒丘䜣于大家之丧，余恨蔚恚[⑫]，暝必来也，慎无闭吾门。’至夜，椒丘䜣果往，见其门不闭。登其堂，不关。入其室，不守。放发僵卧无所惧。䜣乃手剑而捽要离曰[⑬]：‘子有当死之过者三，子知之乎？’离曰：‘不知。’䜣曰：‘子辱我于大家之众，一死也。归不关闭，二死也。卧不守御，三死也。子有三死之过，欲无得怨。’要离曰：‘吾无三死之过，子有三不肖之愧，子知之乎？’䜣曰：‘不知。’要离曰：‘吾辱子于千人之众，子无敢报，一不肖也。入门不咳，登堂无声，二不肖也。前拔子剑，手挫捽吾头，乃敢大言，三不肖也。子有三不肖而威于我，岂不鄙哉？’于是椒丘䜣投剑而叹曰：‘吾之勇也，人莫敢眦占者[14]，离乃加吾之上，此天下壮士也。’臣闻要离若斯，诚以闻矣。”吴王曰：“愿承宴而待焉。”

【注释】

①庆忌：《左传·哀公二十年》载庆忌事，发生在吴王夫差二十一年（前475），其言云：“吴公子庆忌骤谏吴子，曰：‘不改，必亡。’弗听。出居于艾，遂适楚。闻越将伐吴，冬，请归平越，遂归。欲除不忠者以说于越，吴人杀之。”与本文的记载不同。

②昔武王讨纣，而后杀武庚：周武王灭商后，封商纣王的儿子武庚为殷君。武王去世后，因成王年幼，周公旦摄政，其兄弟管叔、蔡叔等不服，武庚乘机联合他们与东方夷族反叛。周公平叛之后，武庚被杀。本文应是一种笼统说法。

③何乃天乎：徐乃昌引孙诒让说：“此当作‘何反天乎’。此因上子胥对曰‘恐非皇天之意’而诘之也。”

④遂吴统：指维护阖闾父子相继的国统。统，世代相继的系统。

⑤细人：指体小力微之人。

⑥要（yāo）：徐天祜说：“平声。”

⑦袒裼（tǎn xī）：脱去或敞开上衣，露出上身。

⑧眇：偏盲，一只眼瞎。

⑨陵：凌驾，压倒，即所谓“盛气凌人”。

⑩溢：水满而流出来叫“溢”，这里指过分地赞美。

⑪不移表：不等日晷上的日影移动。表，古代测量日影以计时的标杆。

⑫余恨蔚恚（huì）：充满怨恨，蕴结愤怒。余，遗留。蔚，蕴结。恚，愤怒。

⑬捽（zuó）：揪，抓。

⑭眦（zì）占：侧目而视，表示轻蔑。眦，眼角。占，徐天祜说：“占，疑当作‘觇（chān）’。”觇，窥视，偷看。

【译文】

二年，吴王阖闾先前杀死王僚之后，又担忧在邻国的庆忌，害怕他会联合诸侯来进攻。阖闾问伍子胥说：“从前专诸的事情，你对我的情意真是深厚啊。如今听说公子庆忌和诸侯们正在进行策划，我吃东西不觉得味道香甜，睡觉也不安稳，我想把这事托付给你。”伍子胥说：“我这人不忠诚，品行不好，因而和大王在暗室中图谋刺杀僚，现在又要去讨伐他的儿子，恐怕不合上天的旨意。”阖闾说：“从前周武王讨伐商纣王，后来又杀掉了武庚，周人没有怨恨的情绪。现在这样计议，怎么会违反天意呢？”伍子胥说：“我既然侍奉大王，就要维护吴国的国统，又有什么可惧怕的呢？我所看重的人，是一个体小力微的人，但希望您跟他去谋划此事。”吴王说：“我担心我们的对手有抵挡万人之力，哪是一个体小力微的人所能图谋的呢？”伍子胥说：“这个体小力微的人图谋起事情来，却有万人之力。”吴王说：“那人究竟是谁？你把他说给我听听。”伍子胥说：“这人姓要名离。我过去曾见他侮辱过壮士椒丘䜣。”吴王说：“怎样侮辱椒丘䜣的呢？”伍子胥说：“椒丘䜣是东海一带的人，他为齐王出使吴国，路过淮河渡口，想在渡口饮马。管理渡口的官吏说：‘水中有一个神灵，看到马就会出来，将马害死。您不要在这饮马。’椒丘䜣说：‘壮士所担当的事情，什么神敢冒犯？’就让随从到渡口饮马，水神果然抢去了马，马沉没到水里。椒丘䜣大为恼怒，脱去上衣，手持宝剑，跳到水中找水神决斗，连续打了几天才出来，弄瞎了一只眼。然后到了吴国，正赶上一位朋友的丧事。椒丘䜣仗着自己与水神搏斗的英勇，在友人丧事的酒席上对在场的士大夫表现得轻狂傲慢，言语很不谦逊，大有凌辱众人的神气。要离坐在椒丘䜣对面，在座的所有人都无法忍受椒丘䜣对自己勇力的过分夸耀。这时要离就故意羞辱椒丘䜣说：‘我听说勇士的战斗，和太阳作战不等日影移动，和鬼神作战不等脚跟旋转，和人作战不等话音传到，就是活着前去而死了回来，也绝不会遭受屈辱。现在你在水中和神搏斗，丢了马又损失了车夫，还受到瞎一只眼的创伤，身体致残还敢称勇，这是勇士所感到耻辱的事情。你不和敌人战斗到死，而贪恋自己的生命，还好意思在我面前摆出骄傲的神色啊！’这时椒丘䜣突然被责问，羞愧和恼怒一起发作，准备晚上就去打要离。于是要离在酒席结束后回到家中，告诫妻子说：‘我在大户人家举办的丧席上侮辱了勇士椒丘䜣，他十分仇恨，充满怨怒，天黑一定会来生事，千万不要关我们的门。’到了夜间，椒丘䜣果然前往，看见要离家大门没有关。走进前堂，发现前堂的门也没有关，他就又进了要离的房间，发现也没有防卫。只见要离披散着头发，僵直地躺着，一点也不害怕。椒丘䜣就一手拿剑，一手揪着要离说：‘你有三个该死的过错，你知道吗？’要离说：‘不知道。’椒丘䜣说：‘你在大庭广众之中侮辱了我，这是第一个该死的过错。回家不关门，这是第二个该死的过错。睡觉不设防，这是第三个该死的过错。你有三个该死的过错，要死就不能怨恨我。’要离说：‘我没有三个该死的过错，你却有三次没出息的丑事，你知道吗？’椒丘䜣说：‘不知道。’要离说：‘我在大庭广众之下侮辱你，你不敢当场报复，这是你第一次没出息。进门不敢吭声，进了堂屋也毫无声响，这是第二次没出息。先拔出剑，再用手揪着我的头，才敢大声说话，这是第三次没出息。你有三次没出息的行为，却来威吓我，难道不卑鄙吗？’于是，椒丘䜣扔下剑叹息说：‘我的勇猛，从来没有人敢轻视，可是要离的勇敢更在我之上，这是天下的真壮士啊。’我听到的关于要离的事就是这些，我如实地把他的事情都讲给您听了。”吴王说：“希望能趁我空闲的时候接待他。”

子胥乃见要离，曰："吴王闻子高义，惟一临之。"乃与子胥见吴王。王曰："子何为者？"要离曰："臣，国东千里之人。臣细小无力，迎风则僵，负风则伏。大王有命，臣敢不尽力？"吴王心非子胥进此人，良久默然不言。要离即进曰："大王患庆忌乎？臣能杀之。"王曰："庆忌之勇，世所闻也。筋骨果劲，万人莫当，走追奔兽，手接飞鸟①，骨腾肉飞②，拊膝数百里。吾尝追之于江，驷马驰不及。射之暗，接矢不可中。今子之力不如也。"要离曰："王有意焉，臣能杀之。"王曰："庆忌，明智之人，归穷于诸侯，不下诸侯之士。"要离曰："臣闻，安其妻子之乐，不尽事君之义，非忠也；怀家室之爱，而不除君之患者，非义也。臣诈以负罪出奔，愿王戮臣妻子，焚之吴市，飞扬其灰，购臣千金与百里之邑③，庆忌必信臣矣。"王曰："诺。"要离乃诈得罪出奔，吴王乃取其妻子，焚弃于市④。

【注释】

①接：薛耀天说："迎射飞动之物。《文选》曹植《白马篇》：'仰首接飞猱。'注：'凡物飞，迎前射之曰接。'"

②骨腾肉飞：形容人身体矫健，闪躲腾挪，奔走如飞。

③"焚之吴市"以下三句：原作"断臣右手"，据《太平御览》卷四百九十四引文改，以与下文"吴王乃取其妻子，焚弃于市""要离乃自断手足，伏剑而死"相符。

④弃：暴尸街头。

【译文】

伍子胥就去见要离，对他说："吴王听说你高尚而正义，希望见您一面。"要离就与伍子胥去见吴王。吴王问："你是做什么的？"要离说："我是国都东面千里以外地方的人。我瘦小无力，迎风就会仰面倒下，背风就会趴下。但如果大王有命令,我怎敢不竭尽全力去做呢?"吴王内心不满意伍子胥推荐了这么一个人,很长时间默默地一言不发。要离就上前说:"大王是担心庆忌吗?我能杀了他。"吴王说:"庆忌的勇力,闻名于世。他筋骨刚劲,万夫莫挡,跑起来能追上飞奔的野兽,举手能射中飞翔的禽鸟,身体雄健能跳跃腾飞,一拍膝盖就能跑出好几百里。我曾经追他到江边,四匹马驾的飞快奔驰的车都赶不上他。在暗中射他,他把箭接住了而不能射伤他。现在你的力量不及他啊。"要离说:"只要大王有意,我就能杀掉他。"吴王说:"庆忌是个明智的人,虽然因为穷途末路去投奔诸侯,但地位并不低于诸侯的士人。"要离说:"我听说,沉溺于妻儿家小的欢乐,而不能尽到侍奉君主的义务,就是不忠;只考虑自己家庭的幸福,而不除掉国君的忧患,就是不义。我假装犯罪出逃,请大王杀掉我的妻子和孩子,在吴国的集市上烧毁他们的尸首,抛散他们的骨灰,然后悬赏千金和百里之邑来买我的头,庆忌就一定会相信我了。"吴王说:"那好吧。"于是要离假装犯罪出逃,吴王就抓来他的妻子儿女,烧死后丢在街市上示众。

要离乃奔诸侯而行怨言,以无罪闻于天下。遂如卫[①],求见庆忌。见曰:"阖闾无道,王子所知。今戮吾妻子,焚之于市,无罪见诛。吴国之事,吾知其情,愿因王子之勇,阖闾可得也。何不与我东之于吴?"庆忌信其谋。后三月,拣练士卒[②],遂之吴。将渡江于中流,要离力微,坐与上风[③],因风势以矛钩其冠,顺风而刺庆忌。庆忌顾而挥之,三捽其头于水中,乃加于膝上:"嘻嘻哉!天下之勇士也,乃敢加兵刃于我!"左右欲杀之,庆忌止之曰:"此是天下勇士,岂可一日而杀天下勇士二人哉!"乃诫左右曰:"可令还吴,以旌其忠。"于是庆忌死。

【注释】

①遂如卫：徐乃昌说："按《左传·哀公二十年》，庆忌适楚，此及《吕览》十一并云奔卫。"

②拣练：精选训练。

③与：徐天祜说："当作'于'。"

【译文】

要离于是逃到各诸侯国并散布怨言，天下人都知道他是无罪而被害的。要离到了卫国，请求见庆忌。他见到庆忌后说："阖闾暴虐无道，王子是知道的。现在阖闾杀了我的妻子儿女，把他们烧死在街市上，他们无罪却被杀害。吴国的事情，我了解它的内情，我觉得依靠王子的勇力，阖闾是可以擒获的。您何不与我东回吴国呢？"庆忌听信了要离的计谋。三个月之后，庆忌挑选训练了一批士兵，就动身去吴国。船将行至江中，要离因为力气小，便坐在上风，借助风势用矛钩住庆忌的帽子，顺着风力刺杀庆忌。庆忌回过头来甩掉矛，揪住要离的头多次按进水中，然后抓起放在膝上说："哎呀呀！真是一个天下的勇士，竟敢在我头上动刀刃。"庆忌身边的侍从要杀要离，庆忌制止说："此人是天下勇士，怎么可以一日之内连杀两个天下勇士呢！"就告诫侍从说："可以让他返回吴国，以表彰他的忠心。"说完这些，庆忌就死了。

要离渡至江陵①，愍然不行②。从者曰："君何不行？"要离曰："杀吾妻子，以事吾君，非仁也。为新君而杀故君之子，非义也。重其死，不贵无义，今吾贪生弃行，非义也。夫人有三恶以立于世，吾何面目以视天下之士？"言讫，遂投身于江。未绝，从者出之。要离曰："吾宁能不死乎？"从者曰："君且勿死，以俟爵禄。"要离乃自断手足，伏剑而死。

【注释】

①江陵：此当指汉置江陵县，春秋时为楚都，称郢，在今湖北江陵。不过自卫入吴，似不必经过江陵。

②愍(mǐn)然：忧虑悲伤的样子。

【译文】

要离渡过长江到了江陵，神情忧伤，不肯再往前走。随从的人问道："您怎么不走了？"要离说："杀死自己的妻子儿女来效忠君主，这是不仁。为新国君杀死前任国君的儿子，这是不义。人们对把生死的问题看得很重，但不尊崇不合乎道义的行为，现在我贪恋生命而抛弃了德行，这是不义。人有了这三种丑恶的行为还活在世上，我有什么面目去见天下的士人呢？"说完，就纵身跳进了江里。但没有淹死，随从的人就把他救了上来。要离说："我怎能不死呢？"随从说："您暂且不要去死，应该等着接受爵位俸禄。"要离就自己砍断了手脚，伏剑自杀。

三年，吴将欲伐楚，未行。伍子胥、白喜相谓曰："吾等为王养士，画其策谋，有利于国，而王故伐楚，出其令，托而无兴师之意，奈何？"有顷，吴王问子胥、白喜曰："寡人欲出兵，于二子何如？"子胥、白喜对曰："臣愿用命。"吴王内计二子皆怨楚，深恐以兵往破灭而已。登台向南风而啸，有顷而叹，群臣莫有晓王意者。子胥深知王之不定，乃荐孙子于王。

【译文】

三年，吴国将要攻打楚国，但还没有出兵。伍子胥和白喜互相商量说："我们是享受吴王俸禄的士人，为他出谋划策，做了一些有利于国家的事，所以吴王要攻打楚国，命令虽然颁布了，但又借故推诿，没有马上出兵的意思，怎么办呢？"过了不久，吴王问伍子胥、白喜说："我想出兵，你们二位觉得怎么样?”伍子胥、白喜回答说:“我们愿意服从命令。”吴王心想这两个人都怨恨楚国,非常担心他们率兵前往把军队覆没了。他登上高台,迎着南风长啸,过了一会又叹气,群臣之中没有人知道吴王的心意。伍子胥却深深了解吴王这种犹疑不定的心思,就向他推荐了孙子。

孙子者,名武,吴人也,善为兵法,辟隐深居,世人莫知其能。胥乃明于鉴辨[①],知孙子可以折冲销敌[②]。乃一旦与吴王论兵,七荐孙子。吴王曰:“子胥托言进士,欲以自纳。”而召孙子,问以兵法。每陈一篇,王不知口之称善,其意大悦。问曰:“兵法宁可以小试耶?”孙子曰:“可。可以小试于后宫之女。”王曰:“诺。”孙子曰:“得大王宠姬二人,以为军队长,各将一队。”令三百人皆被甲兜鍪[③],操剑盾而立。告以军法,随鼓进退,左右回旋,使知其禁。乃令曰:“一鼓皆振,二鼓操进[④],三鼓为战形。”于是宫女皆掩口而笑。孙子乃亲自操枹击鼓,三令五申,其笑如故。孙子顾视,诸女连笑不止。孙子大怒,两目忽张,声如骇虎,发上冲冠,项旁绝缨,顾谓执法曰:“取铁锧[⑤]。”孙子曰:“约束不明,申令不信,将之罪也。既以约束,三令五申,卒不却行,士之过也[⑥]。军法如何?”执法曰:“斩!”武乃令斩队长二人,即吴王之宠姬也。吴王登台观望,正见斩二爱姬,驰使下之令曰:“寡人已知将军用兵矣。寡人非此二姬,食不甘味,宜勿斩之。”孙子曰:“臣既已受命为将,将法在军,君虽有令,臣不受之。”孙子复㧑[⑦],鼓之,当左右、进退、回旋规矩,不敢瞬目。二队寂然,无敢顾者。于是乃报吴王曰:“兵已整齐,愿王观之。惟所欲用，使赴水火，犹无难矣，而可以定天下。”吴王忽然不悦，曰：“寡人知子善用兵，虽可以霸，然而无所施也。将军罢兵就舍，寡人不愿。”孙子曰：“王徒好其言而不用其实。”子胥谏曰：“臣闻兵者凶事，不可空试。故为兵者，诛伐不行，兵道不明。今大王虔心思士，欲兴兵戈以诛暴楚，以霸天下而威诸侯。非孙武之将，而谁能涉淮逾泗⑦，越千里而战者乎？”于是吴王大悦，因鸣鼓会军，集而攻楚。孙子为将，拔舒，杀吴亡将二公子盖馀、烛佣。谋欲入郢，孙武曰：“民劳，未可恃也。”

【注释】

①鉴辨：犹明辨，分得清楚。

②折冲：使敌军的战车受挫后退，即击退敌军。冲，古代冲撞敌城的战车。销：同“消”。消灭。

③兜鍪(móu)：古代士兵戴的头盔。

④操：徐乃昌引孙诒让说：“‘操’当为‘噪’。《诗·大雅·大明》孔疏引今文《书·太誓》云：‘师乃鼓噪。’《周礼·大司马》郑注云：‘噪，讙也。’‘噪’‘操’形声相近而误。”噪，呼叫。

⑤铁锧(fū zhì)：古代腰斩时所用刑具。铁，斧。锧，铁砧。

⑥士：薛耀天说：“军士。军队中的低级军官。此指队长。”

⑦扮(huī)：指挥。

⑧泗：泗水，古时泗水流经今山东曲阜、鱼台、江苏徐州等地。

【译文】

孙子名叫武，是吴国人，擅长兵法，隐居在偏僻幽深的地方，世人没有谁知道他的才能。伍子胥能明智地了解世事并善于鉴别人才，知道孙子可以挫败敌军，消灭敌人。于是有一天与吴王谈论军事时，多次推荐孙子。吴王心想：“子胥假托推荐贤士，实际是想借此来自荐。”因而召见孙子,考问兵法。孙子每陈述一篇兵法,吴王不知不觉就在嘴里叫好,心中十分喜悦。问孙子说:"你的兵法是不是可以略作试验呢?"孙子说:"可以!可以用后宫的妇女来小试一下。"吴王说:"好吧。"孙子说:"请给我大王宠爱的姬妾二人,让她们当军队队长,各率领一队。"于是命令三百位后宫妇女穿上甲衣,戴上头盔,拿着剑和盾站好。孙子把军法告诉了她们,让她们随着鼓声前进或后退,向左或向左,回身转圈,让她们都知晓操练时的禁例。接着就命令说:"敲第一遍鼓,全体要振作起来,敲第二遍鼓,喊杀前进,敲第三遍鼓,摆出作战阵势。"听到这些宫女们都捂着嘴笑起来。孙子亲自拿起鼓槌击鼓,再三命令、反复告诫,可宫女们仍旧嘻笑。孙子环视一周,宫女们接连笑个不停。孙子大为恼怒,两眼忽然瞪圆,声音犹如惊骇的老虎,怒发冲冠,脖子两边的帽带都绷断了,他回头对执法官说:"拿大斧和铁砧来!"孙子说:"纪律约束不明确,指挥号令没有申明,这是将领的罪过。禁令已经交待明白,而且三令五申,可士兵仍不执行,这就是队长的罪过了。按军法应如何处置?"执法官说:"当斩!"孙武就下令将两个队长处斩,这两人就是吴王宠爱的姬妾。吴王登上高台观看操练,正看到要斩自己宠爱的两个姬妾,赶紧派人给孙子下令说:"我已经了解将军用兵的本事了。我要是没有这两个姬妾,吃东西都不觉得味道甜美,最好不杀她们。"孙子回答说:"我既然已经接受命令做了将军,而将军在军队中执行军法,即便国君有命令,臣也可以不接受。"孙子又击鼓指挥,这时宫女们向左向右、前进后退以及回身转圈无不循规蹈矩,连眼也不敢眨。两队宫女肃静无声,没人敢四处张望。于是孙子向吴王汇报说:"士兵已操练整齐,希望大王来检阅。现在这支部队随便大王怎么使用,就是要她们赴汤蹈火,也不会有什么困难了,因而可以用她们平定天下。"吴王忽然不高兴,说:"我已经知道您确实善于用兵了,虽然可以靠它来称霸,但是没有地方用它啊。请将军解散军队,回客舍休息,我不想检阅了。"孙子说:"大王只是喜欢我的理论,并不愿意让我付诸实施。"伍子胥劝谏说:

“我听说战争是不吉祥的事情，不可以白白地进行试验。所以治理军队的人，如果不能进行诛杀征伐，那治军之道就不明确。现在大王诚心诚意寻求贤士，想发动战争去惩罚暴虐的楚国，从而称霸天下而威震诸侯。但如果没有像孙武这样的将领，那还有谁能横渡淮河、越过泗水，驰骋千里去作战呢？”于是吴王非常高兴，就敲响战鼓会合军队，集中起来去攻打楚国。孙子被任命为将军，一举攻下舒，杀死吴国逃亡在外的将军即公子盖馀、烛佣两人。吴王又谋划攻入郢都，孙武说：“民众太辛苦，不能再用他们作战。”

楚闻吴使孙子、伍子胥、白喜为将，楚国苦之。群臣皆怨，咸言费无忌谗杀伍奢、白州犁，而吴侵境，不绝于寇，楚国群臣有一朝之患。于是司马成乃谓子常曰[①]：“太傅伍奢、左尹白州犁，邦人莫知其罪，君与王谋诛之，流谤于国，至于今日，其言不绝，诚惑之。盖闻仁者杀人以掩谤者，犹弗为也。今子杀人以兴谤于国，不亦异乎！夫费无忌，楚之谗口，民莫知其过[②]。今无辜杀三贤士[③]，以结怨于吴。内伤忠臣之心，外为邻国所笑。且郄、伍之家出奔于吴，吴新有伍员、白喜，秉威锐志[④]，结仇于楚，故强敌之兵日骇。楚国有事，子即危矣。夫智者除谗以自安，愚者受佞以自亡。今子受谗，国以危矣。”子常曰：“是囊之罪也[⑤]，敢不图之？”九月，子常与昭王共诛费无忌[⑥]，遂灭其族，国人乃谤止。

【注释】

①司马成：徐乃昌说：“按《左传》‘成’作‘戌’。”当即《左传·昭公二十七年》之“沈尹戌”。译文姑从原文。子常：名囊瓦，字子常，楚庄王第三子子囊之孙，楚国令尹。

②民莫知其过：疑作“民莫不知其过”。《左传·昭公二十七年》：“夫无极，楚之谗人也，民莫不知。”

③三贤士：徐天祜说：“伍奢、伯州犁与郤宛而三。”徐乃昌引卢文弨说：“上以白州犁、郤宛为一人，此当以伍尚当其一。”卢说较合理。

④秉威锐志：执掌权柄，志向坚决。指决心修治武功。秉，执掌。威，权威，权力。锐志，志向坚决，如锋刃之锐利。

⑤曩（nǎng）：以往，从前。徐乃昌说：“按《左传》‘是瓦之罪也’，‘曩’或当作‘囊’。”也可通。

⑥子常与昭王共诛费无忌：据《左传·昭公二十七年》《史记·楚世家》记子常杀费无忌在楚昭王元年，即吴王僚十二年（前515）。

【译文】

楚国听说吴国任命孙子、伍子胥、白喜为将军，都为此叫苦不迭。群臣都怨恨万分，都说是费无忌进谗言杀害了伍奢、白州犁，因而吴国才侵犯楚国边境，不断进行骚扰，使楚国的大臣们感到有朝一日灾患便会突然降临。于是司马成便对子常说：“太傅伍奢、左尹白州犁，国民都不知道他们犯了什么罪，您却和大王合谋杀害了他们，使得指责的话在国内流传，直到今天，这些言论还未绝迹，我对此实在感到疑惑不解。听说讲究仁德的人，叫他用杀人的办法来堵住人们的非议，他都不会做。如今您却杀人来招致人们的非议，不是很奇怪吗？那费无忌是楚国最善于进谗言的人，民众没有谁不了解他的罪过。现在无缘无故杀死三位贤士，以致与吴国结下了怨仇。这样做在国内伤害了忠臣的心，在国外被邻国所耻笑。况且郄、伍两家逃到了吴国，吴国新添了伍员、白喜，威权在握而又志向坚决，和楚国结下了仇恨，所以这强大的敌人所发动的战争只会一天比一天可怕。一旦楚国发生战事，您也就危险了。聪明的人除掉谗佞小人使自己平安，愚蠢的人听信谗言来自取灭亡。现在您听信谗言，国家因此很危险了。”子常说：“这是我过去的罪过，怎敢不考虑这件事？”九月，子常和楚昭王一起杀掉了费无忌，把他的族人全部诛灭，国内民众的非议才算止息了。

吴王有女滕玉，因谋伐楚，与夫人及女会，食蒸鱼[①]，王前尝半而与女。女怒曰：“王食我残鱼[②]，辱我，不忍久生[③]。”乃自杀。阖闾痛之，葬于国西阊门外。凿池积土，文石为椁[④]，题凑为中[⑤]，金鼎、玉杯、银樽、珠襦之宝[⑥]，皆以送女。乃舞白鹤于吴市中，令万民随而观之，还使男女与鹤俱入羡门[⑦]，因发机以掩之，杀生以送死，国人非之。

【注释】

①食：原无，据《太平御览》卷九百十六引文补。

②王食我残鱼：“食”下原无“我残”二字，据《太平御览》卷九百十六引文补。

③忍：原作“忘”，据《太平御览》卷九百十六引文改。

④椁(guǒ)：古代棺木有两重甚至多重，最内一层曰棺，外层曰椁。

⑤题凑：古代贵族死后，放棺椁的墓室用厚木累积而成，厚木之头皆内向凑集，称为“题凑”。

⑥珠襦：用珠串装饰的短衣。

⑦羡(yán)门：墓门。羡，通“埏”。墓道。

【译文】

吴王有个女儿叫滕玉，吴王因为要去攻打楚国，就和夫人及女儿相会，一起吃蒸鱼，吴王将一条鱼先尝了一半，然后再给女儿吃。他女儿生气地说：“父王将吃剩的鱼给我吃，这是侮辱我，我不忍再活下去。”就自杀了。吴王为此很悲痛，把她安葬在国都西郊阊门外边。挖下深池，积土成山，用有纹理的石头做成外棺，墓室中又累积无数的方木为题凑，黄金鼎、碧玉杯、白银樽、珍珠镶饰的短袄等宝物都用来随葬女儿。送葬时，让白鹤在吴国国都的街市上起舞，使成千上万的百姓跟随着观看，还让这些男女和白鹤一起进入墓门，然后触发机关把这些人都关在墓中，吴王杀活人陪葬死人，遭到国人的非难。

湛卢之剑恶阖闾之无道也，乃去而出，水行如楚。楚昭王卧而寤[①]，得吴王湛卢之剑于床。昭王不知其故，乃召风湖子而问曰[②]："寡人卧，觉而得宝剑，不知其名，是何剑也？"风湖子曰："此谓湛卢之剑。"昭王曰："何以言之？"风湖子曰："臣闻吴王得越所献宝剑三枚，一曰鱼肠，二曰磐郢，三曰湛卢。鱼肠之剑已用杀吴王僚也，磐郢以送其死女，今湛卢入楚也。"昭王曰："湛卢所以去者，何也？"风湖子曰[③]："臣闻越王元常使欧冶子造剑五枚[④]，以示薛烛[⑤]。烛对曰：'鱼肠剑逆理不顺，不可服也。臣以杀君，子以杀父。'故阖闾以杀王僚。'一名磐郢，亦曰豪曹，不法之物，无益于人。'故以送死。'一名湛卢，五金之英[⑥]，太阳之精，寄气托灵，出之有神，服之有威，可以折冲拒敌。然人君有逆理之谋，其剑即出。'故去无道，以就有道。今吴王无道，杀君谋楚，故湛卢入楚。"昭王曰："其直几何？"风湖子曰："臣闻此剑在越之时，客有酬其直者，有市之乡三十、骏马千匹、万户之都二，是其一也。薛烛对曰：'赤堇之山已合无云[⑦]，若耶之溪深而莫测[⑧]，群神上天[⑨]，欧冶死矣。虽倾城量金，珠玉盈河，犹不能得此宝，而况有市之乡、骏马千匹、万户之都，何足言也？'"昭王大悦，遂以为宝。

【注释】

①楚昭王:熊氏,名珍,一作“轸”,前515—前489年在位。

②风湖子:一作风胡子,春秋时人,善识剑。

③“风湖子曰”以下论剑一段,《太平御览》卷三百四十三引文有四百余字,较此为详,可参阅。

④元常:徐天祐说:“《左传》《史记》俱作‘允常’。”

⑤薛烛:春秋时秦国人,善于鉴别宝剑。

⑥五金:指金、银、铜、铁、锡五种金属,此泛指金属。

⑦赤堇之山:又名鄞城山、铸浦山,在今浙江奉化东。合:原作“令”,徐天祐说:“‘令’字当作‘合’。”《太平御览》卷三百四十三引文作“合”,据改。

⑧若耶之溪:一作若邪溪,又名五云溪,今作平水江,在浙江绍兴。张觉认为,此文说赤堇山已合,表示已经不能采到好锡,说若耶溪深,表示已经无法采到好铜。

⑨神:原作“臣”,据《太平御览》卷三百四十三引文改。

【译文】

湛卢宝剑憎恶阖闾的暴虐无道,就离开阖闾而逃出了吴国国都,沿着水路到了楚国。楚昭王睡觉醒来,在床上得到了吴王的湛卢宝剑。楚昭王不知这其中的缘故,就把风湖子召来而问道:“我睡醒过来便得到这把宝剑,不知道它的名称,这是什么剑啊?”风湖子说:“这叫湛卢剑。”昭王说:“你根据什么这么说?”风湖子说:“我听说吴王得到越国进献的宝剑三把,第一把叫鱼肠,第二把叫磐郢,第三把叫湛卢。鱼肠剑已被用于刺杀吴王僚,磐郢剑已经送给他死去的女儿陪葬了,现在湛卢剑来到了楚国。”昭王说:“湛卢剑离开吴王的原因是什么呢?”风湖子说:“我听说越王元常让欧冶子铸造了五把剑,拿给薛烛看。薛烛回答说:‘鱼肠剑纹理逆反而不顺,不可以佩带。臣子将用它来杀害君主,儿子将用它来杀害父亲。’所以阖闾用它杀了王僚。‘一把剑称为磐郢,也叫豪曹，是件不合常法的东西，对人没有什么好处。'所以用它来送葬。'还有一把名叫湛卢，含有各种金属的精粹，蕴蓄了太阳的精华，内涵神灵之气，拔出来便有烁烁神光，把它佩带在身上显得威风凛凛，可以击退侵犯，抵抗敌人。然而人君如果有违背情理的阴谋，这把剑就会离他而去。'所以它离开暴虐无道之人，而归附有德有义之君。现在吴王暴虐无道，杀害了自己的国君，又妄图进攻楚国，所以湛卢剑就到了楚国。"楚昭王说："这剑能值多少？"风湖子说："我听说这把剑在越国的时候，曾有个买主的出价是：有集市的乡三十个、骏马一千匹、人口万户的都市两个，而且这只是购买者中的一个。薛烛当时回答说：'赤堇山已经合拢无云，若耶溪的水已深不可测，群神都已上天了，欧冶子也死了。即使用满城的黄金，满河的珠宝玉石，尚且不能得到这件宝贝，何况有集市的乡、千匹骏马、人口万户的城市，这些还哪里值得说出口呢？'"楚昭王非常高兴，把湛卢剑当作宝贝。

阖闾闻楚得湛卢之剑，因斯发怒，遂使孙武、伍胥、白喜伐楚。子胥阴令宣言于楚曰："楚用子期为将①，吾即得而杀之。子常用兵，吾即去之。"楚闻之，因用子常，退子期。吴拔六与潜二邑②。

【注释】

①子期：公子结，楚平王之子，时为大司马。

②六：在今安徽六安北。潜：在今安徽霍山南。吴拔六、潜事见《左传·昭公三十一年》及《史记》的《十二诸侯年表》《吴太伯世家》《楚世家》《伍子胥列传》，均在楚昭王五年或阖闾四年即前511年，此文则似为阖闾三年事，张觉以为此段前当补"四年"二字。

【译文】

阖闾听说楚王得到了湛卢剑，因此大发雷霆，就派孙武、伍子胥、白喜攻打楚国。伍子胥暗地派人在楚国扬言说："楚国如果任用子期做将军，我们就把他擒获杀掉。如果派子常指挥军队作战，我们就将离开楚国。"楚国听到这消息，就任用子常为将，撤换了子期。结果吴国军队攻下了楚国六和潜两个城邑。

五年，吴王以越不从伐楚，南伐越。越王元常曰："吴不信前日之盟，弃贡赐之国而灭其交亲。"阖闾不然其言，遂伐，破槜里①。

【注释】

①槜(zuì)里：古地名，又作槜李、醉李，在今浙江嘉兴西南。

【译文】

五年，吴王阖闾因为越国不派兵随吴军讨伐楚国，向南讨伐越国。越王元常说："吴王不信守先前的盟约，抛弃向自己进贡的国家，消灭与自己亲近的邻邦。"阖闾对他的说法不以为然，就派兵进攻，攻下了越国的槜里。

六年，楚昭王使公子囊瓦伐吴，报潜、六之役。吴使伍胥、孙武击之，围于豫章①。吴王曰："吾欲乘危入楚都而破其郢，不得入郢，二子何功？"于是围楚师于豫章，大破之。遂围巢，克之，获楚公子繁以归，为质。

【注释】

①豫章：古地区名，春秋时指淮南江北地区。徐天祜说："豫章，地

名也,在江夏之间。杜预曰:'豫章,汉东、江北地名。'"按,楚使子常伐吴,吴迎击,大败楚军于豫章,取巢而还,《左传》在定公二年,即阖闾七年(前 508),而《史记·吴太伯世家》《十二诸侯年表》记于阖闾六年,司马贞《索隐》认为当在阖闾七年。

【译文】

六年,楚昭王派公子囊瓦进攻吴国,报复吴国侵占潜邑、六邑的战役。吴国派伍子胥、孙武回击他们,将楚军围困在豫章。吴王说:"我想乘楚国的危难之际进入楚国都城,拿下它的郢都,如果不能进入郢都,你们二位又有什么功劳呢?"于是吴军将楚军围困在豫章,大败楚军。接着又包围巢,攻克了它,俘虏了楚公子繁,把他带回吴国,当作人质。

九年,吴王谓子胥、孙武曰:"始子言郢不可入,今果何如?"二将曰:"夫战,借胜以成其威,非常胜之道。"吴王曰:"何谓也?"二将曰:"楚之为兵,天下强敌也。今臣与之争锋,十亡一存。而王入郢者,天也。臣不敢必。"吴王曰:"吾欲复击楚,奈何而有功?"伍胥、孙武曰:"囊瓦者,贪而多过于诸侯,而唐、蔡怨之[①]。王必伐,得唐、蔡。""何怨[②]?"二将曰:"昔蔡昭公朝于楚[③],有美裘二枚、善珮二枚,各以一枚献之昭王。王服之以临朝,昭公自服一枚。子常欲之,昭公不与。子常三年留之,不使归国。唐成公朝楚,有二文马[⑤],子常欲之,公不与,亦三年止之。唐成相与谋[⑤],从成公从者请马,以赎成公。饮从者酒,醉之,窃马而献子常,常乃遣成公归国。群臣诽谤曰:'君以一马之故,三年自囚,愿赏窃马之功。'于是成公常思报楚,君臣未尝绝口。蔡人闻之,固请献裘、珮于子常。蔡侯得归,如晋告诉,以子元与太子质[⑥],而请伐楚。故曰:得唐、蔡而可伐楚。"

【注释】

①唐：古国名，姬姓，在今湖北随县西北唐县镇。蔡：古国名，在今河南上蔡、新蔡等地。

②"王必伐"以下三句：徐乃昌说："当作'王必伐楚，得唐、蔡而后可。'吴王曰：'唐、蔡何怨？'观下文，可知此文有阙。"则此大意谓伐楚可得唐、蔡之助。

③蔡昭公：即蔡昭侯，名申，蔡悼侯之弟，前518—前491年在位。

④文马：指毛色有花纹的马。

⑤成：徐天祜说："'成'当作'人'。"译文从徐说。

⑥以子元与太子质：徐天祜说："《左传》云'以其子元与大夫之子为质'者是。"译文从徐说。

【译文】

九年，吴王对伍子胥、孙武说："当初你们说还不能攻入郢都，现在究竟怎么样？"两位将军说："作战，凭借着胜利来成就自己的威势，并不是常胜之道。"吴王说："这话怎么讲？"两位将军说："楚国的军队，是天下强大的敌手。现在让我们和他们决一胜负，十成会灭亡而只有一成能存活。而大王进入郢都这件事，还得看天意。我们不敢说一定会怎么样。"吴王说："我想再次进攻楚国，怎么做才能有成效？"伍子胥、孙武说："囊瓦这个人，贪婪而且多次得罪诸侯，因而唐、蔡两国都恨他。大王如果一定要攻打楚国，必将得到唐、蔡两国的支援。"吴王说："唐、蔡两国有何怨恨？"两位将军说："从前蔡昭公到楚国朝觐，带着两件漂亮的裘衣，两枚上等的珮玉，各把一件献给了楚昭王。楚昭王穿戴着上朝，蔡昭公自己也穿戴着另一套。子常想要，蔡昭公不给。子常于是将蔡昭公扣留了三年，不让他回国。唐成公到楚国朝觐，带着两匹身有花纹的马，子常想要，唐成公不给，子常也扣留了他三年。唐国人商量了一下，准备从唐成公的随从那里求得这两匹马，用来赎回成公。于是请唐成公的随从喝酒，将他们灌醉，偷出马来献给了子常，子常这才让唐成公回国。唐国群臣非议唐成公说:‘君主为了一匹马的缘故,让自己被囚禁了三年,希望奖赏偷马者的功劳。’因此,唐成公常想着报复楚国,报仇的呼声在君臣中从未间断过。蔡国人听到唐国赎回唐成公的消息,坚决请求把裘衣、珮玉献给子常。蔡侯得以回国后,就到晋国诉说了自己的遭遇,用他的儿子元和一个大夫的儿子做人质,请求晋国出兵讨伐楚国。所以我们说,得到唐、蔡两国的支持就可以攻打楚国。”

吴王于是使使谓唐、蔡曰:“楚为无道,虐杀忠良,侵食诸侯,困辱二君。寡人欲举兵伐楚,愿二君有谋。”唐侯使其子乾为质于吴①。三国合谋伐楚,舍兵于淮汭②,自豫章与楚夹汉水为阵。子常遂济汉而阵,自小别山至于大别山③,三不利,自知不可进,欲奔亡。史皇曰:“今子常无故与王共杀忠臣三人,天祸来下,王之所致。”子常不应。

【注释】

①唐侯:徐天祜说:“《左传》作‘蔡侯’。”

②汭:河流会合或弯曲的地方。

③小别山:杨伯峻认为在今河南光山与湖北黄冈之间。张觉认为在今湖北汉川南。大别山:《汉书·地理志》、洪亮吉、杨伯峻等认为在今安徽霍丘西南。张觉据上文“自豫章与楚夹汉水为阵”,认为应在汉水附近,具体在今武汉西南鹦鹉洲之北。

【译文】

吴王于是派使者对唐、蔡两国国君说:“楚人做事暴虐无道,残暴地杀害忠臣良将,不断地侵占诸侯国的土地,囚禁侮辱两位国君。我想出兵讨伐楚国,希望两位国君一起来出谋划策。”唐侯让他的儿子乾到吴国作人质。三国共同谋划攻打楚国,军队驻扎在淮河水湾,从豫章与楚军夹着汉水摆开阵势。子常就率楚军渡过汉水摆好阵势，从小别山一直部署至大别山，楚军连吃三次败仗，子常就知道无法取胜了，于是想逃走。史皇说："你子常无缘无故和大王一起杀害了三位忠臣，如今上天降下灾祸，这是大王自己招来的啊。"子常没有回答。

十月，楚二师阵于柏举①。阖闾之弟夫概晨起请于阖闾曰："子常不仁，贪而少恩，其臣下莫有死志。追之，必破矣。"阖闾不许。夫概曰："所谓臣行其志不待命者，其谓此也。"遂以其部五千人击子常。大败，走奔郑，楚师大乱，吴师乘之，遂破楚众。楚人未济汉，会楚人食，吴因奔而击破之雍滞②，五战径至于郢。

【注释】

①十月，楚二师阵于柏举：此两句《左传·定公四年》作"十一月庚午，二师陈于柏举"。杜预注："二师，吴、楚师。"柏举，春秋时楚国地名，在今湖北麻城东北。

②雍滞：《左传·定公四年》作"雍澨（shì）"，"滞"当为"澨"之误字。杨伯峻《春秋左传注》说："据《汇纂》，今湖北京山县西南有三澨水，春秋之雍澨其一也。洪亮吉云：'今澨水在京山县西南，南流入天门县为汉水。'疑雍澨即入天门河之支流。"

【译文】

十月，楚、吴双方军队在柏举摆开阵势。阖闾的弟弟夫概一早起来向阖闾请求说："子常不仁，贪婪而缺少恩德，他的部下都没有为他拼死殉身的志向。现在如果追击他们，一定能打败他们。"阖闾不同意。夫概说："所谓臣下按照自己的意愿行事而不需要等待君主的命令，大概说的就是这种情况吧。"于是就带着自己的五千部众攻击子常。子常大败，逃奔郑国，楚军大乱，吴军乘势追击，于是击溃了楚军。楚军还未渡过汉水，士兵又正在吃饭，吴军便追赶上逃跑的楚军，在雍澨把楚军打垮了，吴军又打了五仗，便直达郢都。

王追于吴寇，出固将亡[①]，与妹季芈出河、濉之间[②]，楚大夫尹固与王同舟而去[③]。吴师遂入郢，求昭王。王涉濉济江，入于云中[④]。暮宿，群盗攻之，以戈击王头。大夫尹固隐王，以背受之，中肩。王惧，奔郧[⑤]，大夫钟建负季芈以从。郧公辛得昭王[⑥]，大喜，欲还之。其弟怀怒曰："昭王是我仇也。"欲杀之，谓其兄辛曰："昔平王杀我父，吾杀其子，不亦可乎!"辛曰："君讨其臣，敢仇之者？夫乘人之祸，非仁也；灭宗废祀，非孝也；动无令名，非智也。"怀怒不解。辛阴与其季弟巢以王奔随[⑦]。吴兵逐之，谓随君曰："周之子孙在汉水上者，楚灭之。谓天报其祸，加罚于楚，君何宝之？周室何罪？而隐其贼。能出昭王，即重惠也。"随君卜昭王与吴王不吉，乃辞吴王曰："今随之僻小，密近于楚，楚实存我，有盟至今未改。若今有难而弃之[⑧]，今且安静楚，敢不听命？"吴师多其辞，乃退。是时大夫子期虽与昭王俱亡，阴与吴师为市，欲出昭王[⑨]。王闻之，得免，即割子期心[⑩]，以与随君盟而去。

【注释】

①固：徐乃昌引卢文弨说："固，疑'国'。"卢说是，译文从之。

②季芈(mǐ)：芈姓，名畀(bì)我。古代妇女的称谓方式之一为姓前冠以伯(孟)仲叔季排行。河、濉(suī)：徐天祜说："河水出昆仑。'濉'与'睢'同。杜预曰：'睢水出新城昌魏县，东南至枝江县入江，

是楚王西走也。'按《水经》:'睢水出梁郡鄢县。'郦道元注:'睢水出陈留县西蒗荡渠。'三说各不同。"张觉认为"濉"通"沮",即今沮水,源出今湖北保康西南,东南流经远安、枝江、江陵西境入长江。

③尹固:《左传·定公四年》作"鍼尹固",《左传·哀公十六年》作"箴尹固"。又下文以背受戈事,《左传》记为王孙由于之事。

④云中:当指云梦泽中。云梦泽,古人或说为云、梦两泽,或说为一泽,可单称"云"或"梦"。

⑤郧:春秋时国名,在今湖北安陆、京山一带。

⑥郧公辛:《左传·定公四年》杜预注:"辛,蔓成然之子斗辛也。"

⑦随:西周初分封的诸侯国,姬姓,在今湖北随县南,春秋后期成为楚国的附庸。

⑧若今有难而弃之:徐乃昌说:"《左传》下有'何以事君'四字,语意方完。"译文从之。

⑨"是时大夫子期虽与昭王俱亡"以下三句:据《左传·定公四年》,子期很忠心,没有与吴人暗中交易出卖楚昭王之事。

⑩割子期心:指划破心口的皮肤取血。

【译文】

楚昭王被吴军追逼,将要出郢都逃亡,和妹妹季芈取道河水、濉水之间出走,楚大夫尹固与楚王同船离去。吴军于是进入郢都,搜寻昭王。昭王渡过濉水,又渡过长江,进入云梦泽中。晚上宿歇,一群强盗袭击他们,用戈砍昭王的头。大夫尹固为掩护昭王,用自己的背去挡戈,被击中了肩膀。昭王害怕,又逃往郧地,大夫钟建背着季芈跟在后面。郧公斗辛得到了昭王,非常高兴,打算护送他回国。他的弟弟斗怀愤怒地说:"昭王是我们的仇人啊。"斗怀要杀掉昭王,对他的哥哥斗辛说:"过去平王杀了我们的父亲,现在我杀掉他的儿子,不也是可以的吗?"斗辛说:"国君讨伐他的臣下,谁敢仇恨他?乘人有危难时加害于他,这是不仁;因弑君而使自己的宗族被诛灭,宗庙祭祀被废弃,这是不孝；行动没有正当的名义，这是不明智。”斗怀的怒气仍未消解。斗辛就暗中和小弟弟斗巢保护楚昭王逃奔随国。吴军紧追不舍，对随国国君说：“周天子的子孙被封在汉水流域的，都被楚消灭了。今天可以说是上天为他们遭受的灾祸进行报复，对楚国施加惩罚，您为何把楚王当宝物呢？周王室有什么罪过，您要隐藏他的贼臣？如能交出楚王，那就是您的大恩大德了。”随君为将昭王交给吴王的事占卜，结果不吉利，于是辞谢吴王说：“如今随国这样偏僻狭小，又紧挨着楚国，楚国确实保全了我们，随楚两国的盟约至今未改。如果现在楚国有了灾难就抛弃他们，那凭什么来侍奉您呢？如今若使楚国得到安定，楚国岂敢不听从您的命令吗？”吴军赞赏随君的答辞，就撤退了。这时楚大夫子期虽然和昭王一起逃亡，但暗地里却和吴军做交易，打算交出昭王。昭王事先听到风声，得免于难之后，就割子期胸前的皮肤取血来和随君结盟，然后就离开了随国。

吴王入郢，止留。伍胥以不得昭王，乃掘平王之墓，出其尸，鞭之三百。左足践腹，右手抉其目，诮之曰[①]：“谁使汝用谗谀之口，杀我父兄，岂不冤哉！”即令阖闾妻昭王夫人，伍胥、孙武、白喜亦妻子常、司马成之妻，以辱楚之君臣也。

【注释】

①诮（qiào）：责备，谴责。

【译文】

吴王进入郢都，停留下来。伍子胥因为抓不到楚昭王，就掘开楚平王的坟墓，挖出他的尸体，抽打了三百鞭。用左脚踏着平王的肚子，右手挖出他的眼睛，谴责他说：“谁让你听信那些谗谄阿谀的话，杀死我的父亲、兄长，难道他们死得不冤枉吗！”于是就让阖闾霸占了楚昭王的夫人，伍子胥、孙武、白喜也分别霸占了子常、司马成的妻子，以此侮辱楚国君臣。

遂引军击郑。郑定公前杀太子建而困迫子胥，自此怨郑[①]。兵将入境[②]，定公大惧[③]，乃令国中曰："有能还吴军者，吾与分国而治。"渔者之子应募曰："臣能还之。不用尺兵斗粮，得一桡而行歌道中[④]，即还矣。"公乃与渔者之子桡。子胥军将至，当道扣桡而歌曰："芦中人！"如是再。子胥闻之，愕然大惊[⑤]，曰："何等谓？"与语[⑥]，"公为何谁矣？"曰："渔父者子。吾国君惧怖，令于国：'有能还吴军者，与之分国而治。'臣念前人与君相逢于途，今从君乞郑之国。"子胥叹曰："悲哉！吾蒙子前人之恩，自致于此。上天苍苍，岂敢忘也？"于是乃释郑国，还军守楚，求昭王所在日急。

【注释】

①自此怨郑：原作"自此郑"，《太平御览》卷四百七十九引文作"故怨郑"，据补。周生春说："自字前疑脱'子胥'二字。"

②兵将入境：原无此四字，据《太平御览》卷四百七十九引文补。

③定公大惧：徐天祜说："按太子建死乃定公时，吴师入郢则献公时，此亦云'定公'，误。"徐说是，译文从之。

④桡（ráo）：桨，小楫。

⑤愕（è）然：惊讶的样子。

⑥"何等谓？"与语：《太平御览》卷四百七十九引文作"何等人者，即请与语。"

【译文】

随后，伍子胥率领军队攻打郑国。郑定公先前杀了楚太子建并且使伍子胥遭受困窘，所以伍子胥从此怨恨郑国。吴军将攻进郑国国境，郑献公十分惊恐，就在国内发布命令说："有谁能让吴军退兵，我就和他平分郑国一起统治。"有一个渔翁的儿子前来响应招募，说："我能使吴军回去。我不动一尺兵器一斗粮食,只要拿一把小船桨在路上边走边唱,吴军就会撤退。"郑献公就给了渔翁的儿子一把小船桨。伍子胥的军队将要到达时,渔翁的儿子拦在路中央敲着小船桨唱道:"芦中人!"这样唱了两次。伍子胥听到后,大为惊愕,说:"这唱的是什么?"便请来和他交谈,"先生是哪一位啊?"渔翁的儿子回答说:"我是那渔翁的儿子。我国国君非常惊惶,在国内发布命令说:'有谁能让吴军撤退,就和他分国而治。'我念及先父曾和您在途中相逢,所以现在乞求您保全郑国。"伍子胥感叹地说:"多么叫人感伤啊!我蒙受你父亲的恩惠,才有了今天。上天苍苍,我怎么敢忘恩负义呢?"于是就放弃了郑国,回师守住楚国,日益急迫地搜寻楚昭王的下落。

申包胥亡在山中,闻之,乃使人谓子胥曰:"子之报仇,其以甚乎!子故平王之臣,北面事之①,今于僇尸之辱②,岂道之极乎!"子胥曰:"为我谢申包胥曰:'日暮路远,倒行而逆施之于道也③。'"申包胥知不可,乃之于秦,求救楚。昼驰夜趋,足踵蹠劈④,裂裳裹膝,鹤倚哭于秦庭,七日七夜,口不绝声。秦桓公素沉湎⑤,不恤国事。申包胥哭已,歌曰:"吴为无道,封豕长蛇⑥,以食上国,欲有天下,政从楚起⑦。寡君出在草泽,使来告急。"如此七日,桓公大惊:"楚有贤臣如是,吴犹欲灭之。寡人无臣若斯者,其亡无日矣。"为赋《无衣》之诗⑧,曰:"岂曰无衣?与子同袍。王于兴师,与子同仇。"包胥曰:"臣闻戾德无厌⑨,王不忧邻国,疆埸之患⑩。逮吴之未定,王其取分焉。若楚遂亡,于秦何利?则亦亡君之土也。愿王以神灵存之,世以事王。"秦伯使辞焉,曰:"寡人闻命矣,子且就馆,将图而告。"包胥曰:"寡君今在草野,未获所伏,臣何敢即安?”复立于庭,倚墙而哭,日夜不绝声,水不入口。秦伯为之垂涕,即出师而送之。

【注释】

①北面:朝北。古代以朝南为尊贵,君主在朝廷上坐北朝南,臣子向北朝拜,所以“北面”表示在臣位上。臣下朝见君王亦称“北面”。

②僇(lù):侮辱。

③日暮路远,倒行而逆施之于道也:《史记·伍子胥列传》司马贞《索隐》:“子胥言志在复仇,常恐且死,不遂本心,今幸而报,岂论理乎!譬如人行,前途尚远,而日势已莫,其在颠倒疾行,逆理施事,何得责吾顺理乎!”日暮路远,秦汉前习用成语,谓日势已暮而行程尚远,比喻力尽计穷或穷困到极点。倒行逆施,指做事违反常道,不择手段。

④踵(zhǒng):脚后脚。跖(zhí):脚掌。

⑤秦桓公:前603—前577年在位。此当作秦哀公,前536—前501年在位。《史记·伍子胥列传》:“包胥立于秦廷,昼夜哭……秦哀公怜之。”又《史记·十二诸侯年表》载“楚包胥请救”于秦哀公三十一年。

⑥封豕(shǐ)长蛇:常用来比喻贪婪暴虐的元凶首恶。封豕,大猪。

⑦政:通“征”。征伐。

⑧赋《无衣》之诗:春秋时代,外交辞令往往断章取义地取《诗经》中的某些诗句来表达自己的意见。秦哀公朗诵《无衣》诗,表示自己决心与楚国同仇敌忾,出兵援救楚国。赋,朗诵。《无衣》出自《诗经·秦风》。

⑨戾德:徐天祐说:“《左传》《国语》作‘夷德’。”夷德,指吴人的本性。

⑩壃埸(yì):边境,边界。壃,同“疆”。埸,边境。秦不救楚,吴国占领楚国,就成了秦国的邻国,秦国就有边境之忧了。

【译文】

申包胥逃亡在山中，听到这种情况后，就派人对伍子胥说："你这样报仇，或许太过分了吧！你过去是平王的臣下，曾经朝北为臣侍奉过他，现在却去侮辱折磨他的尸体，难道不是最极端的做法吗？"伍子胥说："替我向申包胥表示歉意说：'我的处境就好像天色已晚而道路还很遥远，所以我就对此倒行逆施而不顾情理了。'"申包胥知道不能说服伍子胥，就到秦国去，请求援救楚国。申包胥昼夜奔驰，脚后跟、脚掌都裂开了，他撕裂衣裳裹住膝盖，像鹤一样靠在秦国朝廷的墙上哭泣，七天七夜哭声不断。秦哀公平素沉溺于酒色之中，不关心国家的政事。申包胥哭罢，又吟唱道："吴王暴虐无道，就像大猪和长蛇，一再吞食中原各国，想占有天下，征伐从楚国开始。我们国君出国逃亡在草林丛泽中，派我前来告急。"这样连续哭吟了七天，秦哀公大为惊讶："楚国有这样的贤臣，吴国还想消灭它。我没有这样的贤臣，大概离灭亡不远了。"于是为申包胥朗诵了《无衣》这首诗："难道说没衣服穿？我要与你共战袍。大王即将要起兵，与您一同上战场。"申包胥说："我听说吴国暴戾的本性是不知满足的，大王如果不为邻国担忧，那就会有边境被侵扰的祸患。趁现在吴国还没有把楚国完全平定，大王还是去夺取一部分吧。如果楚国就此灭亡，对秦国有什么好处？那样的话，也会使您的国土沦丧啊。希望大王用您的神威出兵保全楚国，楚国将世世代代侍奉您。"秦伯派人打发申包胥，说："我已经领受您的指教了，您暂且到宾馆安歇，我们要谋划一下再答复您。"申包胥说："我们国君现在流落于荒郊野外，还没有得到安身之处，我哪敢去安歇呢？"仍旧站在秦庭，倚着墙哭号，日夜哭声不断，连口水也不喝。秦伯被感动得流下了眼泪，立即派出军队送申包胥回国。

十年，秦师未出，越王元常恨阖闾破之檇里，兴兵伐吴。吴在楚，越盗掩袭之。六月，申包胥以秦师至，秦使公子子蒲、子虎率车五百乘救楚击吴[①]。二子曰："吾未知吴道。"使楚师前与吴战，而即会之[②]，大败夫概。七月，楚司马子成、秦公子子蒲与吴王相守，私以间兵伐唐，灭之。子胥久留楚，求昭王，不去。夫概师败，却退。九月，潜归，自立为吴王。阖闾闻之，乃释楚师，欲杀夫概。奔楚，昭王封夫概于棠溪。阖闾遂归。子胥、孙武、白喜留，与楚师于淮澨[③]，秦师又败吴师。楚子期将焚吴军，子西曰[④]："吾国父兄身战暴骨草野焉，不收，又焚之，其可乎？"子期曰："亡国失众，存没所在，又何杀生以爱死？死如有知，必将乘烟起而助我。如其无知，何惜草中之骨而亡吴国？"遂焚而战，吴师大败。子胥等相谓曰："彼楚虽败我余兵，未有所损我者。"孙武曰："吾以吴干戈西破楚[⑤]，逐昭王而屠荆平王墓，割戮其尸，亦已足矣。"子胥曰："自霸王已来[⑥]，未有人臣报仇如此者也。行去矣！"

【注释】

①乘：量词，古代称兵车，四马一车为一乘。一乘配三个甲士、七十二个步兵（一说十个步兵）。

②即：立即，马上。又，薛耀天说："同'稷'。《说文通训定声》：'稷，假借为即。'"《左传·定公五年》："而自稷会之，大败夫概王于沂。"稷为楚地，在今河南桐柏。可备一说。

③与楚师于淮澨：徐乃昌说："当作'战于淮澨'。"淮澨当作"雍澨"，《左传·定公六年》作"雍澨"，形近而误。

④子西：楚平王的庶长子、昭王的庶兄公子申。《史记·楚世家》记子西是楚平王的庶弟。昭王、惠王时任令尹。

⑤干戈：干戈为古代常用的兵器，此当指战争工具。干，盾。戈，古代的一种曲头兵器，横刃，是主要用于勾、啄的格斗兵器。

⑥已：通“以”。

【译文】

十年，秦军还没有出动，越王元常怨恨阖闾攻占了越国的槜里，于是发兵进攻吴国。这时吴军还在楚国，越国便偷偷地突然袭击吴国。六月，申包胥带着秦国军队回到楚国，秦国派公子子蒲、子虎率领五百辆战车救援楚国进攻吴军。二位公子说：“我们不了解吴军的战术。”于是让楚军先和吴军交战，然后马上和楚军会合，大败吴将夫概。七月，楚司马子成、秦公子子蒲和吴王相对峙时，楚国偷偷地派一支秘密部队去讨伐唐国，把它灭掉了。伍子胥率部队长时间滞留楚国，搜索楚昭王，迟迟不离开楚国。夫概军队战败退逃。九月，夫概偷偷地潜回吴国，自立为吴王。阖闾得知消息，就丢开楚军，准备赶回去处死夫概。夫概逃奔楚国，楚昭王把夫概封在棠溪。阖闾就回到吴国。伍子胥、孙武、白喜留在楚国，和楚军在雍澨打了一仗，秦军再次击败吴军。楚将子期准备火烧吴军，子西说：“我国父老兄弟舍身奋战而尸骨暴露在荒郊野外，我们不但不收敛埋葬，反而要焚烧，怎么可以呢？”子期说：“国家灭亡而丧失兵众，在生死存亡的关头，何必再为了爱惜死者的尸骨而让活着的人去送死呢？死者如果有知，一定会乘着烧吴军的烟雾，起来帮助我们。死者如果无知，只要能灭了吴国，草中的尸骨又有什么可惜呢？”于是放火进攻吴军，吴军大败。伍子胥等人商议说：“楚国虽然打败了我们留下的军队，但对我们没有什么损害。”孙武说：“我们用吴国精兵西征攻破楚国，赶跑了楚昭王，掘开楚平王的墓，割戮他的尸体，也已经够了。”伍子胥说：“自从诸侯称霸为王以来，还没有一个臣下能这样报仇的。撤离吧。”

吴军去后，昭王反国。乐师扈子非荆王信谗佞，杀伍奢、白州犁，而寇不绝于境，至乃掘平王墓，戮尸奸喜[1]，以辱楚君臣。又伤昭王困迫，几为天下大鄙，然已愧矣。乃援琴为楚作《穷劫之曲》，以畅君之迫厄之畅达也[2]。其词曰："王耶王耶何乖烈[3]，不顾宗庙听谗孽。任用无忌多所杀，诛夷白氏族几灭。二子东奔适吴越，吴王哀痛助忉怛。垂涕举兵将西伐，伍胥白喜孙武决。三战破郢王奔发，留兵纵骑虏荆阙。楚荆骸骨遭发掘，鞭辱腐尸耻难雪。几危宗庙社稷灭，严王何罪国几绝[4]。卿士凄怆民恻悷[5]，吴军虽去怖不歇。愿王更隐抚忠节，勿为谗口能谤亵。"昭王垂涕，深知琴曲之情，扈子遂不复鼓矣。

【注释】

①戮尸奸喜：徐乃昌引卢文弨说："当作'戮尸奸妻'。"译文从卢说。

②畅（第一个畅）：徐天祜说："'畅'当作'伤'。"

③乖烈：同"乖剌"。违逆，不和谐。

④严王：庄王，为避汉明帝刘庄讳而改称"严王"。

⑤恻悷（cè lì）：悲痛忧伤。

【译文】

吴军撤离后，楚昭王返回郢都。乐师扈子不满楚王听信谗佞之臣的话，杀害了伍奢、白州犁，因而招致外敌不断侵犯边境，甚至于掘开平王墓，鞭戮尸体，奸污了昭王等君臣的妻子，以此来侮辱楚国君臣。又哀怜昭王被赶出国都，遭受困厄而走投无路，几乎成为天下的奇耻大辱，然而现在已经感到愧疚了。于是扈子拿起琴为楚王作了一首《穷劫之曲》，以尽情地表达国君遭受窘迫困厄的哀伤。那歌词唱道："王啊王啊多乖戾，不顾宗庙与社稷，反信谗佞和妖孽。任用奸人费无忌，乱杀忠臣无止界，屠杀白氏近族灭。子胥、白喜东投吴，吴王悲痛助二子。

流泪兴兵西伐楚，子胥、白喜、孙武来谋划。吴军三战破郢都，大王仓皇奔外地，吴军留楚不肯离，驻兵横行毁宫殿。平王尸骨被发掘，朽骨难逃遭鞭辱，这般耻辱难洗雪。宗庙危急国将覆，庄王究竟有何罪，他的祭祀几断绝。卿士大夫为之悲，平民百姓为之痛，吴军虽撤心尚恐。希望大王多改正，安抚忠臣和节士，别让谗佞再诋毁。”楚昭王不禁涕泪纵横，深深领会了这琴曲包含的感情，扈子就不再弹奏了。

子胥等过溧阳濑水之上，乃长太息曰：“吾尝饥于此，乞食于一女子。女子饲我，遂投水而亡。”将欲报以百金，而不知其家，乃投金水中而去。有顷，一老妪行哭而来。人问曰：“何哭之悲？”妪曰：“吾有女子，守居三十不嫁。往年击绵于此，遇一穷途君子，而辄饭之，而恐事泄，自投于濑水。今闻伍君来，不得其偿，自伤虚死，是故悲耳。”人曰：“子胥欲报百金，不知其家，投金水中而去矣。”妪遂取金而归。

【译文】

伍子胥等人经过溧阳境内的濑水岸边时，长声叹息说：“我曾经在此地遭受饥饿，向一位女子讨饭。她给了我饭吃后，就投水自尽了。”伍子胥想用百金来报答此女子，但不知道她家在何处，就将金投到水中而后离去了。过了不久，有一位老妇人哭着走过来。有人问她说：“您为什么哭得这样悲伤？”老妇人说：“我有个女儿，守在家里三十岁了还未嫁人。前些年曾在这儿捶洗绵絮，遇到一位身陷困境的先生，就拿饭给他吃，后来担心事情泄漏，投濑水自尽了。现在我听说那位姓伍的先生来了，但没有得到他的报偿，可怜我女儿白白死去，所以才很悲伤啊。”人们告诉她：“伍子胥想用百金来酬报她，但不知道那位女子的家，就将金投到水中离开了。”老妇人于是从水中捞出百金回去了。

子胥归吴，吴王闻三师将至，治鱼为鲙[1]。将到之日，过时不至，鱼臭。须臾，子胥至，阖闾出鲙而食，不知其臭。王复重为之，其味如故。吴人作鲙者，自阖闾之造也。

【注释】

①鲙(kuài)：切细的鱼。

【译文】

伍子胥班师回吴，吴王听说三军将要抵达国都，亲自将鱼做成细丝美味。在将要到达国都的那天，过了原定时间还没到，结果烧好的鱼肉臭了。过了一会儿，伍子胥到了，阖闾端出鱼肉细丝来请伍子胥他们吃，不知道鱼肉已经臭了。于是吴王重新去做，结果味道跟原来的一样。吴地人作鱼丝，就是从阖闾开始的。

诸将既从还楚，因更名阊门曰破楚门。复谋伐齐。齐子使女为质于吴[1]，吴王因为太子波聘齐女。女少，思齐，日夜号泣，因乃为病。阖闾乃起北门，名曰望齐门，令女往游其上。女思不止，病日益甚，乃至殂落[2]。女曰："令死者有知，必葬我于虞山之巅，以望齐国。"阖闾伤之，正如其言，乃葬虞山之巅。

【注释】

①齐子：指齐景公。齐景公，姜姓，名杵臼，前547—前490年在位。齐当为侯爵，而非子爵，故一般称"齐侯"。

②殂(cú)落：死亡。

【译文】

诸位将领从楚国撤回后，吴国就将阊门改称为破楚门。吴国又谋划攻打齐国。齐国国君送女儿到吴国作人质,吴王就为太子波聘这位齐女为妻。齐女年纪还太小,所以思念齐国,日夜哭泣,因此生了病。阖闾于是筑起了一座北门,名叫望齐门,让齐女到上边去游玩。齐女仍然思乡不止,病情日益加重,最后竟然去世了。齐女临终前说:"如果死去的人地下有知,就一定要把我埋葬在虞山顶上,让我眺望齐国。"阖闾很悲伤,就按照她的遗言,把她埋葬在虞山山顶。

是时,太子亦病而死。阖闾谋择诸公子可立者,未有定计。波太子夫差日夜告于伍胥曰①:"王欲立太子,非我而谁当立?此计在君耳。"伍子胥曰:"太子未有定,我入,则决矣。"阖闾有顷召子胥谋立太子,子胥曰:"臣闻祀废于绝后,兴于有嗣。今太子不禄②,早失侍御,今王欲立太子者,莫大乎波秦之子夫差③。"阖闾曰:"夫愚而不仁,恐不能奉统于吴国。"子胥曰:"夫差信以爱人,端于守节,敦于礼义,父死子代,经之明文。"阖闾曰:"寡人从子。"立夫差为太子,使太子屯兵守楚留止。自治宫室,立射台于安里,华池在平昌,南城宫在长乐④。阖闾出入游卧,秋冬治于城中,春夏治于城外,治姑苏之台⑤。旦食䱉山⑥,昼游苏台,射于鸥陂⑦,驰于游台,兴乐石城⑧,走犬长洲⑨。斯止阖闾之霸时。于是太子定,因伐楚,破师拔番⑩。楚惧吴兵复往,乃去郢,徙于芳若⑪。当此之时,吴以子胥、白喜、孙武之谋,西破强楚,北威齐、晋,南伐于越。

【注释】

①波太子夫差:太子波的长子夫差。不过,夫差应为阖闾之子,太子波之弟。徐乃昌引俞樾说:"疑'波'字乃'次'字之误。盖夫差

是太子波之弟，故谓之次太子，实即次子耳。曰'次太子'，乃吴俗尊之之称也。"可备一说。译文姑从原文。

②不禄：不再享受俸禄，指夭折。《礼记·曲礼下》："寿考曰卒，短折曰不禄。"

③波秦之子：疑当作"波之子"，"秦"或系衍文。

④"立射台于安里"以下三句：徐天祜说："《越绝》曰：'射台二，一在华池昌里，一在安阳里。南宫在长乐里。'按，华池、南城宫，旧传皆在长洲县境。"长洲县，在今江苏苏州。

⑤姑苏之台：徐天祜说："在吴县西南三十里，有姑苏山，亦名姑胥。"

⑥鉏山：徐天祜说："《越绝》作'组山'。"

⑦陂（bēi）：江河之岸为陂。

⑧石城：徐天祜说："在吴县东北，吴之离宫，越王献西子于此。"

⑨走犬长洲：徐天祜说："有走狗塘，田猎之地也。"张觉引《吴郡志》卷八："长洲，在姑苏南、太湖北岸，阖闾所游猎处也……长洲苑，《旧经》云：'在县西南七十里。'"

⑩番（pó）：通"鄱"。即今江西鄱阳。

⑪芀（wěi）若：《左传》《史记》都作"鄀（ruò）"。春秋时楚国的都城，在今湖北宜城东南。

【译文】

这个时候，太子也患病去世了。阖闾考虑在诸位公子中选择一位可以立为太子的人，但还没有拿定主意。太子波的儿子夫差日日夜夜向伍子胥请求说："大王想立太子，除了我还有谁该立呢？这一大计就在您了。"伍子胥说："太子还没有确定，等我进宫商议，大王就会决定了。"不久阖闾召见伍子胥商量确立太子的事，伍子胥说："我听说宗庙祭祀，没有继承人就会被废止，有了继承人就能兴旺。如今太子夭折，大王过早地失去了侍奉您的人，如今大王要立太子，没有比波的儿子夫差更合适的人选了。”阖闾说:“夫差愚笨而不仁义,恐怕不能承续吴国君统。”伍子胥说:“夫差诚实而且爱护民众,操守端正,严守礼义,而且父亲死了儿子代立,这是经典上的明文规定啊。”阖闾说:“我听从您的意见。”于是立夫差为太子,派他在楚国驻军守卫。阖闾自己则营造宫室,在安里筑造了射台,在平昌挖掘了华池,在长乐建造了南城宫。阖闾在这些地方进进出出,游玩休息,秋冬在城内处理政事,春夏则移到城外,还建造了姑苏台。早晨在䱉山吃饭,白天在姑苏台游玩,到鸥陂去射猎,到游台去跑马,在石城欣赏歌乐,在长洲驱狗打猎。这一时期正是阖闾称霸的时候。这时太子确定之后,于是又派兵进攻楚国,击败了楚军并攻克了楚国的鄱阳。楚王惧怕吴军再次侵犯,就离开郢,将国都迁到蒍若。这一时期,吴国靠着伍子胥、白喜、孙武的谋略,西边击败了强大的楚国,北边威慑齐国、晋国,向南去攻打越国。

夫差内传第五

【题解】

本篇为吴王夫差的传记，主要记述了夫差十一年（前 485）到二十三年（前 476）间伐齐、杀伍子胥、与晋争霸同时又纵容越国坐大直至被越击败而身死国灭的事迹。文章在记述该历史时段主要事件时颇多生动的演绎，与《左传》《国语》《史记》等史家著作的相关记述既能互相印证，又有比较明显的差异。

本篇塑造了多个生动鲜明的人物形象，有忠贞不屈、勇于直谏的伍子胥，有贪鄙奸佞、谗毁忠良的太宰嚭，有舍生忘死、忠心为国的公孙圣，也有足智多谋、纵横捭阖的子贡，这些人物形象都是符合其传统形象设定的，而本篇对传主夫差的形象塑造则更立体、更丰满，不限于传统认知，通过各种细节生动传神地表现出作为一个活生生的“人”的夫差：喜听阿谀奉承之言，对老臣伍子胥的诤谏恼羞成怒；做梦之后明明内心不安却又讳疾忌医，不愿听真实而不吉的解梦之辞；与伍子胥几番冲突之后诛杀了伍子胥，一方面虐尸泄愤一方面却又内心愧悔，愧悔的同时又不愿承认错误，而是将过失推到太宰嚭身上；兵败国灭之时，既深感愧对先君老臣，却又一度犹豫不肯自杀。人性的复杂性在夫差这个人物身上体现得淋漓尽致。

除人物形象的塑造更生动丰满外，本篇还具有鲜明的历史演义色彩，如夫差刚愎自用、亲小人远贤臣终致身死国灭，伍子胥死后“连年不熟，民多怨恨”，夫差兵败之后的情形一一与梦境相印证等，都颇具民间叙事特色。

十一年，夫差北伐齐。齐使大夫高氏谢吴师曰[①]：“齐孤立于国，仓库空虚，民人离散。齐以吴为强辅，今未往告急，而吴见伐。请伏国人于郊，不敢陈战争之辞。惟吴哀齐之不滥也[②]。”吴师即还。

【注释】

①高氏：徐天祜说：“当是高无平，时将上军。”“平”疑为“丕(pī)”之讹，《左传·哀公十一年》有“高无丕”，为齐将。

②不滥：没有不合规矩的行为。滥，过度。

【译文】

十一年，夫差北上讨伐齐国。齐国派大夫高氏去退吴军说：“齐国孤立无援，粮仓府库空虚，百姓流离失散。齐国把吴国当作自己强大的盟友，可现在我们还没有前去告急求救，而吴国却来讨伐我们。请允许国民跪在郊外迎接，不敢陈诉和你们作战的话。只求吴国可怜可怜齐国没有什么不轨行为吧。”吴军便撤回去了。

十二年，夫差复北伐齐。越王闻之，率众以朝于吴，而以重宝厚献太宰嚭[①]。嚭喜，受越之赂，爱信越殊甚，日夜为言于吴王。王信用嚭之计，伍胥大惧，曰：“是弃吾也[②]。”乃进谏曰：“越在心腹之病，不前除其疾，今信浮辞伪诈而贪齐。破齐，譬由磐石之田[③]，无立其苗也。愿王释齐而前越。不然，悔之无及。”吴王不听，使子胥使于齐，通期战之会。

子胥谓其子曰："我数谏王，王不我用。今见吴之亡矣。汝与吾俱亡，亡无为也[④]。"乃属其子于齐鲍氏而还[⑤]。太宰嚭既与子胥有隙，因谗之曰："子胥为强暴力谏，愿王少厚焉。"王曰："寡人知之。"未兴师，会鲁使子贡聘于吴[⑥]。

【注释】

①太宰：官名，辅佐君主治理国家。

②吾：徐乃昌引卢文弨说："吾，疑'吴'。"译文从卢说。

③由：通"犹"。好像。

④亡："亡"字疑衍。《史记·伍子胥列传》作"汝与吴俱亡，无益也"，可证。

⑤鲍氏：徐天祐说："鲍氏，鲍牧也。属其子改姓为王孙氏，欲以避吴祸。"

⑥子贡：姓端木，名赐，字子贡，卫国人，孔门十哲之一，以言语闻名。

【译文】

十二年，夫差又北上讨伐齐国。越王听到这个消息，就率领部众来朝见吴王，并且拿大量的贵重宝物进献给太宰嚭。太宰嚭很高兴，接受了越国贿赂的财物，更加喜爱信任越国，日夜在吴王面前替越国说好话。吴王听信并采用太宰嚭的谋划，伍子胥非常恐惧，说："这是在毁掉吴国啊。"于是向吴王进谏说："越国的存在，是我们心腹中的大病，不先消除这块病，现在却听信虚伪欺诈的言辞而企图占有齐国。即便攻破了齐国，就好比得到了一块布满大石头的田地一样，没有地方可以种植禾苗。希望大王放弃齐国而先攻打越国。否则，后悔莫及。"吴王不听从伍子胥的话，反而派伍子胥出使齐国，通报双方交战日期。伍子胥对自己的儿子说："我屡次劝谏大王，可是大王不采纳我的建议。现在我已经预见到吴国要灭亡了。你与我一起死，是毫无意义的。"于是就把儿子托付给齐国的鲍氏，然后返回吴国。太宰嚭已经和伍子胥有了矛盾，因而谗害伍子胥说："伍子胥惯于做强硬粗暴竭力谏诤的事，希望大王少听信他。"吴王说："我知道。"吴王还未发兵，碰巧鲁国派子贡到吴国来访问。

十三年，齐大夫陈成恒欲弑简公[1]，阴惮高、国、鲍、晏[2]，故前兴兵伐鲁。鲁君忧之[3]。孔子患之，召门人而谓之曰："诸侯有相伐者，丘常耻之。夫鲁，父母之国也，丘墓在焉。今齐将伐之，子无意一出耶？"子路辞出[2]，孔子止之。子张、子石请行[5]，孔子弗许。子贡辞出，孔子遣之。

【注释】

①陈成恒：即田常，名恒，亦作常（因避汉文帝刘恒讳），"成"是谥号，春秋时齐国大臣。前481年，田常杀死齐简公，拥立平公，任相国。从此，齐国完全由田氏控制。简公：名壬，齐悼公的儿子。前485年，悼公被杀，他被立为齐国国君，在位四年，被田常所杀。

②高、国、鲍、晏：指齐国上卿高氏、国氏、鲍氏、晏氏四个家族。高氏与国氏同为上卿，是齐国最显赫的两个贵族，高氏此时当指高无丕，国氏当指国书。鲍氏和晏氏，徐天祜认为是鲍叔牙和晏婴，但此时二人均已去世，当指他们的后代。

③鲁君：指鲁哀公，名蒋，定公之子，前494—前467年在位。

④子路：仲由，字子路，鲁国人，孔门十哲之一，以政事见称，好勇力，为人伉直。

⑤子张：姓颛孙，名师，字子张，陈国人。子石：公孙龙，字子石，卫国人（一说楚国人）。

【译文】

十三年，齐国大夫陈成恒打算杀掉齐简公，但心里又害怕高氏、国氏、鲍氏、晏氏四大家族，所以先起兵攻打鲁国。鲁国国君为此忧心忡忡。孔子也为此担忧，就召集弟子而对他们说："诸侯间有互相攻伐的行为，我孔丘常常引以为耻。鲁国，是我的祖国，我家的祖坟也在这里。现在齐国将要攻打鲁国，你们没有意愿出国一次尽点力吗？"子路告辞动身出国去，孔子阻止了他。子张、子石请求出行，孔子不同意。子贡请求前去，孔子就派遣了他。

子贡北之齐，见成恒，因谓曰："夫鲁者，难伐之国，而君伐，过矣。"成恒曰："鲁何难伐也？"子贡曰："其城薄以卑，其池狭以浅，其君愚而不仁，大臣无用，士恶甲兵，不可与战。君不若伐吴。夫吴，城厚而崇，池广以深，甲坚士选，器饱弩劲①，又使明大夫守之，此易邦也。"成恒忿然作色，曰："子之所难，人之所易；子之所易，人之所难。而以教恒，何也？"子贡曰："臣闻君三封而三不成者②，大臣有所不听者也。今君又欲破鲁以广齐，隳鲁以自尊，而君功不与焉③。是君上骄主心④，下恣群臣，而求以成大事，难矣！且夫上骄则犯，臣骄则争，此君上于王有遽，而下与大臣交争。如此，则君立于齐，危于累卵。故曰不如伐吴。且吴王刚猛而毅，能行其令，百姓习于战守，明于法禁，齐遇为擒，必矣。今君悉四境之中⑤，出大臣以环之⑥，人民外死，大臣内空，是君上无强敌之臣，下无黔首之士，孤主制齐者，君也。"陈恒曰："善。虽然，吾兵已在鲁之城下矣，吾去之吴，大臣将有疑我之心。为之奈何？"子贡曰："君按兵无伐，请为君南见吴王，请之救鲁而伐齐，君因以兵迎之。"陈恒许诺。

【注释】

①器饱:武器充足。徐乃昌引孙诒让说:"'器'不可以言'饱','饱'当为'饬',形近而误。"然《史记·仲尼弟子列传》作"甲坚以新,士选以饱,重器精兵,尽在其中",孙说疑非。

②臣闻:《史记·仲尼弟子列传》在"臣闻"下有"忧在内者攻强,忧在外者攻弱,今君忧在内"三句。此处省略了这三句,所以上下文语意较难理解。

③隳(huī)鲁以自尊,而君功不与焉:《史记·仲尼弟子列传》作"今君破鲁以广齐,战胜以骄主,破国以尊臣,而君之功不与焉"。

④是君上骄主心:原作"是君上骄",徐天祜说:"《越绝》'骄'字下有'主心'二字为是,《子贡传》同。"据补。

⑤中:应作"甲"。徐乃昌说:"他本作'四境之甲'。"

⑥环:通"擐(huàn)"。穿。

【译文】

子贡北行到了齐国,拜见了陈成恒,就对他说:"鲁国是一个难以攻打的国家,而您却要攻打它,那就错了。"成恒说:"鲁国怎么难攻呢?"子贡说:"鲁国的城墙又薄又矮,它的护城河又窄又浅,它的国君愚昧而不仁慈,大臣不中用,士兵厌恶战事,因此您不可以与他们交战。您还不如攻打吴国。那吴国,城墙又厚又高,护城河又宽又深,铠甲坚固,士兵精锐,武器充足,弓弩强劲,又派了贤明的大夫守城,这才是容易攻打的国家。"成恒气得脸色大变,说道:"你认为难攻的,却是别人认为易打的;你认为易攻的,却是别人认为难打的。而你这样来教导我,是什么意思呢?"子贡说:"我听说您三次要受封而三次都未成功,那是因为大臣中有不听从您的。现在您又想攻下鲁国来扩展齐国的领土,毁掉鲁国来使自己尊贵,实际上您的功劳却跟这事不相干。因为这事您上使君主更为骄纵,下使群臣更为恣肆,在这种情况下再想去成就一番大事,那就难了。况且君主骄纵了就会恣意妄行,大臣骄纵了就会互相争夺，这就使您上与齐王产生裂痕，下与大臣互相争夺。如果这样，那么您在齐国的处境就比堆起来的蛋还危险。所以我说您不如去攻打吴国。而且吴王勇猛刚毅，能够使自己的命令贯彻执行，吴国百姓熟悉攻战防守，明白法律禁令，齐军和他们交锋，就会被他们擒获，那是必然的。现在如果您发动齐国的全部军队，并派大臣去统领他们，那么民众在外效死，大臣都上了前线而使朝廷空虚，这样您上面没有能成为强敌的大臣，下面又没有身为平民的贤士和您抗争，那么能孤立国君而控制齐国的，就只有您了。”陈恒说：“好！尽管如此，我的军队已在鲁国的城墙之下了，如果我从鲁国撤兵开往吴国，大臣将会对我起疑心。对此该怎么办呢？”子贡说：“您先按兵不动，请让我为您到南方去拜见吴王，请求他援救鲁国而攻打齐国，您就趁机发兵迎击吴军。”陈恒同意了。

子贡南见吴王，谓吴王曰：“臣闻之，王者不绝世，而霸者无强敌。千钧之重①，加铢而移②。今万乘之齐，而私千乘之鲁，而与吴争强，臣窃为君恐焉。且夫救鲁，显名也；伐齐，大利也。义存亡鲁，害暴齐而威强晋，则王不疑也。”吴王曰：“善。虽然，吾尝与越战，栖之会稽③，入臣于吴，不即诛之，三年使归。夫越君，贤主，苦身劳力，夜以接日，内饰兵政，外事诸侯，必将有报我之心。子待我伐越而听子。”子贡曰：“不可。夫越之强，不过于鲁；吴之强，不过于齐。主以伐越而不听臣④，齐亦已私鲁矣。且畏小越而恶强齐，不勇也。见小利而忘大害，不智也。臣闻仁人不因居⑤，以广其德；智者不弃时，以举其功；王者不绝世，以立其义。且夫畏越如此，臣诚东见越王，使出师以从下吏⑥。”吴王大悦。

【注释】

①千钧：形容重量极大。钧，重量单位，三十斤为一钧。

②铢：古代重量单位，二十四铢为一两。

③会稽(kuài jī)：指会稽山，在今浙江绍兴。

④主：徐乃昌引蒋光煦说："宋本'主'作'王'。"

⑤因居：因循守旧。徐天祜说："《越绝》'因居'作'困厄'。"

⑥下吏：下属官吏。此处用作对对方的尊称，表示不敢直接指称对方，含有敬畏之意。

【译文】

子贡南下去拜见吴王，对吴王说："我听说，称王天下的人不会让别国的世系断绝，而称霸天下的人没有强大的敌人。就是千钧的重量，只要再加上轻微的一铢，就会发生移动。现在拥有万辆兵车的齐国要私吞拥有千辆兵车的鲁国，进而与吴国一争强弱，我私下替您担惊受怕啊。况且援救鲁国，会显扬名声；讨伐齐国，能获得大利。名义上保存了将要灭亡的鲁国，又损害了凶暴的齐国，并且可以威慑强大的晋国，那么大王不该再有疑虑了。"吴王说："好。尽管如此，我曾经和越国作战，使越王败退栖身于会稽山上，并入吴国为奴，我没有立刻杀掉他，三年后我就放他回国了。那越王是个贤明的君主，吃苦耐劳，夜以继日，在国内修明军政，在国外结交诸侯，他必然有报复我的想法。你等我攻下越国后再听从你的计谋吧。"子贡说："不行。那越国的强盛，不会超过鲁国；吴国的强盛，也不会超过齐国。大王讨伐越国而不听从我的建议，那么到时候齐国早把鲁国私吞了。况且畏惧小小的越国而不敢和强大的齐国作战，算不上勇敢。看见小的利益而忘记大的危害，算不上明智。我听说仁者不因循处世，而能扩大他的美德；智者不放弃时机，以建立他的功业；称王天下的人不会使他国世系断绝，以便确立他的道义。再说，如果大王真这样畏惧越国的话，请让我东去拜见越王，让他派军队跟随您。"吴王十分高兴。

子贡东见越王，王闻之，除道郊迎，身御至舍，问曰："此僻狭之国，蛮夷之民，大夫何索然若不辱乃至于此？"子贡曰："君处，故来。"越王勾践再拜稽首，曰："孤闻祸与福为邻，今大夫之吊，孤之福矣。孤敢不问其说？"子贡曰："臣今者见吴王，告以救鲁而伐齐，其心畏越。且夫无报人之志，而使人疑之，拙也。有报人之意，而使人知之，殆也。事未发而闻之者，危也。三者，举事之大忌也。"越王再拜，曰："孤少失前人，内不自量，与吴人战，军败，身辱遁逃，上栖会稽，下守海滨，唯鱼鳖见矣。今大夫辱吊而身见之，又发玉声以教孤[①]，孤赖天之赐也，敢不承教？"子贡曰："臣闻明主任人不失其能，直士举贤不容于世。故临财分利，则使仁；涉患犯难，则使勇；用智图国，则使贤；正天下，定诸侯，则使圣。兵强而不能行其威势，在上位而不能施其政令于下者，其君几乎难矣！臣窃自择可与成功而至王者，惟几乎？今吴王有伐齐、晋之志，君无爱重器以喜其心，无恶卑辞以尽其礼。而伐齐，齐必战。不胜，君之福也。彼战而胜，必以其兵临晋。骑士锐兵弊乎齐，重宝、车骑、羽毛尽乎晋[②]，则君制其余矣。"越王再拜，曰："昔者，吴王分其民之众以残吾国，杀败吾民，鄙吾百姓，夷吾宗庙，国为墟棘，身为鱼鳖。孤之怨吴，深于骨髓。而孤之事吴，如子之畏父，弟之敬兄。此孤之死言也。今大夫有赐，故孤敢以报情。孤身不安重席[③]，口不尝厚味，目不视美色，耳不听雅音，既已三年矣。焦唇干舌，苦身劳力，上事群臣，下养百姓，愿一与吴交战于天下平原之野，正身臂而奋吴、越之士，继踵连死，肝脑涂地者，孤之愿也。思之三年，不可得也。今内量吾国，不足以伤吴；外事诸侯，而不能也。愿空国，弃群臣，变容貌，易姓名，执箕帚，养牛马以事之。孤虽知要领不属[④]，手足异处，四支布陈[⑤]，为乡邑笑，孤之意出焉。今大夫有赐，存亡国，举死人，孤赖天赐，敢不待令乎？"子贡曰："夫吴王为人，贪功名而不知利害。"越王慥然避位[⑥]。子贡曰："臣观吴王为数战伐，士卒不恩[⑦]，大臣内引，谗人益众。夫子胥为人精诚，中廉外明而知时，不以身死隐君之过，正言以忠君，直行以为国，其身死而不听。太宰嚭为人智而愚，强而弱，巧言利辞以内其身，善为诡诈以事其君，知其前而不知其后，顺君之过以安其私，是残国伤君之佞臣也。"越王大悦。子贡去，越王送之金百镒、宝剑一、良马二，子贡不受。

【注释】

①玉声：以玉形容别人的言论，表示其言之贵重。

②羽毛：即"羽旄"，用羽毛做成的旗帜。

③重席：重叠的席子，即两层席。古代坐席，以层数多少来区分地位的尊卑。据《礼记·礼器》记载，天子之席五层，诸侯三层，大夫两层。

④要领不属：指腰斩、斩首。要，古"腰"字。领，颈。属，连接。

⑤支：同"肢"。

⑥慥（zào）然：猝然，仓促。表示惊恐慌忙的样子。

⑦恩：徐天祜说："《国语》'恩'作'息'。"徐乃昌引蒋光煦说宋本也作"息"。

【译文】

子贡东行去拜见越王，越王听说后，就清理道路在城外迎接子贡，并亲自驾车送至客舍,问子贡说:"我们是偏僻狭小的国家,都是些落后的蛮夷之人,大夫怎么竟然如此不怕屈辱来到这里呢?"子贡说:"您在此,所以我来了。"越王勾践拜了两拜后磕头触地,说道:"我听说祸与福是相邻的,如今大夫前来慰问,是我的福分。我怎敢不请教一下您的高见呢?"子贡说:"我最近去见了吴王,劝告他援救鲁国而攻打齐国,可他心里害怕越国。况且如果没有报复别人的想法而使别人怀疑,这是笨拙的。如果有报复别人的想法却让别人知道,这是可怕的。事情还没有做起来就被别人听到了风声,这是危险的。这三点是成事的大忌。"越王拜了两拜,说:"我小时候失去了父亲,由于不自量力,就和吴人开战了,结果军队战败,自己受辱逃跑,在会稽山上栖居,困守在大海边,能见到的只是鱼鳖。现在大夫屈尊前来慰问并且亲自见我,又以金玉良言来指教我,这是我依赖上天的恩赐,敢不接受您的教导吗?"子贡说:"我听说贤明的君主任用人才,不会埋没他们的才能,正直的人荐举贤才,不会被社会容忍。所以面对财富,分配利益,就要使用仁德之人;遇到祸患灾难,就要使用勇敢之人;运用智慧来谋划国事,就要使用贤能之人;匡正天下,平定诸侯,就要使用圣明之人。军队强大却不能发挥他的威势,在君主的地位上却不能使自己的政令贯彻执行下去,这样的君主也就快要遭受灾难了。我自己私下挑选了一下可以帮助他成就功业而达到称王天下境地的君主,能有几个呢?现在吴王有攻打齐国、晋国的意向,请您不要吝惜贵重的宝物去讨吴王的欢心,不要厌恶说出谦卑的话来尽到对吴王的礼数。吴国去攻打齐国,齐国一定会应战。假如吴国打不赢,那是您的福气。假如吴国取胜,就一定会把他的军队开到晋国。这样吴国的骑兵和精锐部队就会在齐国被搞得疲惫不堪,宝物、车骑、羽旗就会在晋国消耗殆尽,那么您就可以制服吴国的残余力量了。"越王又拜了两拜,说:"从前吴王分派他民众中的一部分人来残害我国,杀害摧残我的人民,鄙视侮辱我的群臣,铲平我的宗庙,使我的国都成了长满荆棘的废墟,我自己也只能混迹于鱼鳖之中。我对吴王的怨恨,深入骨髓。而我侍奉吴国,就像儿子惧怕父亲、弟弟敬畏兄长一样。这是我死了才能说的话。现在大夫有所赐教,所以我敢把真情向您陈述。我不躺在两层席上安歇,口不品尝美味佳肴,眼睛不看美丽的女色,耳朵不听高雅的音乐,这样已经三年了。我嘴唇枯焦、舌头干燥,身受劳苦,对上侍奉群臣,对下教养百姓,希望有朝一日能和吴国在广阔的原野上交战,我立身挥臂而使吴国、越国的战士奋起作战,就算我和将士们在战斗中接连战死,前仆后继,肝脑涂地,这也是我的心愿啊。这样考虑了三年,一直不能实现。现在估量了一下我的国力,还不足以损伤吴国;对外也没有能力去服事诸侯。我情愿空虚君位,抛弃群臣,改变容貌,更易姓名,手拿簸箕扫帚,饲养牛马来侍奉吴王。我虽然知道这样会使自己腰颈不连,手脚分离,四肢抛散,被乡里耻笑,但我已经打定主意了。如今大夫有所赐教,保存将要灭亡的国家,救活我这将死之人,我这是靠了上天的恩赐啊,怎敢不等待您的指教?"子贡说:"吴王的为人,贪图功名而不懂得利弊得失。"越王惊慌不安地离开座位。子贡说:"我看吴王屡次发动战争,士兵不得休息,国中贤臣引退,进谗言之人越来越多。那伍子胥的为人,极其真诚而正直,言行光明而又明晓时局,不会因为怕自己被杀死就掩饰君主的过错,用正直的言论来效忠君主,用正直的行为为国效力,可是吴王赐他一死而不听从他的忠谏。太宰嚭的为人,似智实愚,似强实弱,凭借花言巧语来使自己得到进用,擅长用欺诈的手段来侍奉他的君主,他只知道眼前利益而不顾将来的结果,顺从君主的过错以图保全自己的私利,这是个损害国家、伤害君主的奸佞之臣。"越王十分高兴。子贡离开越国,越王送给他百镒黄金、一把宝剑、两匹好马,子贡没有接受。

至吴,谓吴王曰:"臣以下吏之言告于越王,越王大恐,曰:'昔者,孤身不幸,少失前人,内不自量,抵罪于吴,军败身辱,逋逃出走①,栖于会稽,国为墟莽,身为鱼鳖。赖大王之赐，使得奉俎豆[②]，修祭祀。死且不敢忘，何谋之敢？'其志甚恐，将使使者来谢于王。"子贡馆五日，越使果来，曰："东海役臣勾践之使者臣种[③]，敢修下吏，少闻于左右[④]：'昔孤不幸，少失前人，内不自量，抵罪上国，军败身辱，逋逃会稽。赖王赐，得奉祭祀，死且不忘。今窃闻大王兴大义，诛强救弱，困暴齐而抚周室，故使贱臣以奉前王所藏甲二十领、屈卢之矛、步光之剑[⑤]，以贺军吏。若将遂大义，弊邑虽小，请悉四方之内士卒三千人以从下吏，请躬被坚执锐以前受矢石，君臣死无所恨矣。'"吴王大悦，乃召子贡，曰："越使果来，请出士卒三千，其君从之，与寡人伐齐，可乎？"子贡曰："不可。夫空人之国，悉人之众，又从其君，不仁也。受币，许其师，辞其君，即可。"吴王许诺。

【注释】

①逋(bū)：逃亡。

②俎(zǔ)豆：古代祭祀时用来盛放祭品的两种礼器。豆，形似高脚盘。

③种：姓文，名种，字少禽(一作子禽)，楚国人，春秋末年越国大夫。

④左右：本指国君左右两旁的侍臣，这里用作对对方的尊称，表示不敢直接指称对方，以示敬意。与"下吏""执事"的用法相同。

⑤屈卢：古代造矛的良匠之名，此作为良矛的代称。

【译文】

子贡返回吴国，对吴王说："我把您属下一位官员的话告诉了越王，越王非常害怕，说道：'从前我很不幸，小时候就失去了父亲，又自不量力，得罪了吴国，结果军队大败，自身受辱，逃亡奔走，栖宿在会稽山上，国都成了废墟荒野，自身成了鱼鳖。幸赖大王的恩赐，使我还能手捧礼器进行祭祀。这种恩德，我到死都不敢忘记，哪里还敢有什么图谋呢？’他的内心非常恐惧，将要派遣使者前来向大王谢罪。”子贡在宾馆住了五天后，越国使者果然来到吴国，说：“东海边上供您役使的仆臣勾践的使者文种，冒昧前来求见您的下级官员，向大王的左右稍稍地报告一下：‘从前我很不幸，小时候就失去了父亲，又不自量力，得罪了贵国，结果军队大败，自己受辱，逃亡到会稽山上。幸赖大王的恩赐，使我还能继续供奉祭祀，我就是死了也不会忘记大王的恩德。现在私下听说大王将要兴正义之师，讨伐强暴，救助弱小，围困暴虐的齐国而安抚周王室，所以派下臣来献上先王所珍藏的铠甲二十套、屈卢良矛、步光利剑，以此向将士们表示祝贺。如果大王将要成就大义，敝国虽小，请允许我们动员四境之内的全部士兵三千人来跟随您，请允许我勾践亲自穿上坚固的铠甲、手执锋利的武器来为大王打先锋以抵挡敌人的箭和飞石，我们君臣上下就是战死疆场也没有什么遗憾了。’”吴王非常高兴，就召见子贡说：“越国使者果然来了，请求派出士兵三千人，他们的国君也要跟随我，和我一起去讨伐齐国，你看可以吗？”子贡说：“不可以。掏空别人的国家，调走别人的全部士兵，又使人家的国君跟随出征，这是不仁德的。您还是收下他们的礼物，允许他们派出军队，辞谢他们的国君，就可以了。”吴王表示同意。

子贡去晋，见定公[①]，曰：“臣闻虑不预定，不可以应卒[②]；兵不预办，不可以胜敌。今吴、齐将战，战而不胜，越乱之必矣；与战而胜，必以其兵临晋。君为之奈何？”定公曰：“何以待之？”子贡曰：“修兵伏卒以待之[③]。”晋君许之。子贡返鲁。

【注释】

①定公：晋定公，名午，前511—前475年在位。

②卒(cù):同"猝"。突然,出乎意外。

③伏:徐天祐说:"《子贡传》'伏'作'休'。"

【译文】

子贡离开吴国前往晋国,见了晋定公,说:"我听说,做事情不预先考虑好,就不可能应对好突然发生的事件;军队不事先整治好,就不可能战胜敌人。现在吴、齐两国将要开战,吴国如果打不赢,越国趁机扰乱它是必定的;吴国如果打赢了,一定会趁势将军队逼近晋国。您对这种情况将怎么办?"晋定公说:"您说该怎么来对付它呢?"子贡说:"整治好兵器、休整好战士等他们来就行了。"晋定公同意了。子贡就返回了鲁国。

吴王果兴九郡之兵,将与齐战。道出胥门,因过姑胥之台,忽昼假寐于姑胥之台而得梦[①]。及寤而起,其心恬然怅焉。乃命太宰嚭,告曰:"寡人昼卧有梦,觉而恬然怅焉[②]。请占之[③],得无所忧哉?梦入章明宫,见两鬲蒸而不炊[④],两黑犬嗥以南,嗥以北,两鋘殖吾宫墙[⑤],流水汤汤越吾宫堂[⑥],后房鼓震篋篋有锻工[⑦],前园横生梧桐。子为寡人占之。"太宰嚭曰:"美哉!王之兴师伐齐也。臣闻章者,德锵锵也[⑧]。明者,破敌声闻,功朗明也。两鬲蒸而不炊者,大王圣德,气有余也。两黑犬嗥以南,嗥以北者,四夷已服,朝诸侯也。两鋘殖宫墙者,农夫就成,田夫耕也。汤汤越宫堂者,邻国贡献,财有余也。后房篋篋鼓震有锻工者,宫女悦乐,琴瑟和也。前园横生梧桐者,乐府鼓声也[⑨]。"吴王大悦,而其心不已,召王孙骆问曰[⑩]:"寡人忽昼梦,为予陈之。"王孙骆曰:"臣鄙浅于道,不能博大。今王所梦,臣不能占。其有所知者,东掖门亭长长城公弟公孙圣[⑪]。圣为人少而好游,长而好学,多见博观,知鬼神之情状。愿王问之。”

【注释】

①假寐:不脱衣服睡觉。

②恬然:安闲,不在意的样子。怅焉:失意不乐的样子。

③占:占梦,根据梦中所见来预测吉凶。

④鑩(lì):同“鬲”。古代烹饪器,形制像鼎。

⑤鋘(wú):徐天祜说:“音吴,刀名。锟鋘山出金,作刀可切玉。”徐乃昌引卢文弨说:“观下太宰嚭、公孙圣两解,则鋘非刀也,乃臿耳,可以起土者。”殖:《方言》:“殖,立也。”

⑥汤汤(shāng):大水急流的样子。

⑦篋篋(qiè):形容风箱鼓风的声音细小。

⑧锵锵(qiāng):高貌,美好貌。

⑨乐府:主管音乐的官署,汉武帝时立。

⑩王孙骆:吴国大夫,《国语·越语下》“骆”作“雒”。

⑪掖门:边门。东掖门指吴宫东边的旁门。亭长:官职名,秦汉时十里为一亭,设置亭长。城内和城厢的“都亭”以及城门的“门亭”,也设置亭长,掌管治安、诉讼等事。这里即指守门官吏。

【译文】

吴王果然发动了九个郡的军队,将要和齐国作战。军队从胥门出发,经过姑胥台,吴王忽然大白天在姑胥台打瞌睡,并做了一个梦。等到醒了起来,他心里感到静静地又有一些失意。于是召见太宰嚭,告诉他说:“我白天睡觉做了个梦,醒来后感到静静地又有一些失意。请你预测一下这个梦的吉凶,莫非有什么忧患吗?我梦见进入章明宫,看到两口锅中热气蒸腾却没有烧火,两条黑狗分别朝南叫、朝北叫,两把铁锹竖直插在我的宫墙上,流水浩浩荡荡漫过我的宫殿大堂,后房传出拉动风箱产生的嚓嚓声,像有工匠在打铁一样,前面的园子里横长着梧桐树。你为我解说一下这个梦吧。”太宰嚭说：“大王起兵讨伐齐国太好啦！我听说‘章’，就是德行高尚。‘明’，是打败敌人的名声远扬，功绩卓著。两口锅中热气蒸腾却没有烧火，是表示大王圣德之气充盈。两条黑狗朝南叫、朝北叫，是表示四方各族已经归服，各国诸侯都来朝拜。两把铁锹竖直插在宫墙上，是表示农民下地，田里的人在耕作。流水浩浩荡荡漫过宫殿大堂，是表示邻国都来进贡，财物充足有余。后房打铁的工匠嚓嚓地拉风箱，表示宫女喜悦快乐，琴瑟声音谐和。前面的园子里横长着梧桐，是音乐官署中的鼓声。”吴王十分高兴，但他心里还是不安，又召见王孙骆，问道：“我忽然在白天做了个梦，请你为我解说一下。”王孙骆说：“我在方术方面的知识浅陋，不能通达。现在大王做的梦，我不能预测它的吉凶。有个懂得占梦的人，是东掖门亭长长城公的弟弟公孙圣。公孙圣这个人小时候喜欢交游旅行，长大后喜欢学习，见多识广，懂得鬼神的事情。请大王去问他。”

王乃遣王孙骆往请公孙圣，曰：“吴王昼卧姑胥之台，忽然感梦，觉而怅然，使子占之，急诣姑胥之台。”公孙圣伏地而泣，有顷而起，其妻从旁谓圣曰：“子何性鄙！希睹人主，卒得急召，涕泣如雨。”公孙圣仰天叹曰：“悲哉！非子所知也。今日壬午，时加南方①，命属上天②，不得逃亡，非但自哀，诚伤吴王。”妻曰：“子以道自达于主。有道当行，上以谏王，下以约身。今闻急召，忧惑溃乱，非贤人所宜。”公孙圣曰：“愚哉！女子之言也。吾受道十年，隐身避害，欲绍寿命③。不意卒得急召，中世自弃，故悲与子相离耳。”遂去，诣姑胥台。

【注释】

①今日壬午，时加南方：古代用干支来纪日，阴阳家把十二地支与

四面八方相配，南方配午，属火。时加南方，指当时为午时。

②命属上天：这天日、时都在午，是不祥之兆。《淮南子·天文训》："午为定，未为执，主陷。"则陷于死地已成定局。

③绍：延续。

【译文】

吴王于是派王孙骆去请公孙圣，说："吴王白天在姑胥台睡觉，忽然做了个梦，醒来后怅然若失，让你给他预测一下吉凶，请你赶快到姑胥台去。"公孙圣趴在地上泣不成声，过了一会儿才起来，他的妻子在旁边对他说："你的性情怎么这样鄙陋！一直希望面见君主，现在突然得到了紧急召见，反而哭得眼泪像下雨一样。"公孙圣仰天叹息说："可悲啊！这不是你所能了解的啊。今天是壬午日，时辰正是午时，性命属于上天，无法逃脱了，我不仅仅是为自己感到悲哀，实在也是为吴王而悲伤啊。"妻子说："你以道术得到君王的赏识。懂得道术应当实行，上用它来劝谏国王，下用它来约束自身。现在听到紧急召见，就这样忧愁疑惑、精神混乱，这不是贤者应有的表现啊。"公孙圣说："太愚蠢啦！你这是妇人之见。我得正道已经十年，隐居世外以逃避祸害，只想延年益寿。没想到突然得到紧急的召见，活到中年自己就要被毁了，所以为要与你永别而感到悲伤啊。"于是就离开了家，到了姑胥台。

吴王曰："寡人将北伐齐鲁，道出胥门，过姑胥之台，忽然昼梦。子为占之，其言吉凶[①]。"公孙圣曰："臣不言，身名全，言之，必死百段于王前。然忠臣不顾其躯。"乃仰天叹曰："臣闻好船者必溺，好战者必亡。臣好直言，不顾于命，愿王图之。臣闻章者，战不胜，败走傽偟也[②]。明者，去昭昭，就冥冥也。入门见鑑蒸而不炊者，大王不得火食也。两黑犬嗥以南，嗥以北者，黑者，阴也，北者，匿也。两鋘殖宫墙者,越军入吴国,伐宗庙,掘社稷也。流水汤汤越宫堂者,宫空虚也。后房鼓震篋篋者,坐太息也。前园横生梧桐者,梧桐心空,不为用器,但为盲僮与死人俱葬也③。愿大王按兵修德,无伐于齐,则可销也。遣下吏太宰嚭、王孙骆解冠帻④,肉袒徒跣⑤,稽首谢于勾践,国可安存也,身可不死矣。”吴王闻之,索然作怒,乃曰:“吾天之所生,神之所使。”顾力士石番,以铁锤击杀之。圣乃仰头向天而言曰:“吁嗟!天知吾之冤乎?忠而获罪,身死无辜。以葬我,以为直者不如相随?为柱,提我至深山,后世相属为声响。”于是吴王乃使门人提之蒸丘⑥:“豺狼食汝肉,野火烧汝骨,东风数至,飞扬汝骸,骨肉縻烂⑦,何能为声响哉?”太宰嚭趋进曰:“贺大王喜,灾已灭矣。因举行觞⑧,兵可以行。”

【注释】

①其:徐乃昌引卢文弨说:“当作‘具’,或‘其言’字倒。”

②偉偟(zhāng huáng):惊慌失措的样子。

③盲僮:瞎眼的、无知觉的小木人。

④帻(zé):头巾。

⑤徒跣(xiǎn):赤脚。

⑥蒸丘:一名蒸山,在今江苏苏州西郊。

⑦縻:通“糜”。碎烂。

⑧行觞(shāng):行酒,依次敬酒。

【译文】

吴王说:“我将要北上攻打齐国、鲁国,从胥门出发,路过姑胥台,忽然在白天做了个梦。你给我占卜一下,说说是吉是凶。”公孙圣说:“我如果不说,身体和名声都能保全,如果说了,一定会死在大王面前而且碎尸百段。但是忠臣是不顾惜自己身躯的。”于是仰天叹息说：“我听说喜欢划船的人一定会溺死，喜欢打仗的人一定会身亡。我喜欢直言不讳，对自己的生命置之不顾，希望大王好好考虑我的话。我听说‘章’的意思是作战不能取胜而仓皇地败退逃跑。‘明’的意思是离开光明，走向黑暗。进门看见锅中热气蒸腾而没有烧火，是表示大王将吃不到熟食。两条黑狗分别朝南朝北叫，黑色象征阴暗，北表示隐匿逃亡。两把铁锹竖直插在宫墙上，是表示越国的军队打进吴国，破坏宗庙，挖掉土神和谷神的神位。流水浩浩荡荡漫过宫殿大堂，是表示王宫空空荡荡。后房鼓动风箱作响，是坐在那里长声叹息。前园横长着梧桐树，梧桐树树心空疏，不能用来做实用的器物，只能做殉葬用的小木偶和死人一起埋葬。希望大王按兵不动而推行德政，不要讨伐齐国，这样灾祸就可以消除了。再派遣您的臣下太宰嚭、王孙骆脱掉帽子，摘掉头巾，袒胸露臂，光着双脚，向勾践磕头谢罪，那么国家就可以安然存在，您也可以不死了。”吴王听了这番话，觉得很扫兴，顿生怒意，便说：“我是上天所生的，天神所派的。”回头示意武士石番，用铁锤砸死公孙圣。公孙圣于是仰头向着苍天说道：“唉呀！苍天知道我的冤枉吗？赤胆忠心反而受到了惩处，没有罪过却要被杀死。因此而埋葬我，难道认为正直地劝谏反不如违心附和？给我立个木柱，把我的尸体带到深山，等到以后我会接连发出声响的。”于是吴王就派守门人把他的尸体带到蒸丘，并说：“豺狼吃掉你的肉，野火烧毁你的骨，东风屡次刮来，吹散你的残骸，你的骨肉糜烂，看你怎么能发出声响呢？”太宰嚭快步上前说：“向大王道喜，灾祸已经消除了。就此举行传杯敬酒的仪式，军队可以出发了。”

吴王乃使太宰嚭为右校司马，王孙骆为左校，及从勾践之师伐齐。伍子胥闻之，谏曰：“臣闻兴十万之众，奉师千里，百姓之费，国家之出，日数千金。不念士民之死，而争一日之胜，臣以为危国亡身之甚。且与贼居，不知其祸，外复求怨，徼幸他国，犹治救瘑疥而弃心腹之疾[①]，发当死矣。瘑疥，皮肤之疾，不足患也。今齐陵迟千里之外，更历楚、赵之界[②]，齐为疾，其疥耳。越之为病，乃心腹也，不发则伤，动则有死。愿大王定越而后图齐。臣之言决矣，敢不尽忠？臣今年老，耳目不聪，以狂惑之心，无能益国。窃观《金匮》第八[③]，其可伤也。"吴王曰："何谓也？"子胥曰："今年七月辛亥平旦[④]，大王以首事。辛，岁位也；亥，阴前之辰也。合壬子，岁前合也，利以行武，武决胜矣。然德在合，斗击丑。丑，辛之本也，大吉，为白虎而临。辛，功曹，为太常所临。亥，大吉，得辛为九丑，又与白虎并重[⑤]。有人若以此首事，前虽小胜，后必大败。天地行殃，祸不久矣。"

【注释】

①瘑（guō）疥：疥疮。

②赵：当时晋国尚未分裂，赵国尚未立，不应言"赵"。

③《金匮（guì）》：古代一种关于六壬占卜的书，内容当是根据阴阳五行、历法干支来推测吉凶。

④辛亥：古代采用干支纪日法，指辛亥日这一天。平旦：寅时，凌晨三到五点。

⑤"辛，岁位也"以下若干句：此段六壬占卜之术，疑不能明，难于解说。张觉《吴越春秋全译》中有解说，可参考。今译文从张觉之说。

【译文】

吴王于是让太宰嚭当右校司马，王孙骆任左校司马，让勾践派来的军队也跟着去攻打齐国。伍子胥听到这个消息，劝谏吴王说："我听说发动十万将士，去千里之外打仗，百姓的耗费，国家的支出，一天就要花几千金。不顾惜战士和民众的死活，却去争夺一时的胜利，我以为这样的做法严重危害国家和自身。况且和贼人共处，却没有觉察他会造成的祸患，反而又到外边去招惹仇怨，想侥幸战胜他国，这就好像治病时只治疥疮而放弃了能致命的心腹疾病，等心腹疾病一旦发作就会死去。疥疮只是皮肤上的小病，不足为患。现在齐国绵延在千里之外，要经过楚国、赵国的边界才能到达我国，所以齐国若是我们的病患，不过是疥疮罢了。越国若是我们的病患，那才是心腹部的致命之症啊，它不发作也能造成伤害，一旦发作就会置我们于死地。希望大王先平定越国，然后再考虑讨伐齐国。我的话是确确实实的，我敢不竭尽忠诚吗？我现在年纪已老，耳不聪眼不明，凭我这迷惑错乱的心思，不能有益于国家了。我私下里看了一下《金匮》第八章，情况是令人忧伤的。"吴王说："此话怎讲？"伍子胥说："今年七月辛亥日的早晨，大王在这时起事。辛是今年年岁所处的位次，亥是太阴尚未到达的地支。合日是壬子，这是太阴尚未到达的一个合日。这有利于军事行动，作战一定能取胜。虽是合日，但斗宿却进入了丑。丑是辛的根本，很吉利，但为白虎所紧逼。辛是功曹，但又被太常所逼临。亥很吉利，但加上辛就成了九丑，与白虎并重。有人如果在这个日子起事，开头虽然会取得一些小的胜利，以后必定会大败。天地降下灾难，祸殃就在眼前了。"

吴王不听，遂九月使太宰嚭伐齐。军临北郊，吴王谓嚭曰："行矣！无忘有功，无赦有罪。爱民养士，视如赤子。与智者谋，与仁者友。"太宰嚭受命，遂行。

【译文】

吴王不听伍子胥的劝告，于九月派太宰嚭攻打齐国。吴军开到北郊，吴王对太宰嚭说："走吧！不要忘记有功的人，不要赦免有罪的人。爱护民众、教养战士，要像爱护婴儿一样去对待他们。要和有才智的人共同谋划，和仁德的人交朋友。"太宰嚭接受了吴王的命令，就出发了。

吴王召大夫被离，问曰："汝常与子胥同心合志，并虑一谋。寡人兴师伐齐，子胥独何言焉？"被离曰："子胥欲尽诚于前王，自谓老狂，耳目不聪，不知当世之所行，无益吴国。"

【译文】

吴王召见大夫被离，问道："你常常和伍子胥心意相通，想法、谋略一致。我起兵攻打齐国，伍子胥独自一个人时说了什么？"被离说："伍子胥想对先王竭尽忠诚，他说自己年老糊涂了，耳不聪眼不明，不了解当今的事情，所以对吴国已经没有什么用处了。"

王遂伐齐，齐与吴战于艾陵之上①，齐师败绩。吴王既胜，乃使行人成好于齐，曰："吴王闻齐有没水之虑，帅军来观。而齐兴师蒲草，吴不知所安集，设阵为备，不意颇伤齐师。愿结和亲而去。"齐王曰②："寡人处此北边，无出境之谋。今吴乃济江、淮，逾千里而来我壤土，戮我众庶。赖上帝哀存，国犹不至颠陨。王今让以和亲，敢不如命？"吴、齐遂盟而去。

【注释】

①艾陵：在今山东莱芜东。关于艾陵之战的时间，古籍所记时间不一。《春秋》《左传》《史记·十二诸侯年表》均记发生在鲁哀公十一年（前484），即夫差十二年。《史记·吴太伯世家》及《伍子胥列传》记于夫差七年，即鲁哀公六年（前489）。本书记为夫差十三年（前483）。

②齐王：此时为齐简公。

【译文】

吴王就去攻打齐国，齐、吴两军在艾陵附近交战，齐军大败。吴王获胜后，就派使者到齐国讲和，说："吴王听说齐国有被水淹没的忧患，就率领军队前来看望。但齐国却从蒲草丛中起兵，吴国不知所措，只好摆下阵势作为防备，没想到使齐军受到了不小的损伤。我们希望与齐国缔结和睦友好的盟约后再离开。"齐王说："我住在北方，没有出境侵扰别国的打算。现在吴军却渡过了长江、淮河，跨越千里来到我的国土上，杀戮我的民众。幸赖上帝的怜悯使我们得以生存，国家还不至于颠覆。大王现在谦让地要和我们和睦友好，我敢不从命？"吴、齐两国于是就订立了盟约，然后吴军撤离。

吴王还，乃让子胥曰："吾前王履德，明达于上帝，垂功用力，为子西结强仇于楚。今前王譬若农夫之艾杀四方蓬蒿①，以立名于荆蛮，斯亦大夫之力。今大夫昏耄而不自安②，生变起诈，怨恶而出。出则罪吾士众，乱吾法度，欲以妖孽挫衄吾师③。赖天降衷④，齐师受服。寡人岂敢自归其功？乃前王之遗德，神灵之祐福也。若子于吴，则何力焉？"伍子胥攘臂大怒⑤，释剑而对曰："昔吾前王有不庭之臣⑥，以能遂疑计⑦，不陷于大难。今王播弃，所患外不忧，此孤僮之谋，非霸王之事。天所未弃⑧，必趋其小喜而近其大忧。王若觉寤，吴国世世存焉。若不觉寤，吴国之命斯促矣。员不忍称疾辟易⑨，乃见王之为擒。员诚前死，挂吾目于门，以观吴国之丧。"

【注释】

①艾（yì）：通"刈"。割。

②昏耄（mào）：昏乱，糊涂。

③妖孽：本指怪异反常的事物，这里意谓危害，扰乱。衄（nǜ）：损伤，挫败。

④哀：疑当作“衷”。《国语·吴语》作“天降衷于吴”。

⑤攘（rǎng）臂：撸起（衣袖）露出手臂，表示愤怒。

⑥不庭之臣：不上朝执礼的贵臣。

⑦遂疑计：《国语·吴语》作“遂疑计恶”，韦昭注：“遂，决也。计，虑也。”

⑧天所未弃：《国语·吴语》作“天之所弃”。

⑨辟（bì）易：退避，离开原处。此处指退隐。

【译文】

吴王回国后，就责备伍子胥说：“我的先王施行仁德明智的政策，上帝都知道，立下功业，费尽心力，为了你与西面强大的楚国结成了仇敌。先王就像农夫割掉四处的蓬蒿一样，因此在荆楚树立了名望，这当然也有大夫您的功劳。现在您老糊涂了却不能安分守己，反而滋生变故，挑拨欺诈，说出些怨恨诋毁的话。出来了就怪罪我的士兵民众，扰乱我的法令制度，想用怪异的事物来挫败我的军队。幸赖上天降福，齐军被我制服了。我哪里敢把这功劳归于自己？这是先王流传下来的德行，神灵保佑的结果。像你对于吴国，又出了什么力呢？”伍子胥愤怒地撸起袖子，挥动胳膊，解下佩剑，回答说：“从前我们的先王有不上朝的大臣，因而能够解决疑难，谋划策略，从而不陷入大的灾难。现在大王却抛弃这些大臣，对于外面值得担忧的祸患却不加担忧，这只是小孩子的计谋，不能成就称霸的事业。上天还没有抛弃的人，一定先让他碰到小的喜事进而使他靠近大的忧患。大王如果能够觉悟，吴国就能世世代代存在下去。如果不能觉悟，吴国的寿命就非常短促了。我伍员不忍心称病发狂而退避隐居，而看着大王被人擒获。我如果先死的话，请把我的眼睛挂在城门上，来观看吴国的灭亡。”

吴王不听，坐于殿上，独见四人向庭相背而倚。王怪而视之，群臣问曰：“王何所见？”王曰：“吾见四人相背而倚，闻人言则四分走矣。"子胥曰:"如王言,将失众矣。"吴王怒曰:"子言不祥。"子胥曰:"非惟不祥,王亦亡矣。"后五日,吴王复坐殿上,望见两人相对,北向人杀南向人。王问群臣:"见乎?"曰:"无所见。"子胥曰:"王何见?"王曰:"前日所见四人,今日又见二人相对,北向人杀南向人。"子胥曰:"臣闻四人走,叛也。北向杀南向,臣杀君也。"王不应。

【译文】

吴王不听伍子胥的话,坐在大殿上,独自看见有四个人面向庭院背对背地倚在一起。吴王奇怪地看着他们,大臣们问他说:"大王看见了什么?"吴王说:"我看见四个人背对背地倚在一起,听见人声就四散跑开了。"伍子胥说:"像大王说的这种情况,那将要失去民众了。"吴王愤怒地说:"你说话太不吉利了。"伍子胥说:"不只是不吉利,大王也将灭亡了。"过了五天,吴王又坐在大殿上,望见两个人面对着面,朝北的人杀了朝南的人。吴王问大臣们:"你们看见了吗?"大臣们回答说:"没看见什么。"伍子胥说:"大王看见了什么?"吴王说:"前几天看见的是四个人,今天又看见两个人面对面,朝北的人杀掉了朝南的人。"伍子胥说:"我听说四个人逃跑,象征着背叛。朝北的人杀了朝南的人,象征着臣杀君啊。"吴王没有应声。

吴王置酒文台之上,群臣悉在,太宰嚭执政,越王侍坐,子胥在焉。王曰:"寡人闻之,君不贱有功之臣,父不憎有力之子。今太宰嚭为寡人有功,吾将爵之上赏。越王慈仁忠信,以孝事于寡人,吾将复增其国,以还助伐之功。于众大夫如何?"群臣贺曰:"大王躬行至德,虚心养士,群臣并进,见难争死,名号显著,威震四海,有功蒙赏,亡国复存,霸功王事，咸被群臣。”于是子胥据地垂涕曰：“於乎哀哉[①]！遭此默默。忠臣掩口，谗夫在侧。政败道坏，谄谀无极。邪说伪辞，以曲为直。舍谗攻忠，将灭吴国。宗庙既夷，社稷不食。城郭丘墟，殿生荆棘。”吴王大怒曰：“老臣多诈，为吴妖孽。乃欲专权擅威，独倾吾国。寡人以前王之故，未忍行法。今退自计，无沮吴谋。”子胥曰：“今臣不忠不信，不得为前王之臣。臣不敢爱身，恐吴国之亡矣。昔者桀杀关龙逢[②]，纣杀王子比干[③]，今大王诛臣，参于桀、纣[④]。大王勉之，臣请辞矣。”

【注释】

①於（wū）乎：同“呜呼”。叹词。

②关龙逢（páng）：又作关龙逄。传说是夏桀时的贤臣。《韩诗外传》卷四载夏桀无道，造了酒池糟丘，关龙逢极力进谏，桀囚而杀之。

③比干：商王文丁的儿子，纣王的叔父。纣王淫乱，比干强谏，纣剜其心而死。事见《史记·殷本纪》及《宋微子世家》。

④参（sān）：通“三”。配合成三。

【译文】

吴王在文台上设置了酒宴，大臣们都在，太宰嚭主持酒宴，越王勾践陪坐，伍子胥也在场。吴王说：“我听说过这样的话，君主不轻视有功的臣子，父亲不憎恨得力的儿子。现在太宰嚭为我立了功，我将赏赐他上等爵禄。越王慈爱仁厚忠诚守信，用孝道来服事我，我将再增大他的国土，以回报他派兵协助我讨伐齐国的功劳。众位大夫认为怎么样？”群臣恭贺说：“大王身体力行最高尚的道德，虚心养士，臣子都得到任用，遇到危难都舍命争先，大王英名显耀，威震四海，有功之人得到赏赐，灭亡之国又得到生存，大王建立的霸王功业，使群臣都受到恩泽。”

这时伍子胥却趴在地上流着眼泪说:“唉呀,可悲啊!遭遇这种情况却沉默不语。忠贞之臣缄口不言,谗毁之人围在君主身边。政事败坏道德沦丧,阿谀奉承之词说得不着边际。邪恶虚伪的言辞,竟把歪曲当作正直。放任谗佞之人而攻击忠贞贤能之士,这将使吴国走向灭亡。宗庙夷为平地,社稷得不到祭祀。城市成为荒丘废墟,宫殿长满荆棘。”吴王大怒说:“你这老臣多搞欺诈,真是吴国的妖孽。就想独揽大权,耀武扬威,一个人左右我的国家。我因为先王的缘故,不忍心对你施加刑法。现在你退下且自己好好考虑考虑吧,不要败坏吴国的计划。”伍子胥说:“我如果不忠诚不守信,就不能做先王的臣子。我不敢爱惜自己的身体,而是怕吴国要灭亡啊。从前夏桀杀了关龙逢,商纣杀了王子比干,现在大王杀了我,就和桀、纣并列为三了。大王自勉,我请求告辞了。”

子胥归,谓被离曰:“吾贯弓接矢于郑、楚之界,越渡江、淮,自致于斯。前王听从吾计,破楚见凌之仇。欲报前王之恩,而至于此。吾非自惜,祸将及汝。”被离曰:“未谏不听[1],自杀何益?何如亡乎?”子胥曰:“亡,臣安往?”

【注释】

①未谏不听:徐乃昌说:“‘未’字疑误。”疑为“夫”之误,形近而讹。

【译文】

伍子胥回去后,对被离说:“我曾在郑国、楚国的边界上拉弓搭箭,横渡长江、淮河,自己来到这里。先王听从了我的计策,攻破了楚国这个凌辱过我的仇敌。我想报答先王的恩情,却落到这种地步。我倒不是怜惜自己,而是这灾祸恐怕也将落到你的头上。”被离说:“劝谏不会被听从,自杀又有什么用呢?还不如逃走呢?”伍子胥说:“如果逃走的话,我能到哪里去呢?”

吴王闻子胥之怨恨也，乃使人赐属镂之剑[①]。子胥受剑，徒跣褰裳下堂[②]，中庭仰天呼怨，曰："吾始为汝父忠臣，立吴，设谋破楚，南服劲越，威加诸侯，有霸王之功。今汝不用吾言，反赐我剑。吾今日死，吴宫为墟，庭生蔓草，越人掘汝社稷。安忘我乎？昔前王不欲立汝，我以死争之，卒得汝之愿，公子多怨于我。我徒有功于吴，今乃忘我定国之恩，反赐我死，岂不谬哉！"吴王闻之，大怒曰："汝不忠信，为寡人使齐，托汝子于齐鲍氏，有我外之心。"急令自裁。"孤不使汝得有所见。"子胥把剑[③]，仰天叹曰："自我死后，后世必以我为忠。上配夏、殷之世，亦得与龙逢、比干为友。"遂伏剑而死。

【注释】

①属(zhǔ)镂：剑名。

②褰(qiān)裳：撩起衣服。

③把：原作"杷"，据弘治本改。

【译文】

吴王得知伍子胥的怨恨，就派人赐给他属镂剑叫他自杀。伍子胥接过宝剑，赤着脚撩起下衣，走下厅堂来到院子中，仰头向天喊怨，说："我最初是你父亲的忠臣，建起了吴国都城，又出谋划策击败楚国，征服了南面强劲的越国，威势压倒了各诸侯国，有使吴国成为霸王的功劳。现在你不但不采用我的建议，反而赐剑让我自杀。我今天一死，吴国的王宫就将成为废墟，庭院里将长满蔓生的杂草，越国人将掘掉你的社稷神坛。你怎么能忘了我啊？当年先王不想立你为太子，我拼死相争，终于实现了你的愿望，结果公子们多半怨恨我。我真是白白地有功于吴国，现在你竟然忘了我安邦定国的恩德，反而赐我一死，难道不荒谬吗?”吴王得知这话,十分愤怒地说:“你不忠诚老实,为我出使齐国时,把你的儿子托付给齐国鲍氏,有抛弃我的心思。”吴王紧急传令叫他自杀,说:“我不让你再能看见什么。”伍子胥握剑,仰天长叹说:“从我死了以后,后代一定会把我当作忠臣。上与夏、商两朝相比,我也能和关龙逢、比干成为朋友了。”于是伏剑自杀。

吴王乃取子胥尸,盛以鸱夷之器[①],投之于江中,言曰:“胥,汝一死之后,何能有知?”即断其头,置高楼上,谓之曰:“日月炙汝肉,飘风飘汝眼,炎光烧汝骨,鱼鳖食汝肉。汝骨变形灰,有何所见?”乃弃其躯,投之江中。子胥因随流扬波,依潮来往,荡激崩岸。

【注释】

①鸱(chī)夷:一种皮革制成的袋子。

【译文】

吴王于是派人取来伍子胥的尸体,用皮袋子装起来,抛到了江中,说道:“伍子胥,你死了之后,还能有什么知觉?”还割下了他的头,挂在高楼上,对他说:“日月烤你的肉,旋风吹你的眼,火光烧你的骨,鱼鳖吃你的肉。你骨头变成了灰,还能看得见什么呢?”于是把伍子胥的躯体扔到了江中。伍子胥的尸体便随着流水扬起的波浪,跟着潮水来去往返,动荡冲击使江岸都崩塌了。

于是吴王谓被离曰:“汝尝与子胥论寡人之短。”乃髡被离而刑之[①]。王孙骆闻之,不朝。王召而问曰:“子何非寡人而不朝乎?”骆曰:“臣恐耳。”曰:“子以我杀子胥为重乎?”骆曰:“大王气高,子胥位下,王诛之。臣命何异于子胥?臣以是恐也。”王曰：“非听宰嚭以杀子胥，胥图寡人也。”骆曰：“臣闻人君者必有敢谏之臣，在上位者必有敢言之交。夫子胥，先王之老臣也，不忠不信，不得为前王臣。”吴王中心悷然[②]，悔杀子胥：“岂非宰嚭之谗子胥？”而欲杀之。骆曰：“不可。王若杀嚭，此为二子胥也。”于是不诛。

【注释】

①髡(kūn)：古代一种剃去头发的刑罚。

②悷(lì)：悲伤。

【译文】

于是吴王又对被离说：“你曾经和伍子胥议论我的短处。”然后就剃去了被离的头发来惩罚他。王孙骆听说了这种情况，就不上朝了。吴王召见他而问道：“你因为什么事情责怪我而不来上朝呢？”王孙骆说：“我是害怕啊。”吴王说：“您认为我杀伍子胥是太严厉了么？”王孙骆说：“大王火气正高，伍子胥处在下位，大王就杀掉了他。我的性命与伍子胥有什么不同呢？我因此而恐惧啊。”吴王说：“我不是因为听信了太宰嚭的话才杀掉伍子胥的，而是因为伍子胥图谋害我啊。”王孙骆说：“我听说当君主的一定要有敢于谏诤的臣子，处在上位的一定要有敢于说话的朋友。那伍子胥是先王的老臣，如果不忠诚不老实，那就不可能成为先王的臣子。”吴王内心很悲伤，后悔杀了伍子胥，说：“难道不是因为太宰嚭谗毁伍子胥吗？”因而想要杀掉嚭。王孙骆说：“不可以。大王如果杀了白嚭，这就成了第二个伍子胥了。”于是吴王没有杀太宰嚭。

十四年，夫差既杀子胥，连年不熟，民多怨恨。吴王复伐齐，阙为阑沟于商、鲁之间[①]，北属蕲[②]，西属济[③]，欲与鲁、晋合攻于黄池之上[4]。恐群臣复谏，乃令国中，曰："寡人伐齐，有敢谏者死。"太子友知子胥忠而不用，太宰嚭佞而专政，欲切言之，恐罹尤也[5]，乃以讽谏激于王。清旦怀丸持弹，从后园而来，衣袷履濡[6]，王怪而问之，曰："子何为袷衣濡履，体如斯也?"太子友曰："适游后园，闻秋蜩之声[7]，往而观之。夫秋蝉登高树，饮清露，随风挠挠[8]，长吟悲鸣，自以为安，不知螳螂超枝缘条[9]，曳腰耸距[10]，而稷其形[11]。夫螳螂翕心而进[12]，志在有利，不知黄雀缘茂林[13]，徘徊枝阴，踟蹰微进[14]，欲啄螳螂。夫黄雀但知伺螳螂之有味，不知臣挟弹危掷，蹭蹬飞丸而集其背[15]。今臣但虚心，志在黄雀，不知空坎其旁，暗忽坎中，陷于深井。臣故袷体濡履，几为大王取笑。"王曰："天下之愚，莫过于斯。但贪前利，不睹后患。"太子曰："天下之愚，复有甚者。鲁承周公之末[16]，有孔子之教，守仁抱德，无欲于邻国，而齐举兵伐之，不爱民命，惟有所获。夫齐徒举而伐鲁，不知吴悉境内之士，尽府库之财，暴师千里而攻之[17]。夫吴徒知逾境征伐非吾之国，不知越王将选死士，出三江之口[18]，入五湖之中[19]，屠我吴国，灭我吴宫。天下之危，莫过于斯也。"吴王不听太子之谏，遂北伐齐。

【注释】

①阙(jué)：通"掘"。挖掘。阑沟：运河名，张觉认为可能是邗沟向北方的延伸部分。商：即宋国。周灭商后，把商的旧都附近地区分封给微子启以奉商祀，称宋国。鲁：周初封国，姬姓，在今山东西南部，国都曲阜(今山东曲阜)。

②蕲(qí):徐天祜说:"《国语》作'沂'者是。""蕲"字当为"沂",沂水源出山东曲阜,西流汇入泗水。

③济:济水,源出河南济源,流经河南、山东入渤海。

④黄池:宋国地名,在今河南封丘西南。春秋初为卫地,后属宋。前482年,夫差与晋定公、鲁哀公等会盟于此。

⑤罹(lí):遭。

⑥袷:当作"洽"。沾湿,与"濡"同义。

⑦秋蜩(tiáo):秋蝉,是蝉的一种。

⑧扮(huī):通"挥"。

⑨超:越过。缘:沿着。

⑩距:雄鸡爪后面突出像脚趾的部分叫"距",此指螳螂前部镰刀状的前腿。

⑪稷:据朱骏声《说文通训定声》,稷可借为"即"。即,就,靠近。

⑫翕(xī)心:聚精会神,小心翼翼。翕,合,聚。

⑬缘茂林:原作"盈绿林",据《太平御览》卷三百五引文改。

⑭ 蹶蹶:据张觉、薛耀天说,此二字不见于字书,字形相近的词有"踂跋(niè yuè)""蹃踖(wà nuò)"。踂,一种腿病,两脚不能交替前伸行走。跋,《说文》:"轻也。"踂跋指轻轻地提脚挪腿。蹃踖,踏地用力。

⑮蹭蹬(cèng dèng):时间过得很快,这里形容快速地发射弹丸。

⑯鲁承周公之末:鲁国的开国封君为周公子伯禽,所以说"鲁承周公之末"。

⑰暴(pù)师:使军队在外蒙受风霜雨露。

⑱三江之口:徐天枯说:"三江,一说松江、钱塘、浦阳江也。"

⑲五湖:古人对五湖有多种说法。徐天祜说:"五湖:一说贡湖、游湖、胥湖、梅梁湖、金鼎湖也。韦昭曰:'胥湖、蠡湖、洮湖、滆湖,就太湖而五。'虞翻云:'太湖之水通五道,谓之五湖。'"

【译文】

十四年，夫差杀掉伍子胥后，庄稼连年歉收，民众多有怨恨。吴王又准备攻打齐国，在宋国、鲁国之间挖成运河阑沟，北面连接沂水，西面连接济水，想与鲁、晋二国在黄池附近会战。他唯恐众大臣又来进谏，就在国内下令说："我要去攻打齐国，有敢进谏的，一律处死。"太子友知道伍子胥忠心耿耿却不被重用，太宰嚭阿谀奉承却独揽朝政，他原想直言极谏，又害怕招致罪过，于是就用委婉含蓄的劝谏方式去启发吴王。一天清晨，他怀揣弹丸、手持弹弓，从后花园而来，衣服鞋子都沾湿了，吴王觉得奇怪，就问道："你怎么衣服鞋子都湿了，身上弄成这个样子？"太子友说："刚才在后花园游玩，听见秋蝉的鸣叫声，就走近观看。那秋蝉爬上了高高的树梢，喝着清凉的露水，随着风儿舞动，发出长长的悲吟声，自以为很安全，不知道螳螂越过树枝沿着枝条，伸展腰肢，高举爪子，正在靠近它的身体。那螳螂聚精会神地向前爬，心思只放在取得眼前的利益上，不知道黄雀沿着茂密的树林，徘徊在树荫中，轻轻地提脚挪腿，暗暗地向前迈进，想去啄螳螂。那黄雀只知道等候时机，去尝尝美味的螳螂，不知道我手握弹弓要向高处发射，弹弓拉尽即将飞出弹丸而射中它的脊背。而我这时心无杂念，心思都在黄雀身上，却没有注意到身旁有个坑，忽然踏入坑中，掉到深井里。所以我弄得身上鞋子都湿了，差点被大王取笑。"吴王说："天下没有比这更愚蠢的事情了。只贪图眼前的好处，看不到后面的祸患。"太子说："天下还有比这更愚蠢的事情。鲁国是从周公延续下来的，又有孔子的教化，恪守仁义，坚持德教，对邻国没有贪欲，但齐国却兴兵进攻它，不爱惜民众的性命，只希望获得利益。可齐国只顾起兵攻打鲁国，不知道吴国已经动用了国内的全部将士，拿出国库中所有的钱财，跋涉千里去攻打它。而吴国只知道越过国境去攻打不属于自己的国家，不知道越王将挑选敢死之士，从三江口出来，进入五湖之中，要屠杀我们吴国的民众，毁掉我们吴国的王宫。天下没有比这更危险的事情了。"吴王不听从太子的劝告，于是就北上攻打齐国去了。

越王闻吴王伐齐，使范蠡、洩庸率师屯海通江[1]，以绝吴路。败太子友于始熊夷[2]，通江淮转袭吴[3]，遂入吴国，烧姑胥台，徙其大舟。

【注释】

①范蠡：字少伯，楚国人，后为越国大夫。

②始熊夷：徐天祜说："'始'当作'姑'，《国语》：'败王子友于姑熊夷。'韦昭解：'姑熊夷，吴郊也。'"

③通江淮："淮"字当衍。《国语·吴语》："越王句践乃率中军溯江以袭吴。"韦昭注："江，吴江。或有'淮'字者，误。"徐元诰按："吴江，即今松江，古名笠泽，在今江苏吴江县东门外，即长桥下分太湖之流而东出者。"

【译文】

越王勾践听说吴王去攻打齐国，就派范蠡、洩庸率领军队驻扎在东海边由海通江之地，以此来截断吴军的退路。越军在姑熊夷击败吴太子友的军队，打通了松江，转而袭击吴国，于是就进入了吴国国都，焚烧了姑胥台，取走了吴国的大船。

吴败齐师于艾陵之上，还师临晋，与定公争长[1]。未合，边候乃至，以越乱告[2]，吴王夫差大惧，合诸侯谋曰[3]："吾道辽远，无会、前进，孰利[4]？"王孙骆曰："不如前进，则执诸侯之柄，以求其志。请王属士，以明其令，劝之以高位，辱之以不从，令各尽其死。"夫差昏秣马食士，服兵被甲，勒马衔枚[5]，出火于造[6]，暗行而进。吴师皆文犀长盾、扁诸之剑，方阵而行。中校之军皆白裳、白髦、素甲、素羽之矰[7]，望之若荼[8]。王亲秉钺，戴旗以阵而立。左军皆赤裳、赤髦、丹甲、朱羽之矰，望之若火。右军皆玄裳、玄舆、黑甲、乌羽之矰，望之如墨。带甲三万六千，鸡鸣而定阵，去晋军一里。天尚未明，王乃亲鸣金鼓⑨，三军哗吟以振其旅，其声动天徙地。晋大惊，不出，反距坚垒⑩。乃令童褐请军⑪，曰："两军边兵接好⑫，日中为期⑬。今大国越次而造弊邑之军垒，敢请辞故。"吴王亲对曰："天子有命，周室卑弱，约诸侯贡献，莫入王府，上帝鬼神而不可以告。无姬姓之所振，惧，遣使来告，冠盖不绝于道⑭。始周依负于晋，故忽于夷狄。会晋今反叛如斯，吾是以蒲服就君⑮。不肯长弟，徒以争强。孤进，不敢去。君不命长，为诸侯笑。孤之事君，决在今日；不得事君，命在今日矣⑯。敢烦使者往来，孤躬亲听命于藩篱之外⑰。"童褐将还，吴王蹑左足，与褐决矣⑱。及报，与诸侯、大夫列坐于晋定公前。既以通命，乃告赵鞅曰⑲："臣观吴王之色，类有大忧。小则嬖妾、嫡子死，否则吴国有难，大则越人入，不得还也。其意有愁毒之忧，进退轻难，不可与战。主君宜许之以前期⑳，无以争行而危国也㉑。然不可徒许，必明其信。"赵鞅许诺，入谒定公曰："姬姓于周，吴为先老㉒，可长，以尽国礼。"定公许诺，命童褐复命。于是吴王愧晋之义，乃退幕而会。二国君臣并在，吴王称公，前㉓，晋侯次之，群臣毕盟。

【注释】

①争长：争当盟主，先行歃血。《国语·吴语》："吴、晋争长未成。"韦昭注："长，先也。"《左传·哀公十三年》："秋七月辛丑盟，吴、晋争先。"杜预注："争歃血先后。"

②边候乃至,以越乱告:原作"边候",《国语·吴语》作"边遽乃至,以越乱告",据补。边候,负责在边境侦察的官吏。

③诸侯:徐乃昌引卢文弨说:'诸侯'当作'群臣'。"《国语·吴语》:"吴王惧,乃合大夫而谋曰。"

④无会、前进,孰利:此两句《国语·吴语》作"无会而归,与会而先晋,孰利",韦昭注:"先晋,令晋先歃。"而本文"前进"应指令军队前进,与晋人决战。

⑤枚:古代行军时让士兵衔在口中以防喧哗的木片,状如较短的筷子。

⑥造:当为"灶",音近而讹。《国语·吴语》作"系马舌,出火灶",是其证。

⑦中校之军:即"中军"。校,军营,也指军队中的一部。古代行军作战分左、右、中三军,由主将所处的中军发号施令。髦:通"旄"。古代用牦牛尾装饰的旗子。矰(zēng):短箭。

⑧荼(tú):茅草的白花。

⑨金鼓:钲与鼓。钲,形似钟而狭长,有长柄可执。《诗·小雅·采芑》:"钲人伐鼓。"毛传:"钲以静之,鼓以动之。"敲钲用以止众,鸣鼓用于进众。

⑩距:通"拒"。抵御。

⑪童褐:《国语·吴语》作"董褐",晋大夫司马寅。

⑫两军边兵接好:《国语·吴语》作"两君偃兵接好",韦昭注:"偃,匿也。"偃兵,即藏起兵器,休战。

⑬为:原作"无",据《国语·吴语》改。

⑭冠盖:礼帽和车盖,代指古代官吏的服饰和车乘,这里具体指使者及车子。

⑮蒲服:以跪姿坐在地上。

⑯"孤之事君"以下四句:《国语·吴语》作"孤之事君在今日,不得

事君亦在今日”,韦昭注:“言欲战以决之也。不胜,则服事君,胜之,则为盟主。”

⑰藩篱:篱笆,此处指军垒。

⑱决:通“诀”。辞别。

⑲赵鞅(yāng):即赵简子,原名赵鞅,又名志父,亦称赵孟,春秋时期晋国赵氏的领袖,晋顷公、晋定公时为晋正卿。

⑳主君:指赵鞅。前:先,先歃血,做盟主。

㉑争行(háng):争位,指争夺盟主之位。

㉒姬姓于周,吴为先老:吴国始祖太伯是古公亶父的长子、季历的长兄、文王的伯父,因此吴国在周的同姓诸侯国中可以称为“先老”。

㉓前:徐天祜说:“《国语》‘前’字下有‘歃’字。”

【译文】

吴军在艾陵附近击败齐军以后,回师威逼晋国,吴王与晋定公争当盟主。双方还没有商定,边界上的侦察官就来了,把越国扰乱吴国的情况作了汇报,吴王夫差非常恐惧,就召集各位大臣商量说:“我们离国内路途遥远,放弃会盟而赶回去与让军队前进继续与晋人决战,哪一个有利?”王孙骆说:“不如继续前进,当了盟主就可以执掌统管诸侯的权柄而争取实现我们的愿望。请大王集合将士,申明命令,立功的就用高官厚禄来奖励,不服从的就使他们受到刑辱,从而使每个人都能尽力效死。”夫差在黄昏时命令喂好战马,让将士吃饱饭,带上兵器,穿好铠甲,套好马络头,口衔行枚,把炉灶里的余火掏出来灭掉,在黑暗中行军。吴军都手持带有花纹的犀牛皮做的长盾牌和扁诸剑,排成方阵前进。中军的将士都身着白色衣裳,手拿白旗,身披白色铠甲,使用白色羽毛短箭,望上去就像是一片白色的茅草花。吴王亲自手执大斧,头顶上打着战旗,在队列中站着。左军将士都身着红色衣裳,手拿红旗,身披红色铠甲,使用红色羽毛短箭,望上去好像一片火。右军将士都身着黑色衣裳,驾着黑色战车,身披黑色铠甲,使用黑色羽毛短箭,望上就像一片黑墨。身披铠甲的将士有三万六千人,鸡鸣时分已经排定阵势,距离晋军只有一里远。天还没亮,吴王便亲自敲响战鼓,三军将士都大声呼喊以振奋军威,那声音震天动地。晋军大为惊骇,不敢出来迎战,只能凭借坚固的工事加以抵御。于是就派童褐拜见吴军,说:“双方军队已休战和好,会盟时间定在中午。现在贵国违犯协定提前来到敝国的军营,请允许我大胆地问一下其中的缘故?”吴王亲自回答说:“天子早已有命令,周朝王室卑微衰弱,虽然约定各诸侯国进贡,却没有贡品送进周天子的府库中去,致使无法祭告上帝鬼神。在这种情况下都没有姬姓诸侯国来救助,所以十分恐惧,派使者前来告急,使臣车驾络绎不绝。起初周王室依赖晋国,所以疏远了我们这些夷狄国家。现在晋国竟像这样背叛了周王室,于是我伏地膝行来到你们国君面前。你们国君不肯遵循兄弟长幼的礼节,只是以武力争强。这使我只好前进,不敢就这样离去。你们国君不以我为盟主,那我就要被各诸侯耻笑了。我能侍奉你们国君,就在今天决定;我不能侍奉你们国君,使命也在今天了。我大胆地劳驾使者您回去转达,我将亲自在你们军营的围墙外听候命令。”童褐将要回去的时候,吴王踩了一下童褐的左脚,就与童褐诀别了。等到童褐返回汇报的时候,与诸侯、大夫依次坐在晋定公的前面。童褐通报完执行使命的情况后,便告诉赵鞅说:“我观察吴王的脸色,好像有非常忧虑的事情。小则宠妾或嫡子死了,要不就是吴国有了内乱,大则就是越国人打进了吴国,他不能回去了。他心头有极其犯愁的忧患,他进退艰难已经处于绝境了,所以不能和他交战。您应该答应他在会盟的时候可以先歃血,不要因为争当盟主而使国家陷于危险的境地。但也不可以白白地答应他,一定要他表明自己的信用。”赵鞅答应了,进帐拜谒晋定公说:“周朝姬姓诸侯国中,吴国先人是老辈,可以让吴王先歃血做盟主,以此来尽到作为一个诸侯国应有的礼仪。”晋定公答应了,命令童褐回复吴王。于是吴王因为晋国的仁义而感到惭愧,就退回营帐中与晋国会盟。两国君臣都在场,吴王改称为吴公,先歃血,晋定公在他之后歃血,群臣也都参加了盟誓。

吴既长晋而还，未逾于黄池，越闻吴王久留未归，乃悉士众，将逾章山[①]，济三江而欲伐之。吴又恐齐、宋之为害，乃命王孙骆告劳于周，曰："昔楚不承供贡，辟远兄弟之国。吾前君阖闾不忍其恶，带剑挺铍[②]，与楚昭王相逐于中原。天舍其忠[③]，楚师败绩。今齐不贤于楚，又不恭王命，以远辟兄弟之国。夫差不忍其恶，被甲带剑，径至艾陵。天福于吴，齐师还锋而退。夫差岂敢自多其功？是文、武之德所祐助。时归吴不熟于岁，遂缘江溯淮[④]，开沟深水，出于商、鲁之间，而归告于天子执事。"周王答曰[⑤]："伯父令子来乎[⑥]！盟国一人则依矣，余实嘉之。伯父若能辅余一人，则兼受永福，周室何忧焉？"乃赐弓弩王阼[⑦]，以增号谥。吴王还归自池[⑧]，息民散兵。

【注释】

①章山：徐天祜说："章山，即《禹贡》所谓'内方'，在江夏郡竟陵县东北，今荆门长林县。"徐乃昌说："按注章山在江夏郡，与吴越舆地不合。"江夏郡竟陵县在今湖北西北部，属楚境，越王不大可能从此地而济三江。张觉疑为"长山"之音误，长山在太湖东，或然。

②铍（pī）：长矛。一说指外形似刀而两边有刃的兵器。

③忠：通"衷"。此句《国语·吴语》作"天舍其衷"，韦昭注："衷，善也。言天舍善于吴。"

④溯：逆流而上。

⑤周王：指周敬王，名丐，前519—前476年在位。

⑥伯父：周天子敬称同姓诸侯为伯父或叔父。

⑦阼（zuò）：通"胙"。宗庙祭祀用的肉。

⑧还归自池：徐天祜说："'池'字上当有'黄'字。"《国语·吴语》作"吴王夫差还自黄池"。

【译文】

吴国胜过晋国当上盟主之后，就班师回国，还没有越过黄池，越王听说吴王长期滞留国外尚未回国，就发动全部将士，将越过章山，渡过三江而准备进攻吴国。吴王又怕齐国、宋国给自己造成危害，于是就派王孙骆到周王那里报功，说："从前楚国不承担供给贡品的义务，疏远兄弟之邦。我们先王阖闾不能容忍他们的恶行，就佩带宝剑、手执长矛，与楚昭王在原野中角逐。上天给吴国降下洪福，楚军大败。现在齐国比起楚国更加不贤德，又不恭敬地遵从您的命令，疏远兄弟国家。夫差不能容忍这种恶行，就身披铠甲、带着宝剑，径直到达艾陵。上天福祐吴国，齐国军队掉转矛头败退了。夫差哪敢夸耀自己的功劳？这是文王、武王之德祐助的结果啊。回到吴国时，年景不好，于是就顺长江而下，又沿淮河逆流而上，开沟通水，挖深河道，通到宋国和鲁国一带，现在把这些情况一总汇报给天子左右的办事人员。"周王回答说："是伯父派您来的吧！你们和其他诸侯国已经订立盟约，我就可以依靠你们了，我非常赞赏他。伯父如果能辅助我一人，那么我就能加倍享受长久的福禄了，周朝王室还忧虑什么呢？"于是就赏赐了弓弩、祭祀用的肉，并且增高了名称谥号。吴王从黄池回国后，让民众休养生息，停止用兵。

二十年，越王兴师伐吴，吴与越战于槜李。吴师大败，军散，死者不可胜计。越追破吴，吴王困急，使王孙骆稽首请成，如越之来也。越王对曰："昔天以越赐吴，吴不受也。今天以吴赐越，其可逆乎？吾请献勾、甬东之地[①]，吾与君为二君乎！"吴王曰："吾之在周，礼前王一饭[②]。如越王不忘周室之义，而使为附邑，亦寡人之愿也。行人请成列国之义，惟君王有意焉。"大夫种曰："吴为无道，今幸擒之，愿王制其命。"越王曰："吾将残汝社稷，夷汝宗庙。"吴王默然。请成七反，越王不听。

【注释】

①勾、甬东之地：徐天祜说："勾，句章。甬，甬江。东，东境也。杜预曰：'甬东，会稽句章县，东海中洲也。'今鄞县境。"句章，秦置地名，在今浙江余姚一带。甬江，即今甬江，浙江省重要水系，由奉化江和姚江汇集而成，是宁波的母亲河。

②礼前王一饭：按礼比您早一顿饭的时间。《国语·越语上》作"寡人礼先一饭矣"，韦昭注："言己年长于越王，觉差一饭之间，欲以少长求免也。"张觉认为吴国为太伯后裔，是周同姓诸侯国，越是夏禹之后，所以在周王朝的朝廷上，吴要比越高贵些。张说也可作为一解。

【译文】

二十年，越王兴兵讨伐吴国，吴与越在槜李交战。吴军大败，士兵逃散，死亡的人不可胜数。越军紧追不舍，攻破了吴国，吴王被困感到危急，派王孙骆给越王磕头求和，就像当年越王来吴国求和那样。越王回答说："昔日上天把越国赐给吴国，吴国不接受。如今上天把吴国赐给越国，怎么可以违背天意呢？请让我献出句章、甬江以东的土地，我和你还算是两个君主吧！"吴王说："我在周王室，按照礼仪要比您早片刻时间。如果越王能念及周王室的情义，而让吴国成为越国的附属国，这也是我心甘情愿的了。我派使者前来请求结成邦国之好，希望大王对此好好考虑啊。"大夫文种说："吴王行为无道，今天幸而逮住了他，希望大王能制裁他的性命。"越王回复吴王说："我将摧毁你的社稷，铲平你的宗庙。"吴王听后默不作声。吴国使者前去求和往返了七次，越王就是不同意。

二十三年十月，越王复伐吴。吴国困不战，士卒分散，城门不守，遂屠吴。吴王率群臣遁去，昼驰夜走，三日三夕，达于秦馀杭山[①]。胸中愁忧，目视茫茫，行步猖狂，腹馁口饥,顾得生稻而食之,伏地而饮水。顾左右曰:“此何名也?”对曰:“是生稻也。”吴王曰:“是公孙圣所言不得火食,走偉偟也。”王孙骆曰:“饱食而去,前有胥山,西坂中可以匿止②。”王行,有顷,因得自生之瓜③,已熟,吴王掇而食之。谓左右曰:“何冬而生瓜,近道人不食④,何也?”左右曰:“谓粪种之物,人不食也。”吴王曰:“何谓粪种?”左右曰:“盛夏之时,人食生瓜,起居道傍,子复生,秋霜恶之,故不食。”吴王叹曰:“子胥所谓旦食者也。”谓太宰嚭曰:“吾戮公孙圣,投胥山之巅。吾以畏责天下之惭,吾足不能进,心不能往。”太宰嚭曰:“死与生,败与成,故有避乎?”王曰:“然。曾无所知乎?子试前呼之,圣在,当即有应。”吴王止秦馀杭山,呼曰:“公孙圣!”三反呼,圣从山中应曰:“公孙圣!”三呼三应。吴王仰天呼曰:“寡人岂可返乎?寡人世世得圣也⑤。”

【注释】

①秦馀杭山:即阳山,在今江苏苏州市区西北。《越绝书·外传记吴地传》:“秦馀杭山者,越王栖吴夫差山也,去县五十里,山有湖水,近太湖。”

②坂(bǎn):山坡,斜坡。

③自生之瓜:原作“生瓜”,据《太平御览》卷九百七十八引文改。

④近道人不食:《太平御览》卷九百七十八引文作“近道而人不食”。

⑤得:当作“侍”。

【译文】

二十三年十月,越王再次攻打吴国。吴国人困窘而无力应战,士兵溃散逃跑,城门无人防守,于是越军进入吴国都城进行屠杀。吴王率领大臣们悄悄逃跑,日夜奔跑,三天三夜后,到达了秦馀杭山。吴王心中忧郁愁苦，满目茫然，走起路来跌跌撞撞，肚中饥饿，口中干渴，看见生稻谷采来就吃，又趴在地上喝河沟里的水。回过头来问左右的侍从说："这东西叫什么？"侍从回答说："这是生稻谷。"吴王说："这就是公孙圣所说的不能吃到熟食，仓皇逃跑啊。"王孙骆说："吃饱了就走吧，前面有胥山，在西山坡间可以藏起来休息一下。"吴王继续前行，走了一会儿，便发现有野生的瓜，已经熟了，吴王就把它摘下来吃了。吴王问身边的侍从说："为什么冬天还能结瓜？靠近路边却没有被人吃掉，为什么呢？"左右侍从说："这是粪种长出来的东西，所以人们不吃。"吴王说："什么叫粪种？"左右侍从说："盛夏时节，人们吃了生瓜后，在路边大便，大便中的瓜籽就又长出来了，经过了秋霜，人们厌恶它，所以没人吃。"吴王叹息道："这就是伍子胥所说的早餐吧。"吴王对太宰嚭说："我杀了公孙圣，把他扔到胥山顶上。我因为抱有害怕被天下人责备的那种惭愧，所以我的脚向前迈不动步，心里也不情愿前往。"太宰嚭说："死亡和生存，失败和成功，能故意逃避吗？"吴王说："是这样。但事先就一无所知？你试着上前喊喊他，如果公孙圣在，立即会回应的。"吴王停在秦馀杭山，太宰嚭前去喊道："公孙圣！"喊了三次，公孙圣从山中回应道："公孙圣！"三呼三应。吴王仰天喊道："我难道可以返回吴国吗？我得世世代代事奉公孙圣啊。"

须臾，越兵至，三围吴[①]。范蠡在中行[②]，左手提鼓，右手操枹而鼓之。吴王书其矢而射种、蠡之军，辞曰："吾闻狡兔以死，良犬就烹。敌国如灭，谋臣必亡。今吴病矣，大夫何虑乎？"大夫种、相国蠡急而攻。大夫种书矢射之，曰："上天苍苍，若存若亡。越君勾践下臣种敢言之：昔天以越赐吴，吴不肯受，是天所反。勾践敬天而功，既得返国，今上天报越之功，敬而受之，不敢忘也。且吴有大过六，以至于亡，王知之乎？有忠臣伍子胥，忠谏而身死，大过一也。公孙圣直说而无功，大过二也。太宰嚭愚而佞，言轻而谗谀，妄语恣口，听而用之，大过三也。夫齐、晋无返逆行，无僭侈之过③，而吴伐二国，辱君臣，毁社稷，大过四也。且吴与越同音共律，上合星宿④，下共一理，而吴侵伐，大过五也。昔越亲戕吴之前王，罪莫大焉，而幸伐之，不从天命，而弃其仇，后为大患，大过六也。越王谨上刻青天，敢不如命？”

【注释】

①越兵至，三围吴：《太平御览》卷四百八十六引文作“越兵大至，围吴三重”。

②中行(háng)：即“中军”。

③僭(jiàn)：同“僭”。超越本分，过分。

④上合星宿：古人将天上的二十八宿分别与地上国、州相对应，吴、越同属斗、牛、女分野。

【译文】

不久，越军赶到，把吴王君臣重重包围住了。范蠡在中军，左手提着战鼓，右手握着鼓槌击鼓指挥士兵进攻。吴王把书信绑在箭上射到文种、范蠡军中，信上写到：“我听说狡猾的兔子一旦死光，优良的猎狗就该被烹食了。敌对的国家如果灭亡，出谋划策的大臣一定会灭亡。现在吴国快不行了，大夫还图个什么呢？”大夫文种、相国范蠡加紧进攻。大夫文种也把信系在箭上射给吴王，说：“上天苍苍，或存或亡。越王勾践的臣下文种大胆地进言：昔日上天把越国赐给吴国，吴国不肯接受，这是违背天意。勾践恭敬地事奉上天而立下功劳，才得以返回祖国，现在上天报答越王的功德，我们就要恭敬地接受，不敢把机会丢掉。况且吴国有六大罪过，才至于亡国，大王知道吗？有忠臣伍子胥，因为忠心直谏而被杀死，这是第一个大罪过。公孙圣正直地解梦却没有功劳，这是第二个大罪过。太宰嚭愚昧而奸诈，言行轻浮而擅于谗谀奉承，满口胡言乱语，你却听信并重用他，这是第三个大罪过。那齐国、晋国没有倒行逆施的行为，没有僭越、恣肆放纵的过错，可吴国却攻打这两个国家，侮辱他们的君臣，毁坏他们的社稷，这是第四个大罪过。再说吴国和越国有着相同的方音历律，在天上同在一个星宿，在地上同属一个分野，可是吴国侵略越国，这是第五个大罪过。过去越人亲手杀了吴国的先王阖闾，罪过没有比这个更大的了，而吴国有幸攻打了越国，却不顺从上天旨意，反而放过了自己的仇敌，以致后来酿成大患，这是第六个大罪过。越王谨慎地把上天的旨意铭记于心，敢不服从天命么？"

大夫种谓越君曰："中冬气定，天将杀戮。不行天杀，反受其殃。"越王敬拜，曰："诺。今图吴王，将为何如？"大夫种曰："君被五胜之衣，带步光之剑，仗屈卢之矛，瞋目大言以执之[①]。"越王曰："诺。"乃如大夫种辞吴王曰："诚以今日闻命。"言有顷，吴王不自杀。越王复使谓曰："何王之忍辱厚耻也！世无万岁之君，死生一也。今子尚有遗荣，何必使吾师众加刃于王？"吴王仍未肯自杀。勾践谓种、蠡曰："二子何不诛之？"种、蠡曰："臣，人臣之位，不敢加诛于人主。愿主急而命之，天诛当行，不可久留。"越王复瞋目怒曰："死者，人之所恶。恶者，无罪于天，不负于人。今君抱六过之罪，不知愧辱，而欲求生，岂不鄙哉？"吴王乃太息，四顾而望，言曰："诺！"乃引剑而伏之死。越王谓太宰嚭曰："子为臣不忠无信，亡国灭君。"乃诛嚭并妻子。

【注释】

①瞋(chēn):发怒时瞪大眼睛。

【译文】

大夫文种对越王说:“仲冬时节,气数已定,上天将施行杀戮。如果不按上天的旨意进行杀戮,反而会遭受灾殃。”越王恭敬地下拜,说:“是。现在图谋吴王,将要怎么办?”大夫文种说:“请您穿上缀有五行相胜图案的衣服,佩带步光剑,手执屈卢矛,瞪大眼睛大声呵斥来将他制服。”越王说:“好。”于是就按照大夫文种的话告诉吴王说:“我确实想在今天听到你的回话。”说完过了一会儿,吴王还没自杀。越王又派使者对吴王说:“为何大王这般容忍羞辱、厚颜无耻呢?世上没有能活万年的君主,死和生都是一样的。现在您还残留一点君主的荣耀,何必非让我的兵众对你动兵刃呢?”吴王仍然不肯自杀。勾践对文种、范蠡说:“二位为何不去杀了他?”文种、范蠡说:“我们处在臣下的位置上,不敢对处在上位的人君施加杀戮。希望大王加紧下命令,上天要施行的杀戮应当立即执行,不能再久留了。”越王再次瞪着眼睛怒斥道:“死亡,是人所厌恶的。厌恶死亡者,必须是没有得罪上天,没有辜负他人的。现在你犯有六大罪过,还不知道惭愧羞辱,反而想侥幸求生,难道不鄙陋吗?”吴王于是长声叹息,向四周望了望,说道:“好!”于是就拔剑自刎而死。越王对太宰嚭说:“你身为臣子不忠诚不守信,致使国家灭亡、君主丧生。”于是就诛杀了白嚭及其妻子儿女。

吴王临欲伏剑,顾谓左右曰:“吾生既惭,死亦愧矣。使死者有知,吾羞前君地下,不忍睹忠臣伍子胥及公孙圣。使其无知,吾负于生。死必连繄组以罩吾目[①]。恐其不蔽,愿复重罗绣三幅,以为掩明。生不昭我,死勿见我形。吾何可哉!”越王乃葬吴王以礼于秦馀杭山卑犹[②]。越王使军士集于我戎之功，人一隰土以葬之[3]。宰嚭亦葬卑犹之旁。

【注释】

①繄(bì)组：丝带。

②秦馀杭山卑犹：徐天祜说："《越绝》曰：'夫差冢在犹亭西卑犹位，近太湖，去县十七里。'《索隐》曰：'犹亭，亭名。"卑犹位"三字共为地名。《吴地记》曰："徐杭山，一名卑犹山。"是也。'"

③隰(xí)：低湿的地方。

【译文】

吴王临近伏剑自杀时，转过头对身边的人说："我活着也内疚，死了也羞愧啊。假如死人还有知觉的话，我没有脸在地下面对先王，也不忍去见忠臣伍子胥和公孙圣。假如死人没有知觉的话，我也对不起活着的人。我死了以后，你们一定要编织丝带罩住我的眼睛。恐怕这样还不能完全蒙住我的眼睛，希望你们再加上三幅罗绣，来遮盖我的视线。我活着的时候眼睛不明，死后不要暴露我的形体。不然我可怎么办啊？"越王于是依照礼仪把吴王埋葬在秦馀杭山的卑犹。越王把在战争中立功的将士集合起来，每人填一把湿土来埋葬吴王。太宰嚭也葬在卑犹的旁边。

越王无余外传第六

【题解】

全书从本篇开始记述越国的历史。作为记叙越国历史的第一篇，虽然题为“越王无余外传”，但重在介绍越国兴起的历史过程。本篇所述史事跨越千年，从越国的祖先禹写起，一直延续到勾践父亲元常的时代，叙述重点在越国的祖先夏禹。作者这样安排可能是刻意彰显越国祖先历史之悠久、血统之高贵，也可能是受到史料的限制。本篇记叙夏禹的事迹非常详细生动，大禹是帝颛顼的后代，禹母有莘氏吞薏苡神珠受孕生禹，禹父鲧因治水无功而被流放羽山，鲧投水化为三脚鳖成羽渊之神。大禹继承父业继续治水，奔波劳苦，后得山神之书治水乃成。大禹娶涂山氏生启，周行宇内巩固中国。舜崩后，禹即帝位开创夏王朝，启即位后在越祭禹。叙述完大禹的历史后，篇末用寥寥数语介绍了少康帝封其庶子无余于越，以奉守禹祭，无余后越国世系不甚清楚，历经无壬、无曎、夫谭等，传国到元常，越国开始兴起。

相较于《史记·夏本纪》，本篇记述极富故事性和传奇性，作者记录了众多的奇异事迹，如禹治水受玄夷苍水使者指点而得神书、得九尾白狐造访之征兆而成婚、百鸟耕耘、无壬生而言语等，都为越国的兴起蒙上了一层神秘色彩。

越之前君无余者[①]，夏禹之末封也[②]。禹父鲧者，帝颛顼之后[③]。鲧娶于有莘氏之女[④]，名曰女嬉。年壮未孳[⑤]，嬉于砥山[⑥]，得薏苡而吞之[⑦]，意若为人所感，因而妊孕，剖胁而产高密[⑧]。家于西羌，地曰石纽[⑨]。石纽在蜀西川也[⑩]。

【注释】

①无余：徐天祐说："无余，禹之六世孙少康之庶子也，初受封于越。《越旧经》作'无馀'。"

②夏禹：姒姓，亦称大禹，司马迁说他名文命。夏后氏部落的首领，鲧之子。因治水有功，成为舜的接班人，建立了夏王朝。

③颛顼（zhuān xū）：姬姓，号高阳氏，黄帝之孙，昌意之子，居帝丘（今河南濮阳西南），五帝之一。

④有莘（shēn）氏：古国名，也作有辛、有侁（shēn），姒姓。其地古籍说法不一。《郃阳县志》说县东南有有莘里，即古莘国，在今陕西合阳东南。

⑤壮：《礼记·曲礼》称"三十曰壮"。孳（zī）：徐乃昌引卢文弨说："'孳'与'字'同。"字，生育，繁殖。

⑥砥山：又称底柱山、三门山，在今河南三门峡市东北黄河中。

⑦薏苡（yì yǐ）：植物名，属禾本科，果实椭圆，果仁叫薏米。此处据《史记·夏本纪》张守节《正义》引《帝王世纪》语"又吞神珠薏苡"，应为神珠名。

⑧剖胁而产高密：此一段关于禹出生的相似记载也见于《帝王世纪》。《史记·夏本纪》张守节《正义》："《帝王纪》云：'父鲧妻修己，见流星贯昴，梦接意感，又吞神珠薏苡，胸坼而生禹，名文命，字密，身九尺二寸长，本西夷人也。'"胁，腋下至肋骨尽处，即胸部的两侧。剖胁，即《帝王世纪》所说的"胸坼"。

⑨石纽：古地名。《史记·夏本纪》张守节《正义》引扬雄《蜀王本

纪》:"禹本汶山郡广柔县人也,生于石纽。"又引《括地志》云:"茂州汶川县石纽山在县西七十三里。"即今四川汶川。

⑩石纽在蜀西川也:周生春疑此句为注文窜入正文。

【译文】

越国的先君无余,是被分封的夏禹的后裔。夏禹的父亲鲧,是帝颛顼的后代。鲧娶了有莘国的女子,名叫女嬉。女嬉到了壮年还没有生育,当她在砥山游玩的时候,发现一颗薏苡神珠便把它吞了,觉得心神好像被人触动了一下,于是怀了孕,剖开胸胁生下高密。鲧家住在西羌,地名叫石纽。石纽在今蜀地的西川。

帝尧之时,遭洪水滔滔,天下沉渍,九州阏塞①,四渎壅闭②。帝乃忧中国之不康,悼黎元之罹咎③,乃命四岳④,乃举贤良,将任治水。自中国至于条方⑤,莫荐人,帝靡所任⑥。四岳乃举鲧,而荐之于尧。帝曰:"鲧负命毁族⑦,不可。"四岳曰:"等之群臣,未有如鲧者。"尧用治水,受命九载,功不成。帝怒曰:"朕知不能也。"乃更求之,得舜,使摄行天子之政,巡狩⑧。观鲧之治水无有形状,乃殛鲧于羽山⑨。鲧投于水,化为黄能⑩,因为羽渊之神。

【注释】

①九州:古代分天下为九个州,据《尚书·禹贡》分别是冀州、兖州、青州、徐州、扬州、荆州、豫州、梁州、雍州。阏(è):阻隔,堵塞。

②四渎(dú):《尔雅·释水》:"江、河、淮、济为四渎。四渎者,发源注海者也。"

③黎元:即黎民,百姓。

④四岳:据《尚书·尧典》"咨四岳"孔安国传指尧臣羲、和之四子,为

四方诸侯之长，分管四方诸侯。皇甫谧《帝王世纪》载“四岳”分别是羲仲、羲叔、和仲、和叔，分掌春、夏、秋、冬四时，同时又主管巡狩四方之岳。也有人认为“四岳”为一人之名。其说各异。

⑤条方：四方边远地区。

⑥靡(mǐ)：无。

⑦负命毁族：《史记·五帝本纪》张守节《正义》：“负，违也。族，类也。鲧性很戾，违负教命，毁败善类，不可用也。”这里指鲧违背教命，毁坏善类，品行不端，无仁德之心，因此不得尧重视。

⑧巡狩：天子离开国都在境内巡行视察诸侯为天子所守的疆土。

⑨殛(jí)：诛杀。羽山：徐天祜说：“《地志》：‘在东海郡祝其县南。’今海州朐山县。”约在今江苏境内，但此处羽山应是指神话中的地名。

⑩黄能：传说中的怪物，三足鳖。能或作“熊”，“能”下三点表示三足。

【译文】

帝尧的时候，遭遇洪水弥漫，天下都被淹没了，九州之间阻塞隔绝，长江、黄河、淮河、济水四条大河也都淤塞不通。帝尧于是为中国不得安乐而担忧，为天下百姓遭受灾祸而哀伤，就给四方诸侯之长下命令，让他们荐举贤能的人，将任用他来治理洪水。从中原到四方边远地区，都没有人推荐人才，帝尧无人可任。四方诸侯之长就推举了鲧，并把他引荐给了尧。帝尧说：“鲧违抗教命，残害善类，不能任用。”四方诸侯之长说：“拿其他大臣们和鲧相比，还没有谁能比得上鲧。”尧就任用鲧治理洪水，鲧接受任务九年了，治水工作还没有成效。帝尧愤怒地说：“我早就知道他做不了啊。”于是就另外物色人才，访得了舜，让他代理天子处理国家政务，并到各地巡行视察。看到鲧治水没有成效，就在羽山把鲧杀了。鲧跳到水中，变成了一只三脚鳖，于是成为羽渊的神。

舜与四岳举鲧之子高密。四岳谓禹曰："舜以治水无功，举尔嗣考之勋[①]。"禹曰："俞[②]！小子敢悉考绩，以统天意，惟委而已。"禹伤父功不成，循江溯河，尽济甄淮[③]，乃劳身焦思以行，七年闻乐不听[④]，过门不入，冠挂不顾[⑤]，履遗不蹑[⑥]，功未及成，愁然沉思。乃案《黄帝中经历》[⑦]，盖圣人所记，曰："在于九山东南天柱[⑧]，号曰宛委，赤帝在阙[⑨]。其岩之巅，承以文玉，覆以磐石，其书金简，青玉为字，编以白银，皆瑑其文[⑩]。"禹乃东巡，登衡岳[⑪]，血白马以祭，不幸所求[⑫]。禹乃登山，仰天而啸，忽然而卧[⑬]，因梦见赤绣衣男子，自称玄夷苍水使者[⑭]，闻帝使文命于斯，故来候之。"非厥岁月，将告以期。无为戏吟，故倚歌覆釜之山[⑮]。"东顾谓禹曰："欲得我山神书者，斋于黄帝岩岳之下[⑯]，三月庚子，登山发石，金简之书存矣。"禹退，又斋。三月庚子，登宛委山，发金简之书，案金简玉字，得通水之理。复返归岳[⑰]，乘四载以行川[⑱]，始于霍山[⑲]，徊集五岳[⑳]。《诗》云："信彼南山，惟禹甸之[㉑]。"遂巡行四渎，与益、夔共谋[㉒]。行到名山大泽，召其神而问之山川脉理、金玉所有、鸟兽昆虫之类，及八方之民俗、殊国异域土地里数，使益疏而记之，故名之曰《山海经》[㉓]。

【注释】

①考：死去的父亲。

②俞：叹词，表示允许。

③甄（zhēn）：审察鉴别。

④七年：古籍所记禹前期治水用时各有不同。《尚书·禹贡》作"十

有三载”,《史记·夏本纪》也作“居外十三年”,《孟子·滕文公上》记“禹八年于外”。

⑤挂:阻碍,绊住。

⑥蹑:踩,插进。此处指鞋子掉了,也不重新提起。

⑦案:通“按”。查考。

⑧九山:《艺文类聚》卷十一、《初学记》卷五、《太平御览》卷八十二引文作“九疑山”,九疑山在今湖南宁远南。下文言东南天柱即宛委山,属今浙江绍兴会稽山一峰,两地不符。应从薛耀天释“九山”为九大名山,据《吕氏春秋·有始》《淮南子·地形训》,会稽山是九大名山之一,原文可通。

⑨赤帝:五天帝之一,即南方之神炎帝。

⑩瑑(zhuàn):原作“琢”,据弘治本、《古今逸史》本改,玉器上隆起的雕刻花纹。

⑪衡岳:衡山,即会稽山,非南岳衡山。

⑫幸:《华严经音义上》引《公羊传》刘兆注:“幸,遇也。”

⑬忽然而卧:原无此四字,据《初学记》卷五引文补。

⑭玄夷苍水使者:传说中的仙人之名。

⑮覆釜之山:徐天祜说:“《舆地志》:‘会稽山有石,状如覆鬴,谓之覆鬴山,一名釜山。’‘鬴’亦作‘釜’。《史·黄帝本纪》曰:‘合符釜山。’《索隐》以为‘合诸侯符契圭璋而朝之于釜山’,‘在妫州怀戎县北三里’。非此之釜山也。”

⑯斋:斋戒。古人在举行祭祀之前用一段时间来整洁身心,以示虔诚,称之斋戒。黄帝岩岳:未详,或为会稽山中一峰。

⑰复返归岳:意指从宛委山下来,又回到衡山下。

⑱乘四载:乘坐各种交通工具。《史记·夏本纪》:“陆行乘车,水行乘船,泥行乘橇,山行乘檋(jú)。”

⑲霍山:徐天祜说:“南岳衡山,又名霍山。泰与岱,衡与霍,皆一山二

名。"古代名霍之山有多处,其中南岳衡山又名霍山,可能作者将禹所登衡山误解为南岳,所以这里又说"始于霍山"。文中"霍山"应仍指会稽山,因为禹在会稽山获得神书,那巡视自当从此地开始。

⑳五岳:即中岳嵩山,东岳泰山、西岳华山、南岳衡山、北岳恒山。

㉑信(shēn)彼南山,惟禹甸之:语出《诗经·小雅·信南山》。信,通"伸"。舒展,拉长。此描述南山舒展延伸的状貌。南山即终南山,在今陕西西安南。

㉒益:也称翳、伯益,舜的大臣。相传他助禹治水有功,被选为继承人。禹去世后,禹的儿子启与伯益争夺帝位,将伯益杀死。一说由于伯益推让帝位,避居箕山之阳,启被拥戴继位。夔(kuí):尧、舜时的乐官。

㉓《山海经》:古书名。今本十八卷,西汉刘歆奏称是夏禹、伯益所作,本书盖从刘歆之说。一般认为此书约成于战国,秦、汉时有所增删。书中记述各地山川、物产、风俗等,保存了很多远古的神话传说和史地文献材料。

【译文】

舜和四方诸侯之长荐举鲧的儿子高密来治水。四方诸侯之长对禹说:"舜因为鲧治水没有成绩,所以提拔你来继承你父亲的事业。"禹说:"是!小子我将竭尽全力做出成绩,以应合上天之意,就请委任于我吧。"禹为父亲的使命没有完成而忧伤,沿着长江顺流而下,又在黄河中逆流而上,走遍济水又考察淮河,像这样受尽劳苦,用尽心思去巡视奔波,在这七年里,他听见音乐也不去欣赏,经过家门也不进去,帽子碰歪了也顾不上正,鞋子掉了也顾不上提,可是治水的工作仍未见成效,他忧愁地沉思起来。于是就去查看《黄帝中经历》,上面有圣人的记录,说道:"在九大名山中的东南天柱,号称宛委山,南方之神赤帝就居住在这山上的宫殿里。此山山崖顶上有一部书,下面用有花纹的玉石托着,上面用厚厚的大石板盖着,这部书用黄金做简札,简上的文字是青色的宝玉刻的,用白银制成的绳子编连,上面都雕饰着花纹。”禹于是就到东方巡视,他登上衡山,杀掉白马用它的血来祭祀,可是没有见到他所寻觅的神书。禹于是登上山峰,仰天长啸,恍惚之间好像睡着了,梦见一位身穿红色绣花衣裳的男子,自称是玄夷苍水使者,听说天帝叫文命到这里来,所以前来等候。“现在还不到时候,我将告诉你这日期。不要认为我是在开玩笑地吟唱,我本来就总在覆釜山依着曲子唱歌。”他看着东方对禹说:“想要得到我山神之书的人,必须在黄帝峰下斋戒,到了三月庚子日,再登上山顶揭开石板,金简之书就在那里了。”禹便下山去,又进行斋戒。三月庚子日这天,登上宛委山,打开石板拿出了金简之书,查阅了黄金简上的青玉文字,懂得了疏通河道的道理。禹又回到了衡山,乘坐各种交通工具去巡视河流,从霍山出发,在五岳转来转去。《诗经》上说:“绵延起伏终南山,大禹曾经治其间。”禹于是巡察了长江、黄河、济水、淮河四条入海的河流,与益、夔共同谋划。巡视到名山大湖,就召见当地的神仙而向他们询问山河的脉络条理、所蕴藏的金银宝玉、生活于此的鸟兽昆虫种类,以及四面八方的民族习俗、不同国家不同地区所拥有的土地里数,都让益分别记录下来,所以把这些记载编成一部书取名叫《山海经》。

禹三十未娶,行到涂山[①],恐时之暮,失其度制,乃辞云:“吾娶也,必有应矣。”乃有白狐九尾造于禹,禹曰:“白者,吾之服也。其九尾者,王之证也。涂山之歌曰:‘绥绥白狐[②],九尾痝痝[③]。我家嘉夷,来宾为王。成家成室,我造彼昌。天人之际,于兹则行。’明矣哉!”禹因娶涂山,谓之女娇。取辛、壬、癸、甲[④],禹行。禹行十月,女娇生子启。启生,不见父,昼夕呱呱啼泣。

【注释】

①涂山：涂山所在之地，有会稽、渝州、濠州、当涂等多种说法，难以考定。

②绥绥：舒徐自得的样子。此处喻独行求偶之貌，象征禹前来求婚。《诗经·卫风·有狐》“有狐绥绥”，朱熹《诗集传》训为独行求偶貌。

③痝痝（máng）：大而蓬松的样子。

④辛、壬、癸、甲：古代有干支纪日法，辛、壬、癸、甲是相连的四个天干，表示连续的四天。

【译文】

禹三十岁了还没有娶亲，巡视到涂山，怕娶亲的时间太晚而违背了礼制，于是就托辞说：“我娶妻，一定会有先兆。”于是有一只九尾白狐狸来到禹的跟前，禹说：“白色，是我衣服的颜色。那九条尾巴，是我称王九州的象征。涂山地方有这样的歌谣唱道：‘舒徐自得的白狐狸啊，九条尾巴大又长。我家幸福又欢乐，所来宾客是君王。你要娶妻成家啊，我到谁家谁家会昌盛兴旺。天意和人心相一致啊，你要立即行动莫彷徨。’这征兆已经很明白了。”禹于是娶了涂山的女子，把她叫做女娇。娶女娇之后只过了辛、壬、癸、甲四天，禹就外出巡视了。禹离开十个月后，女娇生下了儿子启。启出生后，见不到父亲，日日夜夜哇哇地啼哭。

禹行，使大章步东西[①]，竖亥度南北，畅八极之广[②]，旋天地之数。禹济江，南省水理，黄龙负舟，舟中人怖骇，禹乃哑然而笑曰[③]：“我受命于天，竭力以劳万民。生，性也；死，命也。尔何为者？”颜色不变，谓舟人曰：“此天所以为我用。”龙曳尾舍舟而去。南到计于苍梧，而见缚人，禹拊其背而哭[④]。益曰：“斯人犯法，自合如此。哭之何也？”禹曰：

“天下有道，民不罹辜。天下无道，罪及善人。吾闻一男不耕，有受其饥。一女不桑，有受其寒。吾为帝统治水土，调民安居，使得其所。今乃罹法如斯，此吾德薄，不能化民证也。故哭之悲耳。”于是周行寓内⑤，东造绝迹，西延积石⑥，南逾赤岸⑦，北过寒谷⑧，徊昆仑⑨，察六扈⑩，脉地理，名金石⑪。写流沙于西隅⑫，决弱水于北汉⑬。青泉、赤渊分入洞穴，通江东流，至于碣石⑭。疏九河于涽渊⑮，开五水于东北⑯。凿龙门⑰，辟伊阙⑱。平易相土，观地分州。殊方各进，有所纳贡。民去崎岖，归于中国。尧曰：“俞！以固冀于此⑲！”乃号禹曰伯禹，官曰司空⑳，赐姓姒氏，领统州伯，以巡十二部㉑。

【注释】

①大章：《淮南子·地形训》作“太章”，与竖亥均为禹臣。大，同“太”。步：丈量土地的长度单位。此处用作动词，指测量土地的长度。

②八极：八方极远的地方。《淮南子·地形训》：“九州之外，乃有八殡(yín)，亦方千里……八殡之外，而有八纮(hóng)，亦方千里……八纮之外，乃有八极。”

③哑(è)然：笑声，笑貌。

④拊(fǔ)：同“抚”。

⑤寓(yǔ)：同“宇”。

⑥积石：山名，有大积石山与小积石山之分。大积石山又名大雪山，在青海南部，藏名阿尼玛卿山，一般认为禹导河处为大积石山。小积石山，在甘肃临夏西北。

⑦赤岸：徐天祜说：“《水经》：‘新安县南白石山名广阳山，水曰赤岸

水。’”新安县即今河南新安，赤岸水又名石子涧，东南流入洛河。据上下文意，“赤岸”应该指极南之地，但河南新安在地理位置上不是很靠南。《文选》卷十二郭景纯《江赋》：“鼓洪涛于赤岸。”注：“或曰：赤岸，在广陵兴县。”《舆地纪胜》：“其山岩与江岸数里，土色皆赤。”张觉据此认为此处“赤岸”或指赤岸山，在今江苏六合东南四十里。可备一说。

⑧寒谷：指北部太阳照射不到的寒冷山谷。一说为燕谷山，又名黍谷山，在今北京密云西南。

⑨昆仑：山名，在今新疆、西藏之间，西接帕米尔高原，东延入青海境内。

⑩六扈(hù)：徐乃昌引孙诒让说，谓“六”当为“玄”之坏误，“六扈”即“玄扈”。玄扈水，在今陕西洛南县西，源出玄扈山。

⑪名：同“铭”。铭刻文字。

⑫写：同“泻”。除去。此处当宣泄、排除讲。流沙：指西北一带的沙漠。

⑬决：除去河流中的阻塞物。弱水：水名。徐天祜说：“《地理志》：‘弱水在张掖郡删丹县。’柳宗元曰：‘水散涣无力，不能负芥，投之则委靡垫没，及底而后止，故曰弱。’”张觉认为弱水即今甘肃的张掖河，俗称黑河。北汉：薛耀天、张觉疑当作“北漠”，形近而误。北漠，应指弱水附近的沙漠。《尚书·禹贡》：“导弱水至于合黎，余波入于流沙。”可为证。

⑭碣石：山名，在今河北昌黎附近。

⑮九河：古代黄河从大陆泽（黄河故道的交接洼地，在今河北邢台）向北分为九道。《尔雅·释水》记九河分别是徒骇、太史、马颊、覆鬴(fǔ)、胡苏、简、絜、钩盘、鬲津。近人多认为九河是古代黄河下游许多支流的总称。涽(hūn)：未定貌。

⑯五水：《水经注》记五水分别是巴水、蕲水、希水、西归水、赤亭水，

均是在今武汉以东长江北岸的支流。

⑰龙门:山名,在今陕西韩城与山西河津间。

⑱伊阙:地名,在今河南洛阳南。徐天祜说:“在洛阳西南五十里,禹疏以通水,两山相对,望之若阙,伊水历其间北流,故曰伊阙。”

⑲冀:《淮南子·地形训》:“正中冀州,曰中土。”冀州位于中国的中心,所以用来指代中国。

⑳司空:主管水利及营建工程的官。

㉑十二部:即十二州。关于十二州的来历,古籍说法不一。《史记·五帝本纪》裴骃《集解》引马融说:“禹平水土,置九州。舜以冀州之北广大,分置并州。燕、齐辽远,分燕置幽州,分齐为营州。于是为十二州也。”

【译文】

禹外出巡视,派太章测量东西的长度,竖亥测量南北的长度,充分丈量了八方尽头的广度,掌握了天地的各种数据。禹渡过长江,到南方察看水情,有一条黄龙驮起他的船,船中的人都非常害怕,禹却嘿嘿地笑着说:“我从上天那里接受了命令,竭尽全力为万民操劳。活着,是天性;死去,是命该如此。你们怎么害怕成这个样子?”他面不改色,对船上的人说:“这条龙是上天派给我使用的啊。”那条龙就拖着尾巴,丢下船离开了。禹向南来到苍梧进行考察,遇见一个被捆绑的人,禹抚摸着他的背哭了起来。益说:“这个人犯了法,本来就该受这样的处罚,你为什么为他哭泣呢?”禹说:“如果天下政治清明,民众就不会犯罪。如果天下政治黑暗,良民也会犯罪。我听说有一个男人不耕种,有人就要挨饿。有一个女人不采桑养蚕,有人就要受冻。我为天帝管理整治水土,调理民众帮他们安顿生活,使他们各得其所。现在他们却像这样犯了法,这是我德行浅薄因而不能教化民众的明证啊。所以我才哭得很悲伤。”从此以后,禹跑遍天下,向东到了人迹罕至的地方,向西到了积石山,向南越过了赤岸,向北翻过了寒谷,来回于昆仑山脉之间,考察了玄扈山水，摸清了地形地势水道分布，在山石上刻下了各种文字。在西部边远地区排除流沙，在北部沙漠地带疏通弱水。青色的泉水、红色的深渊水分别被引入洞穴，疏通江河使它们顺利东流到碣石山入海。把九河引向深渊，在东北开掘五条河。凿通了龙门山，开辟了伊阙山。整治土地又审察土质，观察地形地势来划分州域。根据不同的地域各自不同的物产，来规定向天子进贡的特产。民众离开了崎岖艰险的山区，投奔到中原来。尧说："好啊！竟把中国巩固成这样！"于是赐禹封号，称为伯禹，授予的官职是司空，赐他姓姒，还让他领导各方的诸侯之长，并负责巡视全国十二州。

尧崩，禹服三年之丧①，如丧考妣②，昼哭夜泣，气不属声。尧禅位于舜，舜荐大禹，改官司徒③，内辅虞位④，外行九伯。舜崩，禅位命禹。禹服三年，形体枯槁，面目黎黑，让位商均⑤，退处阳山之南⑥，阴阿之北⑦。万民不附商均，追就禹之所，状若惊鸟扬天，骇鱼入渊，昼歌夜吟，登高号呼，曰："禹弃我，如何所戴？"禹三年服毕，哀民不得已，即天子之位。三载考功，五年政定。周行天下，归还大越，登茅山⑧，以朝四方群臣，观示中州诸侯⑨。防风后至⑩，斩以示众，示天下悉属禹也。乃大会计治国之道⑪，内美釜山州慎之功⑫，外演圣德，以应天心。遂更名茅山曰会稽之山。因传国政，休养万民，国号曰夏后。封有功，爵有德，恶无细而不诛，功无微而不赏。天下喁喁⑬，若儿思母，子归父，而留越。恐群臣不从，言曰："吾闻食其实者，不伤其枝。饮其水者，不浊其流。吾获覆釜之书，得以除天下之灾，令民归于里闾，其德彰彰若斯，岂可忘乎？"乃纳言听谏，安民治室，居靡山⑭，伐木为邑，画作印，横木为门。调权衡[15]，平斗斛[16]，造井示民，以为法度。凤凰栖于树，鸾鸟巢于侧，麒麟步于庭，百鸟佃于泽[17]。遂已耆艾将老[18]，叹曰："吾晏岁年暮，寿将尽矣，止绝斯矣。"命群臣曰："吾百世之后[19]，葬我会稽之山。苇椁桐棺[20]，穿圹七尺，下无及泉，坟高三尺，土阶三等。葬之后，曰无改亩[21]，以为居之者乐，为之者苦。"禹崩之后[22]，众瑞并去。天美禹德，而劳其功，使百鸟还为民田，大小有差，进退有行，一盛一衰，往来有常。

【注释】

①服三年之丧：守丧三年是古代最重的丧礼，一般用于子女对父母。

②妣(bǐ)：古代称死去的母亲为妣。

③司徒：掌管教化的官。

④虞：即有虞氏，上古时代部落名，都城在蒲坂，在今山西永济。这里代此指舜，因为舜是有虞氏的部落首领。

⑤商均：舜的儿子，据说封于商，因而号商均。《史记·五帝本纪》："舜子商均亦不肖，舜乃豫荐禹于天。"

⑥阳山之南：阳山，当指阳城山，在今河南登封北。阳山之南，当指阳城，在今登封东南。也可能泛指阳城山之南的地区。

⑦阴阿：其地不详。据上下文意应在阳城之南。

⑧茅山：即会稽山，位于浙江绍兴北部平原南部。

⑨中州：中国，指中原各诸侯国。

⑩防风：漆姓，古代汪芒部落的酋长。

⑪会计：总结决算，汇综考核。

⑫慎：徐天枯说："'慎'，当作'镇'。"镇，安定。

⑬喁喁(yóng):鱼口向上露出水面叫“喁”。“喁喁”比喻众人仰慕归向。

⑭靡山:薛耀天说:“即历山,釜历山。此指覆釜山。靡、历字形相近。且历山一名靡笄山。”

⑮权衡:秤。权,秤锤。衡,秤杆。

⑯斛(hú):古代量器,容量本为十斗,后来改为五斗。

⑰“凤凰栖于树”以下四句:均为吉祥的征兆,描述禹统治下的社会是一派吉祥和乐的景象。鸾鸟,传说中凤凰一类的神鸟。《说文》:“鸾,亦神灵之精也。赤色,五采,鸡形。鸣中五音。”佃(tián),耕作。

⑱耆(qí)艾:泛指老年人。六十曰耆,五十曰艾。

⑲百世:百年,“死”的委婉说法。

⑳苇椁桐棺:用苇做外棺,用桐木做内棺。这是极其节俭的葬礼,芦苇只是草本,梧桐木质地疏松,不能用来建造房屋和制造器物,用来此二物做棺材是为了节约有用之材。

㉑曰:疑作“田”。徐乃昌引蒋光煦说:“宋本‘曰’作‘田’。”

㉒禹崩之后:传说禹葬于会稽山,今浙江绍兴东南有大禹陵,陵背靠会稽山,面对亭山,前临禹池,有明人南大吉所书“大禹陵”三字巨碑一块。禹陵右侧建有禹庙,始建于南朝,现存大殿建筑系民国时期重建。

【译文】

尧死了,禹守丧三年,就像自己的父母死了一样,日夜痛哭,哭得上气不接下气。尧生前把帝位让给舜,舜即位后推荐了大禹,改任大禹为司徒之官,让他在内辅助虞舜执政,在外巡视考核九州的州长。舜死了,生前曾下命令将帝位禅让给禹。禹守丧三年,身体枯瘦,脸色黑黄,把帝位让给商均,自己退避而住到阳山的南面,阴阿的北面。万民不归从商均,追到禹的住处,那情况就像受惊的鸟飞向天空,被吓的鱼潜入深渊，他们白天悲歌，夜晚哀吟，登上高处喊叫，说："禹抛弃了我们，叫我们怎么爱戴他呢？"禹三年服丧结束，哀怜民众拥戴自己不肯罢休，就登上了天子之位。三年后考核功绩显著，五年后政局稳定。禹到天下各处巡察，又回到大越，登上茅山，使四面八方的大臣们都来朝见，让中国的诸侯前来会晤。防风氏迟到了，禹就斩杀了他来示众，表明天下已全部属于禹了。于是就大规模地总结治国的办法，对内赞美覆釜山安定天下的功绩，对外弘扬圣明的道德，以顺应天意。于是就把茅山改名为会稽山。同时颁布了国家的政令，让民众休养生息，国号叫做夏后。把土地封给有功劳的人，把爵位授予有德行的人，犯罪的无论过错多么微小，没有不进行处罚的，立功的无论功劳多么微小，没有不进行奖赏的。天下的人都羡慕向往，像孩子想念母亲，儿子归顺父亲一般，都想要留在越地。禹担心群臣不顺从，就宣传说："我听说吃那树上的果实，就不会伤害它的树枝。喝那河中的水，就不会弄脏它的源流。我获得了覆釜山的神书，才能够去除天下的灾难，使民众有家可归，它的恩德这样彰明显著，难道可以忘了吗？"于是就采纳善言，听从劝说，安顿民众，营造房屋，住在靡山，砍伐树木建成城邑，在木料上刻画图案作为印信，搭起木头做成大门。又调整了秤具，统一了斗、斛等量器，挖水井给民众看，以这些作为应遵循的法度。于是凤凰来到树上栖居，鸾鸟到附近做窝，麒麟在庭院中漫步，群鸟在草泽中耕耘。转眼之间，禹已经到了五六十岁将要老去了，他叹息说："我已到了晚年，寿命将尽了，将要死在这儿了。"他命令群臣说："等我去世之后，把我葬在会稽山上。使用芦苇编的外棺和桐木做的内棺，墓穴挖七尺深，下面不要挖到地下水，坟高三尺，做三级泥土台阶。埋葬以后，墓周围的田地不要更改田埂，不要为了让安葬在这里的死者安乐，而使耕种此处田地的生者劳苦。"禹死后，各种吉祥的征兆都消失了。天帝赞美禹的德行并嘉奖他的功绩，就让群鸟回来给民众耕耘，这些鸟的大小有差别，进退有顺序，一会儿兴盛一会儿萧条，来来往往有一定的规律。

禹崩，传位与益。益服三年，思禹，未尝不言。丧毕，益避禹之子启于箕山之阳①，诸侯去益而朝启②，曰："吾君帝禹子也。"启遂即天子之位，治国于夏，遵禹贡之美③，悉九州之土，以种五谷，累岁不绝。启使使以岁时春秋而祭禹于越，立宗庙于南山之上。

【注释】

①箕山：古名箕之山有多处，此处指今河南登封东南的箕山。阳：古代称山南水北为阳。

②诸侯去益而朝启：古籍中关于启是如何即位的问题说法不一。本文说法与《孟子·万章上》《史记·夏本纪》相同。而《韩非子·外储说右下》和《战国策·燕策》则说禹死后将传位于益，启率其党羽攻益而夺取天下。

③禹贡：即禹功。贡为功之假借。也有学者认为此即《尚书》中的《禹贡》。

【译文】

禹死后，把帝位传给益。益守丧三年，思念禹的话从没有间断过。守丧结束，益退居箕山之南以躲避禹的儿子启，诸侯都离开益而去朝拜启，说："我们的君主是帝禹的儿子啊。"启于是登上了天子之位，在夏王朝治理国政，他遵循大禹所成就的功业，开垦了九州全部的土地，用来种植五谷，连年不断。每年一到各种岁时节令启就派使者到越地去祭祀禹，在南面的会稽山上建造了祭祀祖宗的庙宇。

禹以下六世而得帝少康①。少康恐禹祭之绝祀，乃封其庶子于越，号曰无余。余始受封，人民山居，虽有鸟田之利，租贡才给宗庙祭祀之费。乃复随陵陆而耕种，或逐禽鹿而给食。无余质朴，不设宫室之饰，从民所居，春秋祠禹墓于会稽。

【注释】

①六世：《史记·夏本纪》："夏后帝启崩，子帝太康立……太康崩，弟中康立……中康崩，子帝相立。帝相崩，子少康立。"则从禹至少康为五世六帝，古以父子相继为一世。本书作者可能以一帝为一世，所以说"六世"。

【译文】

禹以下六代是帝少康。少康怕对禹的祭祀断绝，就把自己的庶出儿子封到越，号称无余。无余最初被分封在这里的时候，民众都居住在山上，虽然有群鸟耕耘的收获，但国家的税收仅仅够供给宗庙祭祀的费用。于是就又让民众沿着山坡来耕种，或者追击猎捕禽兽野鹿来满足食用。无余生活朴素，宫殿房屋不加装饰，和民众的住房一样，一年四季都按时到会稽山上祭祀禹墓。

无余传世十余，末君微劣，不能自立，转从众庶为编户之民，禹祀断绝。十有余岁，有人生而言语，其语曰"鸟禽呼嚥喋嚥喋"①。指天向禹墓曰："我是无余君之苗末。我方修前君祭祀，复我禹墓之祀，为民请福于天，以通鬼神之道。"众民悦喜，皆助奉禹祭，四时致贡。因共封立，以承越君之后。复夏王之祭，安集鸟田之瑞②，以为百姓请命。自后稍有君臣之义，号曰无壬。壬生无曎，曎专心守国，不失上天之命。无曎卒，或为夫谭。夫谭生元常③。常立，当吴王寿梦、诸樊、阖闾之时。越之兴霸，自元常矣。

【注释】

①嚥喋嚥喋(yàn dié):形容鸟语声。

②安集:同“安辑”。安抚,使安定。

③元常:徐天祜说:“‘元’当作‘允’。”《史记·越王句践世家》也作“允常”。译文姑从原文。

【译文】

无余传了十多代,最后的君主能力微弱,不能担当君主的重任,转而和普通人一样变成编入户籍的平民,禹的祭祀因此就断绝了。过了十多年,有个人一出生就会说话,他的话就像鸟在喊嚥喋嚥喋。他手指上天向着禹的坟墓说:“我是无余国君的后代。我将要重整先祖的祭祀,恢复我们对禹墓的祭祀,替民众向上天求福,以畅通通向鬼神的道路。”广大的民众都很喜悦,都来帮助供奉对禹的祭祀,一年四季都进献物品。因而共同拥立他为国君,来接续越君的后代。他恢复对夏王的祭祀,安抚群鸟耕耘的吉祥征兆,并为百姓祈求保全性命、幸福安康。从此以后,才渐渐有了君臣之间的道义,他号称无壬。无壬生了无曎,无曎专心致志地执掌国政,没有丧失天命。无曎死后,大概就是夫谭了。夫谭生了元常。元常立为国君,正当吴王寿梦、诸樊、阖闾在位的时代。越国的兴盛与崛起称霸,就从元常开始了。

勾践入臣外传第七

【题解】

本篇讲述了越王勾践被吴王夫差打败后，入吴为奴的故事。它完整记述了勾践从入吴前群臣饯行，入吴为奴服役养马，再到忍辱负重为吴王夫差尝便以博取信任，最终得到赦免回到越国的全过程。

在群臣饯行时，勾践推心置腹毫无保留地与群臣交流，而大臣们的对答更是显示出忠诚和才略。国君信任臣子，臣子各谋其职，尽心尽力，越国君臣间的亲密与信任在饯行时即得到有力的彰显，与后文吴国君臣间的关系形成强烈的反差。在吴国为奴仆期间，勾践虽内怀怨毒之心，但不流于外表，他与夫人及大臣范蠡毫无怨言地做着最苦最累的活，并且不丢掉君臣间的礼节，吴王夫差也为之感动。起先夫差因为害怕杀降必有灾祸才免勾践一死，但看到勾践三年来的表现已经动了彻底赦免他的心思。吴太宰嚭因得过越国的好处极力劝说吴王夫差赦免勾践，而吴相国伍子胥站在吴国立场力劝吴王除掉勾践。范蠡在占卜出夫差到己巳日会痊愈后，特为勾践想出一计，于是勾践依计尝了夫差的粪便，并下拜祝贺夫差病会痊愈。此事之后，夫差便设宴以对待贵宾的礼节招待勾践及范蠡，伍子胥十分气愤没有参加宴会。之后伍子胥再次向夫差进谏，望其识破勾践的野心，但吴王听不进伍子胥的劝诫，最终赦免勾践，将其放归故国。

文章以杀越王还是放越王为矛盾双方较量的核心。在范蠡想方设法为越王获释、勾践忍辱负重、太宰嚭为越王说情、伍子胥力谏杀越王和夫差迟疑不定等一系列错综复杂的斗争中激化了矛盾，使文章情节波澜起伏，引人入胜。

越王勾践五年五月①，与大夫种、范蠡入臣于吴②。群臣皆送至浙江之上③，临水祖道④，军阵固陵⑤。大夫文种前为祝，其词曰："皇天祐助⑥，前沉后扬⑦。祸为德根，忧为福堂。威人者灭，服从者昌。王虽牵致，其后无殃。君臣生离，感动上皇。众夫哀悲，莫不感伤。臣请荐脯，行酒二觞。"越王仰天太息，举杯垂涕，默无所言。种复前祝曰："大王德寿，无疆无极。乾坤受灵，神祇辅翼⑧。我王厚之，祉祐在侧。德销百殃，利受其福。去彼吴庭，来归越国。觞酒既升，请称万岁。"

【注释】

①越王勾践五年五月：据《左传》《史记·越王句践世家》，勾践元年（前496），吴王阖闾起兵攻越，越王勾践败吴于槜李，阖闾受伤而死。勾践三年（前494）复起兵伐吴，被吴王夫差打败，退守会稽山，使大夫文种通过太宰嚭向夫差求和，表示勾践夫妇愿入吴为奴。三月，吴与越讲和。本文开篇即承其后，记述勾践准备离越入吴。

②与大夫种、范蠡入臣于吴：此处文意与其他古籍记载和下文均有矛盾。《国语·越语下》："令大夫种守于国，与范蠡入宦于吴。"大夫文种未随勾践入臣于吴。《史记·越王句践世家》则记载勾践自会稽返国耕作，范蠡与柘稽为质于吴，文种在国内操持政

务,无勾践入吴为臣之事。

③浙江:水名,又名之江。上游有新安江与兰溪二源,东北合流至桐庐为桐江,至杭州富阳区(古称富春)为富春江,至旧钱塘县为钱塘江。

④祖道:古人于出行前祭祀路神称祖道,后引申为饯行送别。

⑤固陵:越地名。徐天祜说:“范蠡教兵城也。《水经注》:‘浙江又迳固陵城北,昔范蠡筑城于浙江之滨,言可以固守,谓之固陵。今之西陵也。’即今西兴。”在今浙江萧山西。

⑥皇天:对天的敬称之一。《诗经·王风·黍离》:“悠悠苍天。”毛传:“苍天,以体言之。尊而君之,则曰皇天;元气广大,则称昊天;仁覆闵下,则称旻天;自上降鉴,则称上天;据远视之苍苍然,则称苍天。”

⑦前沉:指勾践之前兵败夫椒、困守会稽事。

⑧祇(qí):地神。

【译文】

越王勾践五年五月,要和大夫文种、范蠡到吴国去做臣仆。大臣们都送到浙江边上,面对江水祭祀路神,为越王饯行,军队在固陵列阵送行。大夫文种走上前为越王祝福,那祝词说:“皇天多多保佑啊,越国虽先覆没,以后定能奋起高扬。灾祸就是福气的根本,忧患是幸福的殿堂。以威力欺人者将灭亡,屈服依从者必兴旺。大王虽暂被束缚,以后必无祸殃。我们君臣活活离散,深深感动了天帝上皇。臣民都哀愁悲痛,无不感到忧伤。请允许臣下献上干肉,向各位敬酒两杯。”越王仰天发出长长的叹息,举起酒杯,泪流满面,默默无语。文种又走上前祝愿说:“大王的福气寿命,没有边际没有极限。天地赐给洪福,天神地祇辅佐庇护。我们大王德行深厚,福祚神助常在身边。大王的德行可以消除各种灾祸,利益在于接受上天的赐福。最终会离开吴国宫廷,必将回到越国。杯中的酒已经斟满,请让我们高呼万岁。”

越王曰:"孤承前王余德,守国于边,幸蒙诸大夫之谋,遂保前王丘墓。今遭辱耻,为天下笑,将孤之罪耶?诸大夫之责也?吾不知其咎,愿二三子论其意。"大夫扶同曰[①]:"何言之鄙也!昔汤系于夏台[②],伊尹不离其侧[③];文王囚于石室[④],太公不弃其国[⑤]。兴衰在天,存亡系于人。汤改仪而媚于桀,文王服从而幸于纣。夏、殷恃力而虐二圣,两君屈己以得天道。故汤王不以穷自伤,周文不以困为病。"

【注释】

①扶同:徐天祜说:"《史记》作'逢同'。"

②夏台:夏王朝监狱,又称钧台。在今河南禹州。据《竹书纪年》夏桀曾囚商汤于夏台,后释放。

③伊尹:名挚,商汤的相。本是汤妻有莘氏的陪嫁庖厨,汤发现他很有才能,就委以国政,后来他辅佐汤攻灭了夏桀。

④石室:徐天祜说:"《地理志》:'河内汤阴有羑(yǒu)里城,西伯所拘处。'此云'石室',疑即所囚之室也。"羑里,在今河南汤阴北。

⑤太公:即姜太公,姜姓,吕氏,名尚,字子牙,号太公望。相传他七十岁时在渭水边钓鱼,周文王出猎访得了他,后来他辅佐周武王灭商而使周王朝一统天下,封于齐。事见《史记·齐太公世家》。

【译文】

越王说:"我禀承了先王遗留的德业,在边疆守卫国家,幸亏得到诸位大夫的谋划,才保住了先王的陵墓。如今遭受耻辱,被天下人取笑,这是我的罪过呢?还是诸位大夫的责任呢?我不知道该追究谁的过失,希望诸位议论一下这个问题。"大夫扶同说:"怎么说得这样鄙俗呢!从前商汤被关押在夏台,伊尹不离他的左右;周文王被囚禁在石室中,太公不抛弃他的国家。国家的兴盛与衰微取决于上天,而它的生存与灭亡却取决于人的努力。商汤改变自己的仪容以取媚于夏桀，文王屈服从命而获得了商纣王的宠爱。夏桀、商纣王依靠武力而虐待商汤、周文王这两位圣人，商汤、周文王这两位君主委屈自己而得到了天道。所以商汤并不因为穷困而自我忧伤，周文王也不把窘迫当作耻辱。”

越王曰：“昔尧任舜、禹而天下治，虽有洪水之害，不为人灾。变异不及于民[①]，岂况于人君乎？”大夫苦成曰：“不如君王之言。天有历数[②]，德有薄厚。黄帝不让，尧传天子。三王臣弑其君[③]，五霸子弑其父[④]。德有广狭，气有高下。今之世犹人之市，置货以设诈，抱谋以待敌。不幸陷厄，求伸而已。大王不览于斯，而怀喜怒。”

【注释】

①变异：灾变怪异之事，即自然界的各种反常现象，如彗星、地震等。

②历数：岁时节候的次序，此处泛指天道的运行规律。

③三王：指夏、商、周三代开国之王，即夏禹、商汤、周武王。相传三王都是臣子杀掉其君主而为王的。

④五霸：指称霸一时的五个诸侯。但是古代说法不一，此当指齐桓公、晋文公、秦穆公、宋襄公、楚庄王。五霸子弑其父，于史不详。

【译文】

越王说：“从前尧任用了舜、禹而使天下得到了治理，即使有洪水的危害，也没有给民众造成灾难。灾变怪异之事都降临不到民众，更何况对于君主呢？”大夫苦成说：“事实并不像大王说的那样。上天有自己的运行规律，人的德行有厚薄之分。黄帝没有禅让，尧把天子之位传给了舜。三代开国君王都是臣子杀掉自己的君主，五霸都是儿子杀掉自己的父亲。道德有广狭之分，气质有高下之别。现在的社会就像人们上市场一样，摆设了货物来搞敲诈，怀揣各种计谋来对付敌人。如果不幸陷入困境，那么寻求解脱就是了。大王看不到这一点，才会心怀喜怒之情。”

越王曰：“任人者不辱身，自用者危其国。大夫皆前图未然之端，倾敌破仇，坐招泰山之福[①]。今寡人守穷若斯，而云汤、文困厄后必霸，何言之违礼仪？夫君子争寸阴而弃珠玉。今寡人冀得免于军旅之忧，而复反系获敌人之手，身为佣隶，妻为仆妾，往而不返，客死敌国。若魂魄有[②]，愧于前君。其无知，体骨弃捐。何大夫之言不合于寡人之意？”于是大夫种、范蠡曰：“闻古人曰：‘居不幽，志不广；形不愁，思不远。’圣王贤主[③]，皆遇困厄之难，蒙不救之耻，身拘而名尊，躯辱而声荣，处卑而不以为恶，居危而不以为薄。五帝德厚[④]，而穷厄之恨[⑤]，然尚有泛滥之忧。三守暴困之辱，不离三狱之囚，泣涕而受冤，行哭而为隶，演《易》作卦，天道祐之[⑥]。时过于期，否终则泰[⑦]。诸侯并救，王命见符，朱鬣玄狐[⑧]，辅臣结发[⑨]，拆狱破械，反国修德[⑩]，遂讨其仇。擢假海内[⑪]，若覆手背，天下宗之，功垂万世。大王屈厄，臣诚尽谋。夫截骨之剑无削剟之利[⑫]，臽铁之矛无分发之便[⑬]，建策之士无暴兴之说。今臣遂天文，案坠籍[⑭]，二气共萌，存亡异处。彼兴则我辱，我霸则彼亡。二国争道，未知所就。君王之危，天道之数，何必自伤哉？夫吉者，凶之门；福者，祸之根。今大王虽在危困之际，孰知其非畅达之兆哉？”大夫计砚曰[⑮]：“今君王国于会稽，穷于入吴，言悲辞苦，群臣泣之。虽则恨悷之心[⑯]，莫不感动。而君王何为谩辞哗说，用而相欺？臣诚不取。”

【注释】

①泰山之福：泰山，在今山东中部，五岳之一，古代帝王常在泰山举行封禅大典。泰山之福相当于称帝称王之福，或指大如泰山的福分。

②若魂魄有：徐天祜说："此下当有'知'字。"

③圣王：原作"圣曰"，据弘治本改。

④五帝：古代说法不一，一般指黄帝、颛顼、帝喾、尧、舜。此处应是泛指之词。

⑤而穷厄之恨：徐天祜说："'而'当作'无'。"

⑥"三守暴困之辱"以下六句：根据下文，此处所述为周文王之事，底本疑有错漏。三狱，指多次入狱。演《易》作卦，《史记·周本纪》："西伯盖即位五十年。其囚羑里，盖益《易》之八卦为六十四卦。"《易》，《周易》的简称，也称《易经》，是我国最古老的一部卜筮之书，也是儒家的重要经典。八卦是《周易》中八种具有象征意义的符号，即乾、坤、坎、震、巽、离、艮、兑。相传伏羲画八卦，周文王囚于羑里时，将八卦两两相叠而演为六十四卦。

⑦否(pǐ)终则泰：即物极必反、否极泰来。否，闭塞，阻隔，不通达。泰，通达。否、泰是《周易》的两个卦名。

⑧鬣(liè)：马颈上的长毛，这里代指马。

⑨结发：原指成婚之夕夫妻男左女右共髻结发，意为同心共志，后也用来指称妻子。"辅臣结发"是说辅臣像妻子一样，与君主同心同德。

⑩反：同"返"。返回。

⑪擢(zhuó)：拔，取。假：凭借，引申指凌驾、统治。

⑫剟(duō)：削，割。

⑬臽(xiàn)：同"陷"。陷入、刺穿。

⑭坠：繁体作"墜"，疑为墬(古"地"字)之误。

⑮计研:计然,姓辛氏,名研,字文子,春秋时期著名谋士。

⑯恨愎(lì):当作狠戾,狠毒残暴。

【译文】

越王说:"任用别人的人不会使自身受到侮辱,刚愎自用的人就会危害国家。大夫们都是在事先预想还没成形的事端,想着打倒消灭仇敌,坐享封禅泰山之福。可现在我已经身处这样穷困的境地,而你们却还说什么商汤、周文王先遭困厄以后定会称霸,怎么说得这样违背礼义法度呢?君子为争取短暂的光阴而可以舍弃珠宝玉石。现在我只盼能免除战争的忧苦,然而又被敌人所俘获,自己沦为奴隶,妻子成为婢女,就要一去不归,客死敌国了。如果魂魄有知的话,我愧对先王。如果魂魄没有知觉,我就把尸骨抛弃在外了。为什么诸位大夫的话不合乎我的心意呢?"于是大夫文种、范蠡说:"听说古人讲过:'处境不困厄,志向就不远大;形体不忧愁,思虑就不深远。'圣王与贤主,都曾遇到过困厄的灾难,蒙受到不能免除的耻辱,身体被拘禁而名望却很尊贵,躯体受屈辱而声誉却更荣耀,处在卑贱之位而不认为是恶运,处境危险而不认为是命薄。五帝德行深厚,没有困厄的怨恨,但还是有洪水泛滥的忧患。周文王多次忍受极度困窘的屈辱,几度成为监狱囚犯,痛哭流涕忍受冤屈,边走边哭去做奴隶,推演《周易》而作了六十四卦,天道保佑了他。一定的期限过去了,终于否极泰来了。诸侯都来援救,受命称王的吉兆终于显现,长有大红色鬣毛的马和黑色的狐狸皮都拿来献给纣王,辅佐大臣就像结发的贤妻一样同心协力,终于打开牢笼,打破枷锁,使文王返回周并施行德政,最后去讨伐自己的仇敌。周文王要取代商纣王统治天下,易如反掌,天下的人都尊奉他,他的功德流传千秋万代。大王现在身受困厄,委曲求全,我们做臣子的确都应竭力谋划。那能斩断骨头的宝剑却不利于割削,能刺穿铁甲的长矛却不利于梳开头发,出谋划策的谋士没有能使国家突然兴盛的建议。现在我们研究天象,考查地理典籍,看到阴阳二气一起萌生,但存在和灭亡却各有不同。他们兴盛，我们就要受辱；我们称霸，他们就要灭亡。两国争夺天道，现在还不知道天意属于哪一方。大王的危难，也是天道的定数，何必自我忧伤呢？吉利的事情，是不幸的源头；幸福的事情，是灾祸的根源。现在大王虽然处于危难困厄之中，但谁能知道这不是畅达兴盛的征兆呢？”大夫计砚说：“如今大王在会稽山建立了国家，走投无路被迫进入吴国，言辞悲哀痛苦，群臣都为此哭泣。即使是最凶狠暴虐的心肠，也没有不感动的。可是大王为什么尽说一些胡言乱语来自欺欺人呢？我实在不赞成。”

越王曰：“寡人将去入吴，以国累诸侯大夫[①]。愿各自述，吾将属焉。”大夫皋如曰：“臣闻大夫种忠而善虑，民亲其知，士乐为用。今委国一人，其道必守。何顺心佛命群臣[②]？”大夫曳庸曰：“大夫文种者，国之梁栋，君之爪牙。夫骥不可与匹驰，日月不可并照。君王委国于种，则万纲千纪无不举者。”

【注释】

①诸侯大夫：徐乃昌说：“‘侯’字疑衍。”徐说是，译文从之。

②何顺心佛命群臣：徐天祜说：“佛，符勿切，大也。《诗》：‘佛时仔肩。’音弼，注亦作‘大’。言一人足矣，何必从心所欲，大命群臣也。”“佛时仔肩”语出《诗经·周颂·敬之》。

【译文】

越王说：“我将离开越国到吴国去，国事就要劳烦诸位大夫了。请各位说说自己的看法吧，我将把国事委托给你们。”大夫皋如说：“我听说大夫文种忠诚而善于谋虑，民众相信他的智慧，贤士乐于为他所用。如果把国家委托给他一人，治理国家的正道就一定能够守持。大王何必还要随心所欲大命群臣呢？”大夫曳庸说：“大夫文种是国家的栋梁，国君的得力助手。良马是不能与它并驾齐驱的,太阳与月亮是不能同时照耀天下的。大王如果把国家委托给文种,那么万般纲领、千般法度就没有不能实行的了。"

越王曰:"夫国者,前王之国,孤力弱势劣,不能遵守社稷,奉承宗庙。吾闻父死子代,君亡臣亲。今事弃诸大夫,客官于吴①,委国归民以付二三子,吾之由也②,亦子之忧也。君臣同道,父子共气,天性自然。岂得以在者尽忠,亡者为不信乎?何诸大夫论事一合一离,令孤怀心不定也?夫推国任贤、度功绩成者,君之命也。奉教顺理,不失分者,臣之职也。吾顾诸大夫以其所能,而云委质而已③。於乎,悲哉!"计砚曰:"君王所陈者,固其理也。昔汤入夏,付国于文祀④。西伯之殷,委国于二老⑤。今怀夏将滞⑥,志在于还。夫适市之妻,教嗣粪除⑦。出亡之君,敕臣守御。子问以事,臣谋以能。今君王欲士之所志,各陈其情,举其能者,议其宜也。"越王曰:"大夫之论是也。吾将逝矣,愿诸君之风。"

【注释】

①客官:指离开自己的国家到别的诸侯国做官,这里是为臣仆之意。

②由:薛耀天说:"疑通'忧'。"

③委质:古代臣下向君主呈献礼物,表示忠诚信实。这里指把自己的生命作为抵押品交给君主,表示献身于君。

④文祀:其人不详,或为商汤的大臣。

⑤二老:指周文王的两位大臣,可能指散宜生、闳夭,或指太公、散宜生。

⑥今怀夏将滞:徐乃昌引卢文弨说:"夏,疑'憂'。"滞:徐乃昌引蒋

光煦说："宋本'滞'作'遰(dì)'。"遰，去，往。译文从宋本。

⑦粪除：扫除。

【译文】

越王说："国家是先王的国家，我力量微弱，不能守护社稷，侍奉宗庙。我听说父亲死了，儿子就来顶替，君主外出了，大臣就来执政。现在我要把国家的事情抛给各位大夫了，要到吴国去当奴仆，把国家和民众都托付给诸位，这是我的忧虑，也是你们的忧愁。君臣坚守共同的原则，父子具有相同的气质，这是一种天赋本性，自然而然的。哪能认为留在国内的就是尽忠，外出的就不可信呢？为什么诸位大夫议论事情一部分赞同，一部分有异议，以致使我心神不定呢？推让国政，任用贤能，衡量功劳，考核成绩，这都是国君的使命。奉行教令，顺应天理，不失本分，这是臣子的职责。我希望诸位大夫根据自己的能力，来谈谈忠诚献身罢了。唉呀，真可悲啊！"计砚说："大王所说的，固然有道理。从前商汤到夏王朝去，将国家托付给文祀。西伯到商王朝去，将国家委托给二老。现在您怀着忧虑将要前往吴国，但志向在于返回越国。那要到市场去的妻子，会嘱咐子女打扫卫生。外出亡命的国君，会命令臣子守卫好国家。子女应该询问应做的家事，臣子应该根据自己的才能为国家谋划。现在大王想要了解各人的志向，让各人陈述自己的情况，列举自己的才能，大家议论一下自己适宜做的事情。"越王说："你的意见很对。我将要走了，希望听听诸位大夫的指教。"

大夫种曰："夫内修封疆之役，外修耕战之备；荒无遗土，百姓亲附。臣之事也。"大夫范蠡曰："辅危主，存亡国；不耻屈厄之难，安守被辱之地，往而必反，与君复仇者。臣之事也。"大夫苦成曰："发君之令，明君之德；穷与俱厄，进与俱霸；统烦理乱，使民知分。臣之事也。"大夫曳庸曰：

“奉令受使，结和诸侯；通命达旨，赂往遗来[①]；解忧释患，使无所疑；出不忘命，入不被尤。臣之事也。”大夫皓进曰：“一心齐志，上与等之；下不违令，动从君命；修德履义，守信温故；临非决疑，君误臣谏；直心不挠，举过列平；不阿亲戚，不私于外；推身致君，终始一分。臣之事也。”大夫诸稽郢曰[②]：“望敌设阵，飞矢扬兵；履腹涉尸，血流滂滂[③]；贪进不退，二师相当；破敌攻众，威凌百邦。臣之事也。”大夫皋如曰：“修德行惠，抚慰百姓；身临忧劳，动辄躬亲；吊死存疾，救活民命；蓄陈储新，食不二味[④]；国富民实，为君养器。臣之事也。”大夫计砚曰：“候天察地，纪历阴阳；观变参灾，分别妖祥；日月含色，五精错行[⑤]；福见知吉，妖出知凶。臣之事也。”越王曰：“孤虽入于北国，为吴穷虏，有诸大夫怀德抱术，各守一分，以保社稷，孤何忧焉？”遂别于浙江之上，群臣垂泣，莫不咸哀。越王仰天叹曰：“死者，人之所畏。若孤之闻死，其于心胸中曾无怵惕[⑥]。”遂登船径去，终不返顾。

【注释】

①遗（wèi）：赠送。

②诸稽郢：姓诸稽，名郢，越国大夫，越国兵败夫椒时勾践曾派他到吴国求和。参见《国语·吴语》。

③滂滂：大水涌流的样子，此形容血流。

④食不二味：吃饭不用两道菜，表示节俭。

⑤五精：金、木、水、火、土五星，五行之精也。

⑥怵惕（chù tì）：惊惧，恐惧。

【译文】

大夫文种说："在内做好守卫疆界的兵役，对外做好耕战的准备；荒野不再有被遗弃的土地，使百姓亲近归附。这是我力所能及的事。"大夫范蠡说："辅佐身处危难的君主，保存将要灭亡的国家；不以遭受屈辱困厄的灾难为羞耻，安心地处于被侮辱的境地，去了吴国一定能设法回来，给国君报仇雪恨。这是我力所能及的事。"大夫苦成说："发布国君的命令，宣扬国君的仁德；穷迫时与国君共患难，进取时随国君称霸天下；总管处理好繁杂混乱的政务，使民众知道本分守己。这是我力所能及的事。"大夫曳庸说："奉命出使，结交诸侯；通报国君的命令，传达国君的旨意，来来往往馈赠使者；解除忧患，使国君没有疑虑；出使国外不忘记自己的使命，回到国内不受指责。这是我力所能及的事。"大夫皓进说："同心同德，在上和国君保持一致；在下不违抗国君的命令，行动都听从国君的旨令；修养德行，履行道义，遵守信用，温习故训；处理好是非，决断疑虑，国君失误，臣下敢于劝谏；心地正直不屈不挠，检举过失治理公正；对亲戚不偏袒，对外人不徇私；把自身都奉献给国君，始终如一。这是我力所能及的事。"大夫诸稽郢说："瞭望敌情，摆设战阵，射出利箭，高举兵器；踩着胸腹跨过尸体，杀得敌人血流成河；两军对阵之时，只图前进，决不后退；击破敌众，威震诸侯各邦。这是我力所能及的事。"大夫皋如说："修养德行，施行恩惠，体恤安慰百姓；亲身前往操心慰劳，遇事总是身体力行；悼念死者，慰问病人，尽力救活百姓生命；囤积陈米，储藏新谷，食用力求节俭；国家富裕，百姓殷实，为我国君培养人才。这是我力所能及的事。"大夫计砚说："瞭望天象，观察地理，推演历法掐算阴阳；观察变异，瞭望灾气，分辨妖异吉祥；观察日月是否含有异样的光色，五星是否运行失常；福瑞出现知道是吉利，怪异出现知道有凶丧。这是我力所能及的事。"越王说："我虽然要到北方的吴国，成为吴王手中穷途末路的奴隶，但有诸位大夫胸怀道德、腹藏韬略，各司其职，以保卫国家，我还担忧什么呢？"于是就在浙江边上与众人告别，群臣都痛哭流涕,无不感到悲伤。越王仰天长叹说:"死是人所害怕的。可我如果听说要死,内心竟然一点儿也不感到惊惧。"于是登船径直离去,始终没有回头看一下。

越王夫人乃据船哭,顾乌鹊啄江渚之虾①,飞去复来,因哭而歌之,曰:"仰飞鸟兮乌鸢②,凌玄虚号翩翩③。集洲渚兮优恣,啄虾矫翮兮云间④。任厥兮往还⑤。妾无罪兮负地,有何辜兮谴天?驫飖独兮西往⑥,孰知返兮何年?心惙惙兮若割⑦,泪泫泫兮双悬⑧。"又哀吟曰⑨:"彼飞鸟兮鸢乌⑩,已回翔兮翕苏⑪。心在专兮素虾,何居食兮江湖?徊复翔兮游飏,去复返兮於乎!始事君兮去家,终我命兮君都。终来遇兮何幸⑫,离我国兮去吴⑬。妻衣褐兮为婢,夫去冕兮为奴。岁遥遥兮难极,冤悲痛兮心恻。肠千结兮服膺⑭,於乎哀兮忘食。愿我身兮如鸟,身翱翔兮矫翼。去我国兮心摇,情愤惋兮谁识?"越王闻夫人怨歌,心中内恸⑮,乃曰:"孤何忧?吾之六翮备矣。"

【注释】

①乌鹊:乌鸦。此处或泛指黑色的鸟。

②乌鸢(yuān):乌鸦与老鹰,均贪食而凶猛。鸢,俗称老鹰,又名黑耳鸢,一种形状像鹰,体型略大,羽毛深褐色的猛禽。

③玄虚:指虚无缥缈的天空。号:徐天祜说:"'号'当作'兮'。"

④翮(hé):羽毛中间的茎状部分,代指鸟的翅膀。

⑤任厥兮往还:"厥"下疑脱字。

⑥驫飖(fān):形容马飞驰的样子。

⑦惙惙(chuò):忧愁的样子。

⑧泫泫(xuàn):泪流的样子。

⑨吟:原作“今”,据《古今逸史》本改。

⑩鸢乌:即上文“乌鸢”,为求押韵而倒置。

⑪翕(xī):合拢,收敛,此指收翼停飞。苏:歇息,困顿后获得休息。

⑫终来遇兮何幸:《太平御览》卷五百七十一引文作“中年过兮何辜”。

⑬去:《太平御览》卷五百七十一引文作“入”。

⑭服膺:牢牢记在心里。

⑮恸(tòng):极度悲痛。

【译文】

越王夫人却靠着船旁哭泣,她看见黑色的鸟在啄食江中小洲边的虾,忽而飞去,忽而飞来,因而边哭泣边吟唱这种情景,她唱道:“抬头看见飞鸟啊是那乌鸢,直冲高空啊轻快地回旋。栖止在小洲上啊任意悠闲,啄虾展翅啊飞上云间。任凭它啊忽往忽还。贱妾没有罪过啊没有辜负天地,又有什么罪过啊要遭受天谴?孤独的船飞快地行使啊载我去西边,有谁知道回来啊要到哪一年?我心忧愁啊如同刀割,眼泪流淌啊挂在腮边。”接着她又悲哀地吟诵道:“那飞翔的鸟儿啊是乌鸢,飞翔回来以后啊收翅歇息。一心只想着啊那白虾,在哪里吃住啊是在江湖。回旋往来翱翔啊顺风飞舞,离开再返回啊呜呼哀哉!当初侍奉君主啊离开家乡,过完我的一生啊在国君之都。最后遭遇这些啊何其不幸,突然离开我越国啊前往勾吴。妻子穿着粗布衣啊成为婢女,夫君摘去王冠啊当了奴仆。岁月悠悠无尽啊看不到头,冤屈悲苦啊内心悱恻。愁肠千结啊胸中郁结,呜呼哀叹啊忘记饮食。希望我的身体啊像那鸟儿,身体凌空翱翔啊展翅高飞。离开我越国啊内心摇荡,心情愤懑惋惜啊又有谁知?”越王听了夫人这怨恨的歌声,心中十分悲痛,于是自我安慰说:“我担忧什么呢?我翅膀上的羽毛已经齐备了。”

于是入吴，见夫差，稽首再拜称臣，曰："东海贱臣勾践，上愧皇天，下负后土[1]；不裁功力，污辱王之军士，抵罪边境。大王赦其深辜，裁加役臣，使执箕帚。诚蒙厚恩，得保须臾之命，不胜仰感俯愧。臣勾践叩头顿首。"吴王夫差曰："寡人于子亦过矣。子不念先君之仇乎[2]？"越王曰："臣死则死矣，惟大王原之。"伍胥在旁，目若熛火[3]，声如雷霆，乃进曰："夫飞鸟在青云之上，尚欲缴微矢以射之[4]，岂况近卧于华池、集于庭庑乎[5]？今越王放于南山之中，游于不可存之地，幸来涉我壤土，入吾梐梱[6]，此乃厨宰之成事食也，岂可失之乎？"吴王曰："吾闻诛降杀服，祸及三世。吾非爱越而不杀也，畏皇天之咎，教而赦之。"太宰嚭谏曰："子胥明于一时之计，不通安国之道。愿大王遂其所执，无拘群小之口。"夫差遂不诛越王，令驾车养马，秘于宫室之中。

【注释】

①后土：对大地的尊称。

②先君之仇：指吴王阖闾在与越国的槜李之战中，重伤而死。

③熛（biāo）：迸飞的火焰。

④缴（zhuó）：系在箭上的生丝线，依靠它可把射中的鸟收回。

⑤庑（wǔ）：古代正房对面和两侧的走廊、廊屋。

⑥梐梱（bì kǔn）：也作"梐枑（hù）"，置于官署前以拦截人马通行的木栅栏。

【译文】

于是越王到了吴国，见到夫差，磕头拜了两拜而自称臣下，说："东海边上的贱臣勾践，上愧对皇天，下有负后土；不自量力，污辱了大王的将士，在边境上犯下罪孽。大王赦免了我的深重罪孽，决定叫我做个差役小臣,让我拿着畚箕扫帚做些扫除之事。我实在是蒙受大王厚恩,才得以保住短暂的生命,抬头对您感激不尽,低头感到无限羞愧。臣下勾践谨向大王叩头再叩头。”吴王夫差说:“我对你的处理也过分了。但你没想想杀我先王的仇恨吗?”越王说:“我如果死了那就死吧,只希望大王能原谅我。”伍子胥在旁边,目光闪烁如火,声音就像雷霆,立即上前进谏说:“那飞鸟在青云之上,尚且还想用拴有生丝线的箭把它射下来,更何况是栖息在眼前的华池、停留在堂前庭院和走廊的呢?越王放肆于南面的山野之中,游荡在不容易发现的地方,现在幸而来到我们的国土上,进入我们的木栅栏里,这正是厨师做好的现成食物,难道可以放过他吗?”吴王说:“我听说诛杀投降归服的人,灾祸将延及三代。我并不是因为怜惜越王才不杀他的,而是怕天帝怪罪,所以对他采取教育的方法而把他赦免了。”太宰嚭劝谏说:“伍子胥只知道为一时考虑,而不精通安邦定国之道。希望大王按您拿定的主意行事,不要被小人们的胡言乱语所束缚。”夫差就没杀掉越王,叫他驾车养马,把他秘密地囚禁在宫室之中。

三月,吴王召越王入见。越王伏于前,范蠡立于后。吴王谓范蠡曰:“寡人闻贞妇不嫁破亡之家,仁贤不官绝灭之国。今越王无道,国已将亡,社稷坏崩,身死世绝,为天下笑。而子及主俱为奴仆,来归于吴,岂不鄙乎?吾欲赦子之罪,子能改心自新,弃越归吴乎?”范蠡对曰:“臣闻亡国之臣不敢语政,败军之将不敢语勇。臣在越,不忠不信,今越王不奉大王命号[①],用兵与大王相持,至今获罪,君臣俱降。蒙大王鸿恩,得君臣相保。愿得入备扫除、出给趋走,臣之愿也。”此时越王伏地流涕,自谓遂失范蠡矣。吴王知范蠡不可得为臣,谓曰:“子既不移其志,吾复置子于石室之中。”范蠡曰:“臣请如命。”吴王起,入宫中。越王、范蠡趋入石室。

【注释】

①今:疑当作"令",使得。

【译文】

三个月后,吴王召越王进见。越王趴在吴王跟前,范蠡站在越王身后。吴王对范蠡说:"我听说有操守的妇女不嫁给破败的人家,仁人贤士不为官于灭亡的国家。现在越王暴虐无道,国家已将要灭亡,社稷就要毁坏崩塌,他自己死后世系就要断绝了,被天下人耻笑。而你和主人都做了奴仆,前来归顺吴国,难道不觉得卑贱吗?我想宽恕你的罪过,你能改过自新,抛弃越国而归顺吴国吗?"范蠡回答说:"我听说亡国之臣不敢侈谈政治,败军之将不敢侈谈勇敢。我在越国的时候,不忠贞不守信,使越王不接受大王的号令,用兵与大王相对抗,以致如今犯下罪孽,君臣一起投降了。承蒙大王鸿恩,我们君臣才得以保全。我希望能在您入内时为您洒扫门庭,在您外出时供您驱使,这就是为臣我的心愿。"这时越王趴在地上泪流满面,自以为就要失去范蠡了。吴王知道无法让范蠡做自己的臣子,就对他说:"你既然不改变自己的志向,那我就再把你安置在石室之中。"范蠡说:"臣请求服从命令。"吴王起身,回到宫内去了。越王、范蠡小步快走进入石室。

越王服犊鼻[①],着樵头[②]。夫人衣无缘之裳,施左关之襦[③]。夫斫剉养马[④],妻给水、除粪、洒扫。三年,不愠怒,面无恨色。吴王登远台,望见越王及夫人、范蠡坐于马粪之旁,君臣之礼存,夫妇之仪具。王顾谓太宰嚭曰:"彼越王者,一节之人;范蠡,一介之士[⑤]。虽在穷厄之地,不失君臣之礼,寡人伤之。"太宰嚭曰:"愿大王以圣人之心,哀穷孤之士。"吴王曰:"为子赦之。"

【注释】

①犊鼻：即《史记·司马相如列传》里提到的“犊鼻裈(kūn)”，指短裤，或谓围裙。

②着(zhuó)：穿戴。樵头：一种包头发的头巾。

③左关之襦(rú)：衣襟向左扣的短袄。左关，左衽，指衣襟向左开阖。古代只有死者和部分少数民族才穿左衽衣服。

④斫(zhuó)：砍，斩。剉(cuò)：通“莝”。《说文》：“莝，斩刍。”即铡碎的草。

⑤介：节操。

【译文】

越王系着围裙，扎着头巾。夫人穿着没有镶边的裙子，上衣襟向左开阖的短袄。丈夫铡草喂马，妻子供水、清除马粪、洒扫马圈。像这样干了三年，他们不曾恼怒，脸上毫无怨恨的神色。吴王登上了远处的高台，望见越王和夫人、范蠡坐在马粪的旁边，那君臣之间的礼节仍然保持着，夫妻之间的礼仪仍然完备。吴王回头对太宰嚭说：“那越王是一个有气节的人，范蠡是一个有操守的贤士。他们虽然处于困厄的境地，仍不丢掉君臣之间的礼节，我为他们感到悲伤。”太宰嚭说：“愿大王以圣人的心肠，怜悯这几个孤苦失意的人。”吴王说：“我为你赦免他们吧。”

后三月，乃择吉日而欲赦之。召太宰嚭谋曰：“越之与吴，同土连域。勾践愚黠[①]，亲欲为贼。寡人承天之神灵，前王之遗德，诛讨越寇，囚之石室。寡人心不忍见，而欲赦之，于子奈何？”太宰嚭曰：“臣闻无德不复。大王垂仁恩加越，越岂敢不报哉？愿大王卒意。”越王闻之，召范蠡告之曰：“孤闻于外，心独喜之，又恐其不卒也。”范蠡曰：“大王安心，事将有意，在《玉门》第一[②]。今年十二月戊寅之日[③]，时加日出[④]。戊，囚日也；寅，阴后之辰也。合庚辰，岁后会也。夫以戊寅日闻喜，不以其罪罚日也。时加卯而贼戊[⑤]，功曹为腾蛇而临戊[⑥]，谋利事在青龙。青龙在胜先，而临酉，死气也[⑦]。而克寅[⑧]，是时克其日，用又助之，所求之事，上下有忧。此岂非天网四张，万物尽伤者乎？王何喜焉？"果子胥谏吴王曰："昔桀囚汤而不诛，纣囚文王而不杀，天道还反，祸转成福。故夏为汤所诛，殷为周所灭。今大王既囚越君，而不行诛，臣谓大王惑之深也。得无夏、殷之患乎？"吴王遂召越王，久之不见。范蠡、文种忧而占之，曰："吴王见擒也。"有顷，太宰嚭出，见大夫种、范蠡，而言越王复拘于石室。伍子胥复谏吴王曰："臣闻王者攻敌国，克之则加以诛，故后无报复之忧，遂免子孙之患。今越王已入石室，宜早图之，后必为吴之患。"太宰嚭曰："昔者，齐桓割燕所至之地以贶燕公[⑨]，而齐君获其美名。宋襄济河而战[⑩]，《春秋》以多其义[⑪]。功立而名称，军败而德存。今大王诚赦越王，则功冠于五霸，名越于前古。"吴王曰："待吾疾愈，方为太宰赦之。"

【注释】

①愚黠(xiá)：欺诈而狡猾。愚，欺骗，诡诈。

②《玉门》：未详，当是一种以五行相克测日吉凶的著述。

③戊寅：是越王听到消息的日子，范蠡以此日的干支作为推测吉凶的根据。

④日出：计时名称，太阳出来时，指卯时，即早晨五点到七点。

⑤时加卯而贼戊：卯在五行属木，戊在五行属土，根据五行相胜相

克之道，木克土，所以说时辰卯时有害于戊日。

⑥功曹为腾蛇而临戊：张觉引俞樾说："'戊'字误，当作'巳'。功曹者，寅也。范蠡占此为十二月戊寅日卯时，以日辰起贵神，则为螣蛇而临地盘巳位。"腾蛇，一名"螣蛇"，是一种会腾云驾雾的仙蛇，占卜中螣蛇主虚惊怪异之事，也主牢狱之灾。

⑦"青龙在胜先"以下三句：孙诒让说："《五行大义》第二十《论诸神篇》云：'午胜先者，阳气大威，阴气时动，惟阳在先为胜也。'《黄帝龙首经》亦云：'午为胜先。'"张觉据此认为"胜先"为一占卜术语，他认为"青龙"为太岁，"青龙在胜先"等于说"太岁在午"，依太岁在十二辰中的运行顺序，从"午"前行，经过"未""申"而临近"酉"，这一段运行据《淮南子》均代表不吉利，所以此文说"青龙在胜先，而临酉"是死气。此说可参考。

⑧克寅：根据上注，张觉认为太岁在申而临酉，申、酉在五行属金，寅在五行属木，根据五行相胜相克之道，金克木，所以此文说"克寅"。

⑨齐桓：即齐桓公，姜姓，名小白，齐国的君主，前685—前643年在位，春秋时期第一个霸主。他曾任管仲为相，实行政治改革，国力大增，九合诸侯，一匡天下。贶(kuàng)：赐，加惠。燕公：燕庄公，姬姓，名不详，燕国君主，前690—前658年在位。《史记·齐太公世家》："(齐桓公)二十三年，山戎伐燕，燕告急于齐。齐桓公救燕，遂伐山戎，至于孤竹而还。燕庄公遂送桓公入齐境。桓公曰：'非天子，诸侯相送不出境，吾不可以无礼于燕。'于是分沟割燕君所至与燕，命燕君复修召公之政，纳贡于周，如成康之时。诸侯闻之，皆从齐。"

⑩宋襄：宋襄公，子姓，名兹父，宋国君主，前650—前637年在位，春秋五霸之一。《左传·僖公二十二年》："冬十一月己巳朔，宋公及楚人战于泓。宋人既成列，楚人未既济。司马曰：'彼众我

寡,及其未既济也,请击之。'公曰:'不可。'既济而未成列,又以告。公曰:'未可。'既陈而后击之,宋师败绩。公伤股。"此事发生在前638年,即宋襄公十三年,宋襄公讲究"仁义",执意要待楚兵渡过河列好阵后再战,结果大败受伤。

⑪《春秋》:我国现存最早的一部编年体史书,"六经"之一。对《春秋》进行补充、解释、阐发的著述称为"传",代表作有《左传》《公羊传》《谷梁传》。战国秦汉时人们引三《传》之说往往也统称为《春秋》。本文"多其义"指《公羊传·僖公二十二年》针对宋襄公待楚军过河列阵而战之事所发的评论:"故君子大其不鼓不成列,临大事而不忘大礼,有君而无臣,以为虽文王之战,亦不过此也。"

【译文】

三个月以后,吴王就选择吉日想赦免他们。他召来太宰嚭商量说:"越国和吴国,在同一块土地上而疆域紧密相连。勾践诡诈而狡猾,本想亲自来伤害吴国。我承蒙上天神灵的护佑,仰仗先王遗留下来的恩德,因而讨伐越寇得胜,把他囚禁在石室之中。我不忍心看到他现在这样困窘,因而想赦免他,你看怎么样?"太宰嚭说:"我听说没有得不到回报的恩德。大王降下仁爱恩惠给越王,越王难道敢不报答吗?希望大王落实您的想法。"越王听说了这件事,召来范蠡,把这消息告诉他说:"我在外面听说了这件事,心里暗自欢喜,但又担心它不能实现啊。"范蠡说:"请大王安心,这事情还有点可疑,因为它对应《玉门》第一类。今天是十二月戊寅日,时辰是日出卯时。戊是囚禁的日子,寅是岁阴后的辰次。合日是庚辰,是岁阴过后的合日。大王在戊寅日这天听到喜讯,因此不会因为戊的罪过而受罚。但是时辰正当卯时就有害于戊日,而功曹是腾蛇又逼近戊,因此谋取有利的事就取决于太岁。太岁已经过午,又临近酉,这是死亡的气数,并且它又克寅。这是时辰制胜了它的日期,而且太岁运行又帮助它,大王所问的事情,上下都有忧患。这难道不是天网四面张开，万物都要受到伤害的时刻吗？大王有什么可欢喜的呢？”伍子胥果然劝谏吴王说：“从前夏桀囚禁了商汤而不杀，商纣王囚禁了周文王而不杀，结果天道循环，灾祸转变成了福气。因此夏桀被商汤所诛灭，商被周所消灭。如今大王已经囚禁了越君，却又不加以杀戮，我认为大王受迷惑太深了。能没夏桀、商纣那样的祸患吗？”吴王于是就召见越王，但过了很久也不接见。范蠡、文种十分担忧就占了一卦，那占卜的结果说：“吴王来擒拿越王了。”过了一会儿，太宰嚭出来，接见了大夫文种、范蠡，并告知越王要再次被关押在石室中。伍子胥再次劝谏吴王说：“我听说称王天下的人进攻敌国，攻克后就要加以杀戮，所以后来就没有被报复的担忧，就为子孙后代免去了祸患。现在越王已经被关入石室中，应该及早除掉他，不然他以后必然会成为吴国的祸患。”太宰嚭说：“从前，齐桓公将燕庄公送他时所走到的地方割让给燕国，作为对燕王的赏赐，因而齐桓公获得了美好的名声。宋襄公等敌军过了河再和他们交战，《春秋》因此赞扬他的道义。齐桓公功业建立并且获得美名，宋襄公虽兵败但美德永存。现在大王如果真能赦免越王，那么功德就在五霸之上，名声就可以超过古人。”吴王说：“等我的病痊愈，就为太宰赦免他。”

后一月，越王出石室，召范蠡，曰：“吴王疾，三月不愈。吾闻人臣之道，主疾臣忧。且吴王遇孤，恩甚厚矣。疾之无瘳[①]，惟公卜焉。”范蠡曰：“吴王不死明矣[②]。到己巳日，当瘳。惟大王留意。”越王曰：“孤所以穷而不死者，赖公之策耳。中复犹豫，岂孤之志哉？可与不可，惟公图之。”范蠡曰：“臣窃见吴王真非人也。数言成汤之义而不行之[③]。愿大王请求问疾，得见，因求其粪而尝之，观其颜色，当拜贺焉。言其不死，以瘳起日期之。既言信后，则大王何忧？”

【注释】

①瘳(chōu):病愈。

②吴王不死明矣:此句前,《太平御览》卷七百三十八引文多出一段:"今日日辰阴阳,上下和亲,无相入者。法曰:'天一救,且何忧?'"大意为今天的干支阴阳,上下和顺相亲,没有互相侵犯的。占卜的法书上说:"上天有救,还有何忧?"

③数(shuò):屡次。成汤之义:指商汤的仁义。《史记·殷本纪》:"汤出,见野张网四面,祝曰:'自天下四方皆入吾网。'汤曰:'嘻,尽之矣!'乃去其三面,祝曰:'欲左,左;欲右,右。不用命,乃入吾网。'诸侯闻之,曰:'汤德至矣,及禽兽。'"商汤网开三面恩及野兽,诸侯认为汤的德行极高。

【译文】

一个月以后,越王走出石室,召见范蠡,说:"吴王病了,三个月了都没有痊愈。我听说为臣之道,君主生病臣下担忧。况且吴王对待我,恩德是非常深厚的。我怕他的病一直不好,希望您为他占卜一下。"范蠡说:"吴王不会死是很明显的。到己巳日,病将会痊愈。我想请大王注意。"越王说:"我之所以遭困厄而不死,都是仰仗您的计策罢了。中途又犹豫动摇,这哪是我的志向呢?事情是可以还是不可以,就请您来谋划吧。"范蠡说:"我个人认为吴王真不是个好人。他屡次谈论商汤的道义却都不能付诸实施。希望大王前去请求探问他的病情,如果能见到他,就要求尝一尝他的粪便,再观察他的脸色,然后就下拜祝贺。说他不会死,并预言他病情好转的日期。等您的话被证实以后,那么大王还有什么可担忧的呢?"

越王明日谓太宰嚭曰:"囚臣欲一见问疾。"太宰嚭即入言于吴王。王召而见之,适遇吴王之便,太宰嚭奉溲、恶以出[①],逢户中。越王因拜:"请尝大王之溲以决吉凶。"即以手取其便与恶而尝之，因入曰："下囚臣勾践贺于大王。王之疾至己巳日有瘳，至三月壬申病愈。"吴王曰："何以知之?"越王曰："下臣尝事师闻粪者[②]，顺谷味、逆时气[③]，死；顺时气者，生。今者臣窃尝大王之粪，其恶味苦且楚酸[④]。是味也，应春、夏之气。臣以是知之。"吴王大悦，曰："仁人也。"乃赦越王，得离其石室，去就其宫室，执牧养之事如故。越王从尝粪恶之后，遂病口臭。范蠡乃令左右皆食岑草以乱其气[⑤]。

【注释】

①溲(sōu)：大小便。特指小便。恶(è)：大便。

②师：掌握某种专门知识、技术的人。这里应该指医师。

③顺谷味：因循谷物的味道，指所吃的饭食没被消化。顺，从，循。时气：四时之气，即四季之气。《礼记·月令》载，春季"其味酸，其臭羶"；夏季"其味苦，其臭焦"；秋季"其味辛，其臭腥"；冬季"其味咸，其臭朽"。

④楚酸：苦中带酸之味。

⑤岑(cén)草：又名鱼腥草、蕺(jí)儿菜。徐天祐说："《会稽赋》注：'岑草，蕺也，菜名，撷之小有臭气。凶年民劚(zhǔ)其根食之。'《会稽志》：'蕺山在府西北六里，越王尝采蕺于此。'"

【译文】

第二天越王对太宰嚭说："囚臣我想见吴王一面，探问他的病情。"太宰嚭当即进去报告了吴王。吴王召他进去准备接见，正巧碰上吴王排便，太宰嚭端着吴王的尿粪出来，在门口碰到越王。越王便下拜行礼，说："请让我尝一下大王的粪便来判断吉凶。"随即用手抓了一些吴王的尿和粪便尝了一下，尝后就进去对吴王说："囚犯臣仆勾践向大王祝贺。大王的疾病到己巳日会见好，至三月壬申日就会痊愈了。"吴王问："你怎么知道？"越王说："下臣曾经向闻粪的医师学习过，如果人的粪便与谷物的味道一致，而与四季之气相违背，就会死；如果粪便顺应了四季之气，就能活。现在我私下尝了大王的粪便，那味道是苦的，而且苦中带酸。这种味道，顺应了春、夏之气。我因此知道大王的病会痊愈。"吴王十分高兴，说："真是个仁义的人。"于是就赦免越王，允许他离开那个石室，来到宫室居住，照旧从事放牧养马的工作。越王自从尝了粪便之后，就患了口臭病。范蠡就命令越王身边的侍从都嚼食岑草来扰乱他的口臭之气。

其后，吴王如越王期日疾愈，心念其忠，临政之后，大纵酒于文台。吴王出令曰："今日为越王陈北面之坐，群臣以客礼事之。"伍子胥趋出，到舍上，不御坐。酒酣，太宰嚭曰："异乎！今日坐者，各有其词。不仁者逃，其仁者留。臣闻同声相和，同心相求。今国相刚勇之人，意者内惭至仁之存也，而不御坐，其亦是乎？"吴王曰："然。"于是范蠡与越王俱起，为吴王寿。其辞曰："下臣勾践，从小臣范蠡，奉觞上千岁之寿。辞曰：皇在上令，昭下四时，并心察慈。仁者大王，躬亲鸿恩，立义行仁。九德四塞[①]，威服群臣。於乎休哉[②]！传德无极，上感太阳，降瑞翼翼[③]。大王延寿万岁，长保吴国。四海咸承，诸侯宾服[④]。觞酒既升，永受万福。"于是吴王大悦。

【注释】

①九德：九种品德，《尚书》《左传》《国语》《逸周书》等古籍皆有对九德的记载，但内容不尽相同。如《尚书·皋陶谟》："宽而栗，柔而立，愿而恭，乱而敬，扰而毅，直而温，简而廉，刚而塞，强而义。"《左传·昭公二十八年》："心能制义曰度，德正应和曰莫，照临四

方曰明，勤施无私曰类，教诲不倦曰长，赏庆刑威曰君，慈和遍服曰顺，择善而从之曰比，经纬天地曰文。”《逸周书·常训解》：“忠、信、敬、刚、柔、和、固、贞、顺。”此处言“九德”，是对吴王的溢美之词，泛指吴王拥有高尚博大的品德。

②休：美善，喜庆。

③翼翼：此指繁盛的样子。

④宾服：臣服，归顺。

【译文】

之后，吴王到了越王所预言的日期病愈了，心里惦念他的忠诚，上朝处理政事以后，就在文台大设酒宴狂饮。吴王下命令说：“今天要为越王安排一个面朝北的座位，群臣要用对待贵宾的礼节来侍奉他。”伍子胥听了疾步跑出门，回到了家里，不陪席。酒喝到酣畅之时，太宰嚭说：“奇怪啊！今天在座的，各人都有要说的话。不仁德的人逃跑了，仁德的人都会留下。我听说声音相同就会互相应和，思想一致就会互相寻求。相国是个刚毅勇猛的人，料想他内心是因为看到极为仁慈的人在场而感到羞愧，所以不陪坐，我说的对吗？”吴王说：“是的。”于是范蠡和越王一同站起来，为吴王祝寿。他们说道：“下臣勾践与随从小臣范蠡，捧起酒杯敬祝大王寿极千岁。祝词是：皇天在上发布命令，光明照临四季如春，用心体察慈爱之人。最仁德之人就是大王，亲自惠施鸿恩，树立道义实行仁政。美德无量充满四境，威仪镇服诸位大臣。呜呼，尽善尽美啊！传播美德无穷无尽，感动天上太阳之神，降下众多祥瑞。延年益寿大王万岁，长久保佑吴国江山。四海之内同来归顺，诸侯各国臣服朝觐。杯中美酒已经斟满，永远享受万种福祐。”听到这些，吴王十分喜悦。

明日，伍子胥入谏曰：“昨日大王何见乎？臣闻内怀虎狼之心，外执美词之说。但为外情，以存其身。豺不可谓廉，狼不可亲。今大王好听须臾之说，不虑万岁之患。放弃忠直之言，听用谗夫之语。不灭沥血之仇[①]，不绝怀毒之怨[②]。犹纵毛炉炭之上幸其焦[③]，投卵千钧之下望必全[④]，岂不殆哉？臣闻桀登高自知危，然不知所以自安也；前据白刃自知死，而不知所以自存也。惑者知返，迷道不远。愿大王察之。"吴王曰："寡人有疾三月，曾不闻相国一言，是相国之不慈也。又不进口之所嗜，心不相思，是相国之不仁也。夫为人臣不仁不慈，焉能知其忠信者乎？越王迷惑，弃守边之事，亲将其臣民来归寡人，是其义也。躬亲为虏，妻亲为妾，不愠寡人。寡人有疾，亲尝寡人之溲，是其慈也。虚其府库，尽其宝币，不念旧故，是其忠信也。三者既立，以养寡人。寡人曾听相国而诛之，是寡人之不智也，而为相国快私意耶！岂不负皇天乎？"子胥曰："何大王之言反也？夫虎之卑势，将以有击也；狸之卑身，将求所取也。雉以眩移拘于网[⑤]，鱼以有悦死于饵。且大王初临政，负《玉门》之第九，诫事之败，无咎矣。今年三月甲戌，时加鸡鸣[⑥]。甲戌，岁位之会将也。青龙在酉，德在土，刑在金，是日贼其德也。知父将有不顺之子，君有逆节之臣。大王以越王归吴为义，以饮溲食恶为慈，以虚府库为仁，是故为无爱于人[⑦]，其不可亲，面听貌观，以存其身。今越王入臣于吴，是其谋深也。虚其府库不见恨色，是欺我王也。下饮王之溲者，是上食王之心也。下尝王之恶者，是上食王之肝也。大哉！越王之崇吴。吴将为所擒也。惟大王留意察之。臣不敢逃死以负前王。一旦社稷丘墟，宗庙荆棘，其悔可追乎？"吴王曰："相国置之，勿复言矣。寡人不忍复闻。"

【注释】

①沥血:滴血,指滴血为誓,表示势必报仇。

②毒:《广雅·释言》:"毒,憎也。"

③其:徐天祜说:"'其',当作'不'。""其"不应改作"不",疑其下脱"不"字。

④钧:古代重量单位,三十斤为一钧,千钧即为三万斤,形容极大的重量。

⑤移:张觉认为当作"眵(chī)",形近而误。眩眵,眼昏发花而多眼屎。不改字也可通,即指眼光迷乱。

⑥鸡鸣:当指丑时,凌晨一点到三点。

⑦无:薛耀天说:"无,同'庑'。丰也。"庑爱,厚爱。

【译文】

第二天,伍子胥进宫劝谏说:"昨天大王看见什么了吗?我听说胸内藏着虎狼般狠心的人,表面上尽说一些称颂赞美的言辞。这只是做出一些表面情意,来保住他的生命罢了。豺不可认为它廉洁,狼不可和它亲近。现在大王只喜欢听让自己片刻快乐的说辞,却不考虑到千秋大业的祸患。抛弃了忠诚正直的建议,听信采用谗佞之人的花言巧语。不消灭滴血立誓要报复的仇敌,不根除心怀仇恨的冤家。这就好比把毛发放在炉子里的炭火之上而希望它不烧焦,把禽蛋扔到千钧重物之下而指望它完好无损,难道不危险吗?我听说夏桀登高之后知道自己很危险,却不知道怎样才能使自己安全;面前横着锋利的刀刃知道自己会死,却不知道怎样才能保存自己。迷惑的人如果知道折返,那么迷失的路途还不会太远。愿大王明察。"吴王说:"我患病三个月,竟不曾听到相国一句慰问的话,这是相国不慈爱啊。又不进献我喜欢吃的东西,心里也不惦念我,这是相国不仁义啊。做臣子的不慈爱不仁义,怎么能知道他是忠诚守信的呢?越王迷惑昏乱,放弃守卫边疆的大事,亲自率领他的臣民来归顺我,这是他仗义啊。他亲自到吴国做奴仆,妻子亲自做婢女，心中也不怨恨我。我生了病，他亲口尝我的粪便，这是他的仁慈啊。掏空了他的国库，献出他所有的珍宝财物，不思念他的故国，这是他忠贞诚信啊。越王具备了这三种美德，并以此来奉养我。我如果听从相国的意见将他杀了，这就是我的不明智了，而只是为相国逞个人的痛快罢了。岂不是辜负了苍天吗？”伍子胥说：“怎么大王的话正好说反了？那老虎摆出卑弱的姿势，是将要有所攻击；那野猫俯下身去，是将要求得它猎取的东西。野鸡因为眼光迷乱而被罩在网中，鱼因为一时痛快而死在诱饵上。再说大王刚刚病愈临朝听政，违反了《玉门》第九，它告诉人们以失败的事情为教诫，就不会有过失了。今天是三月甲戌日，时辰是丑时。甲戌是岁星运行到的位次。东方青龙到了西方的酉位，利在土，害在金，这是日干伤害了他的德啊。由此可知父亲将有不孝顺的儿子，君主会有变节的臣子。而大王却认为越王归顺吴国是出于道义，认为他喝尿吃粪是出于慈爱，认为他掏空国库是出于仁爱，越王这是故意装成有大爱的人，其实不可亲近啊，而听了表面的话，看了他的外部表现，就据此保全了越王的性命。如今那越王到吴国来做臣仆，这是他谋划深远啊。掏空了他的国库而不露出怨恨的脸色，这是在欺骗我的大王。他在下边喝大王的尿，这是为了向上吃大王的心啊。他在下边尝大王的粪，这是为了向上吃大王的肝啊。越王这样尊崇吴国，意义多么重大啊！吴国将要被他俘虏了。希望大王留心观察他。我不敢因为逃避死亡而辜负先王啊。一旦社稷成了荒山废墟，宗庙长满荆棘，那后悔还来得及吗？”吴王说：“相国把这些事放在一边吧，不要再说了。我不耐烦再听这样的话了。”

于是遂赦越王归国，送于蛇门之外[①]，群臣祖道。吴王曰：“寡人赦君，使其返国，必念终始，王其勉之。”越王稽首曰：“今大王哀臣孤穷，使得生全还国，与种、蠡之徒，愿死于毂下[②]。上天苍苍，臣不敢负。”吴王曰：“於乎！吾闻君子一言不再。今已行矣，王勉之。”越王再拜跪伏，吴王乃引越王登车，范蠡执御，遂去。至三津之上[3]，仰天叹曰：“嗟乎！孤之屯厄[4]，谁念复生渡此津也?”谓范蠡曰：“今三月甲辰，时加日昳[5]。孤蒙上天之命，还归故乡。得无后患乎?”范蠡曰：“大王勿疑，直视道行[6]。越将有福，吴当有忧。”至浙江之上，望见大越山川重秀，天地再清，王与夫人叹曰：“吾已绝望，永辞万民。岂料再还，重复乡国。”言竟掩面，涕泣阑干[7]。此时万姓咸欢，群臣毕贺。

【注释】

①蛇门：吴国国都的南面靠东侧的城门。

②毂(gǔ)：车轮中心的圆木，有圆孔，可以插轴。此处引申为车轮。

③三津：疑为渡口名。

④屯(zhūn)：艰难。

⑤昳(dié)：太阳偏西。徐天祜说：“日昃也，梁元帝《纂要》：‘日在未曰昳。”未时，下午一点至三点。

⑥直视：目光注视前方，此指范蠡劝谏越王勾践不要瞻前顾后。

⑦阑干：徐天祜说：“《文选》注：‘阑干，多貌。’”此指眼泪纵横交错的样子。

【译文】

于是吴王就赦免越王回国，并在蛇门之外送别，群臣都来饯行。吴王说：“我赦免了您，让您返回祖国，您一定要始终记住这份情意，以此自勉吧。”越王伏地磕头说：“今天大王可怜我孤苦穷迫，使我能活着返回祖国，我与文种、范蠡之辈，甘愿为您死在车轮之下。苍天在上，我不敢忘恩负义。”吴王说：“呜呼！我听说君子一言出口，不再悔改。现在已经要走啦，君王自我勉励吧。”越王又拜了两拜跪倒趴在地上，吴王就拉起越王让他上车,范蠡手握马鞭驾车,越王一行就离去了。来到三津渡口边上,越王仰天长叹说道:“哎呀!我遭遇困厄,谁想到还能活着渡过这个渡口呢?”又对范蠡说:“今天是三月甲辰日,时当太阳偏西的未时。我承蒙上天的旨意,返回故乡。该不会有什么后患吧?”范蠡说:“大王不必有疑虑,只要盯着前方道路一直往前走就是了。越国将有福气,吴国将有忧患。”到了浙江边上,远远望见大越山河重新呈现出秀丽的景色,天地再现清朗,越王和夫人感叹说:“我本已经绝望,以为将永远离开越国百姓了。哪能想到再次还归,重新回到故国。”说完便遮住脸,热泪纵横。这时百姓都欢天喜地,大臣们都来庆贺。

勾践归国外传第八

【题解】

本篇讲述了越王勾践归国后两三年间（勾践七年至九年），与群臣和越国百姓勠力同心，复兴越国的故事。勾践自吴归国后，内修德行，卧薪尝胆磨炼意志；在朝廷重用群臣，善于纳谏，建造城郭出现吉兆；对人民施行仁政，减少赋税，放宽刑罚，国民富足；对外与秦、晋、楚等国建立友好关系，同时进献国内最上等的礼物给吴国，表示臣服之意，以消除吴国对自己的戒心。吴王不仅没有识破勾践的图谋，还为表彰其忠心而赏赐封地。

越国的大臣各谋其职，切实履行了上篇中各自陈述的职责，使越国实力迅速增长。勾践日日夜夜都盼着复仇，却不急于进攻，当大臣对于是否进攻提出各自的看法时，勾践表示需要继续隐忍，在暗地里不断增强自己的实力，待天时、地利、人和等因素俱备时，再发起行动。

本篇文章重在描述勾践归国后的励精图治，通过叙述越王对自身的磨炼、对大臣的善用、对国民的体恤、对外交的计谋等，立体地塑造出一个忍辱负重、选贤任能、精明有谋的国君形象。同时，为勾践灭吴称霸大计的最终实现，埋下了伏笔。

越王勾践臣吴，至归越，勾践七年也。百姓拜之于道，曰:“君王独无苦矣。今王受天之福,复于越国,霸王之迹自斯而起。”王曰:“寡人不慎天教,无德于民。今劳万姓拥于岐路,将何德化以报国人?”顾谓范蠡曰:“今十有二月己巳之日[①],时加禺中[②],孤欲以此到国,何如?”蠡曰:“大王且留,以臣卜日。”于是范蠡进曰:“异哉!大王之择日也。王当疾趋,车驰人走。”越王策马飞舆,遂复宫阙。吴封地百里于越,东至炭渎[③],西止周宗[④],南造于山[⑤],北薄于海。

【注释】

①有:通“又”。

②禺中:即隅中,临近中午的时候称为隅中,等于现在上午九时至十一时,用地支表示为巳时。

③炭渎:越地名,在今浙江绍兴东。徐天祐说:“《越旧经》:‘炭渎在会稽县东六十里。’《越绝》曰:‘勾践称炭聚载,从炭渎至炼塘。’《会稽志》作‘炭浦’。”

④周宗:古地名。《水经注·渐江水》述此事“周宗”作“朱室”。《水经注·渐江水》:“许慎、晋灼并言:‘江水至山阴为浙江。江之西岸有朱室坞。句践百里之封,西至朱室,谓此也。’浙江又东北迳重山西,大夫文种之所葬也。”周宗在今浙江绍兴西边古代浙江的西岸。

⑤南造于山:《国语·越语上》:“句践之地,南至于句无。”韦昭注:“今诸暨有句无亭是也。”则南造于山即南到今浙江诸暨境内。

【译文】

越王勾践从在吴国做臣仆,到他返回越国时,已经是勾践七年了。百姓在路上跪拜迎接他,说:“大王这才没有痛苦了。如今大王蒙受上天的福祐,回到越国,称霸称王的事迹就要从此兴起了。”越王说:“我没有谨慎地对待上天的教命，对于人民也没什么恩德。今天又劳烦广大民众在岔道上聚集迎接，要用什么德行来报答全国人民呢？”越王回头对范蠡说：“今天是十二月己巳日，时近巳时，我想在这个时刻到达国都，您看怎么样？”范蠡说：“大王暂且停留一下，让我来占卜一下这个日子是否吉利。”在这个日子测好以后，范蠡便走上前去说：“大王选的日子多么奇特啊！大王应当赶快前进，催促车马急驰、随行人员快跑。”越王快马加鞭，车奔如飞，于是就回到了宫中。吴国封给越国方圆上百里的土地，东到炭渎，西到周宗为止，南到山边，北靠近东海。

越王谓范蠡曰：“孤获辱连年，势足以死，得相国之策，再返南乡。今欲定国立城，人民不足，其功不可以兴，为之奈何？”范蠡对曰：“唐、虞卜地[①]，夏、殷封国[②]，古公营城周、雒[③]，威折万里，德致八极，岂直欲破强敌，收邻国乎？”越王曰：“孤不能承前君之制，修德自守，亡众栖于会稽之山[④]，请命乞恩，受辱被耻，囚结吴宫。幸来归国，追以百里之封。将遵前君之意，复于会稽之上，而宜释吴之地。”范蠡曰：“昔公刘去邰而德彰于夏[⑤]，亶父让地而名发于岐。今大王欲国树都，并敌国之境，不处平易之都，据四达之地，将焉立霸王之业？”越王曰：“寡人之计未有决定，欲筑城立郭，分设里闾。欲委属于相国。”

【注释】

①卜地：古人做大事都要进行占卜，因此建都、建宅都需占卜请示神明。卜地即择地建都。

②封：疆界。这里指在边疆上立土为界。

③古公营城周、雒：据《史记·周本纪》等记载，古公只在周原即本

文中说的“周”营筑城郭室屋，雒邑为周公所筑。雒，即通常所说的“成周”，在今河南洛阳东北。这里说“古公营城周、雒”，当是“连类而及”之辞。

④亡众：徐乃昌引蒋光煦说：“宋本下有‘破军’二字。”

⑤公刘：古代周部族的祖先，不窋的孙子。《诗经·大雅·公刘》：“笃公刘。”毛传：“公刘居于邰而遭夏人乱，迫逐公刘，公刘乃辟中国之难，遂平西戎，而迁其民邑于豳焉。”

【译文】

越王对范蠡说：“我遭受屈辱一连好几年，那情势也足够致我死亡，幸亏得到了相国的计策，才能再次返回南方的故乡。现在我打算建立国都筑起城墙，但人民力量不足，这事业就不能进行，对此该怎么办呢？”范蠡回答说：“唐尧、虞舜占卜择地建都，夏禹、商汤在国都的边界上垒土起城，古公亶父在周原营造城郭，他们的威势使万里之外都折服，美德传播到了八方极远之地，哪里只是想攻破强敌、夺取邻国呢？”越王说：“我因为不能继承先王的制度，不能修养德行克制自己，结果使民众逃亡，自己躲在会稽山上，祈求别人保全生命，乞讨别人开恩，蒙受奇耻大辱，被囚禁在吴宫之中。现在侥幸能回到祖国，吴王还追补封赏给我方圆百里的土地。我将遵循先王的意志，再凭借会稽来复兴，而应该放弃吴国的土地。”范蠡说：“从前公刘离开了邰而他的盛德彰显于夏朝，古公亶父让地避走而美名从岐山脚下扩散开来。现在大王想要建立国都，兼并敌国的土地，不居住在平坦开阔的都市中，不占据四通八达的地方，将怎样建立称霸称王的事业呢？”越王说：“我的计划还没有确定，只希望筑起内城，建起外城，分别设置里巷。我想把这件事委托给相国来办了。”

于是范蠡乃观天文，拟法于紫宫①，筑作小城。周千一百二十二步，一圆三方。西北立龙飞翼之楼，以象天门。东南伏漏石窦，以象地户。陵门四达，以象八风。外郭筑城而缺西北，示服事吴也，不敢壅塞。内以取吴，故缺西北，而吴不知也。北向称臣，委命吴国。左右易处，不得其位，明臣属也。城既成，而怪山自至[2]。怪山者[3]，琅琊东武海中山也[4]，一夕自来，百姓怪之[5]，故名怪山。范蠡曰："臣之筑城也，其应天矣。昆仑之象存焉。"越王曰："寡人闻昆仑之山乃地之柱，上承皇天，气吐宇内，下处后土，禀受无外，滋圣生神，呕养帝会[6]。故五帝处其阳陆[7]，三王居其正地。吾之国也，扁天地之壤[8]，乘东南之维[9]，斗去极北[10]，非粪土之城，何能与王者比隆盛哉?"范蠡曰："君徒见外，未见于内。臣乃承天门制城，合气于后土，岳象已设，昆仑故出，越之霸也。"越王曰："苟如相国之言，孤之命也。"范蠡曰："天地卒号，以著其实。"名东武，起游台其上，东南为司马门[11]，立增楼冠其山巅[12]，以为灵台[13]。起离宫于淮阳[14]，中宿台在于高平[15]，驾台在于成丘[16]，立苑于乐野[17]，燕台在于石室[18]，斋台在于襟山[19]。勾践之出游也，休息石台，食于冰厨[20]。

【注释】

①紫宫：即"紫微垣"，古人为了认识星辰和观测天象，把天上的恒星几个一组划分为多个星区，有三垣、二十八宿等，中垣紫微有十五星。后借指天帝的居室。《后汉书·霍谞传》："呼嗟紫宫之门。"唐李贤等注："天有紫微宫，是上帝之所居也，王者立宫，象而为之。"范蠡"拟法于紫宫"而筑城，也是为了象"上帝之所居"。

②怪山：徐天祐说："即龟山也，在府东南二里。一名飞来，一名宝

林，一名怪山。《越绝》曰：'龟山，勾践所起游台也。'"怪山今名塔山，在浙江绍兴南，范蠡曾在此筑台以观天象。至：原作"生"，据《后汉书·郡国志四》刘昭注、《艺文类聚》卷八、《太平寰宇记》卷九十六引文改。

③怪山者："怪山"二字原无，据《水经注》卷四十、《艺文类聚》卷八、《太平御览》卷四十七引文补。

④琅琊：也作琅邪、瑯琊，秦置郡名，在今山东胶南、诸城一带。东武：汉代县名，在今山东诸城。

⑤百姓怪之：此句原无，据《水经注》卷四十、《艺文类聚》卷八、《太平御览》卷四十七引文补。

⑥呕(xū)：通"煦"。养育，抚育。

⑦五：原无，据《文选》卷二十二颜延年《应诏观北湖田收》注引文补。

⑧扁：徐天祜说："'扁'疑当作'偏'。"

⑨维：隅，角落。

⑩斗去极北：北斗在离越国极远的北方。斗，北斗七星。一般以斗南指中原，越国在中原往南的地方，故谓斗去极北。

⑪司马门：王宫的外门。《史记·项羽本纪》："留司马门三日。"裴骃《集解》："凡言司马门者，宫垣之内，兵卫所在，四面皆有司马，主武事。总言之，外门为司马门也。"

⑫增：徐天祜说："'增'，与'层'同。"

⑬灵台：《诗经·大雅》有《灵台》，述及周文王建造灵台。此文灵台，应是观测天象的地方。徐乃昌说："按《初学记》二十四引作'冠其山巅以为灵台，仰观天文，候日月之变怪'。"

⑭离宫：徐天祜说："《越绝》曰：'离台周五百六十步，在淮阳里丘。'《越旧经》：'淮阳宫在会稽县东南三里。'"离宫，古代帝王在都城以外的地方建造的宫室。

⑮中宿台：徐天祜说："《越绝》'宿'作'指'，云：'中指台马丘，周六

百步,在高平里。'《越旧经》:'中宿在会稽县东七里。'"

⑯驾台:当为停放车驾而造。《越绝书·外传记地传》:"驾台周六百步,今安城里。"徐天祜说:"《越绝》:'驾台驰于离丘。'"

⑰苑:蓄养禽兽以供帝王游乐打猎的园林。乐野:徐天祜说:"《越绝》曰:'越王弋猎之处大乐,故谓乐野。其山上石室,越王所休谋也。'《十道志》:'乐野,勾践以此野为苑,今有乐渎村。'"

⑱燕台:徐天祜说:"《越旧经》:'宴台,在州东南十里。'"燕,通"宴"。

⑲斋台:越王斋戒的地方。襟山:徐天祜说:"按越境无襟山。《越绝》曰:'稷山者,勾践斋戒台也。'既曰斋台,则'襟'当作'稷'。稷山在会稽县东五十三里。"译文姑从原文。

⑳休息石台,食于冰厨:原作"休息食室于冰厨",据《太平御览》卷一百七十七引文改。冰厨,徐天祜说:"一曰'冰室',所以备膳羞也。"

【译文】

于是范蠡就观察天文,模拟仿效紫微宫的布局,筑成小城。周长一千一百二十二步,一边呈圆形,三边为方形。在城的西北角建起了檐角翘起如鸟儿展翅的城楼,用它来象征天门。在城的东南角下砌了一个排水的石洞,用它来象征地户。陆地上的城门四通八达,用它们来象征八个方向来的风。筑起了外城城墙而在西北角留有缺口,以表示臣服侍奉吴国,不敢堵住通道。内含的真意实际是想攻取吴国,所以才空下了这西北角,但吴国人并不知道这个用意。越王面朝北方向吴国称臣,把自己的性命都交给吴国来支配。所以城内的布局都改变了通常的安排,左右布局易位,不能保持固有的位置,以此来表明越国是臣属于吴国的。城郭都已经建成,有怪山自己到来。怪山,原是琅琊东武地方海中的山,在一个晚上它自己飞来了,百姓都觉得它很奇怪,所以称之为怪山。范蠡说:"我建造都城,大概是顺应天意了。所以昆仑山的景象在这里都出现了。”越王说：“我听说昆仑山是地上的主柱，它上顶皇天，吐出的精气充满天下，下立于后土，承受的力量无穷无尽，它培植圣人、产生神仙，是养育帝王的地方。所以五帝居住在它南面的陆地上，三王居住在它正中的地方。而我的国家，在天下偏僻之处，位于东南这个边远的角落，北斗七星在离它极远的北方，这不是个卑贱的都城吗？又怎么能和成就王业的都会去比较兴隆昌盛呢？”范蠡说：“您只是看到了外表，没有看到内在的实质。我建造城郭是顺应了天门之象，又迎合了大地的元气，山岳的气象已经具备，所以昆仑山的景象才会出现，这是越国要称霸了。”越王说：“果真能像相国说的这样，那就是我的命了。”范蠡说：“天地之物终究要予以称号，来表明它的实际内容。”于是就把怪山命名为东武，在上面建起了游台，在它的东南造了司马门，又在它的山顶建起了楼房，作为观测天象的灵台。在淮阳建起了离宫，在高平造了中宿台，在成丘造了驾台，在乐野建立了猎场，在石室建了燕台，在襟山造了斋台。勾践外出游玩的时候，在石台休息，在冰厨就餐。

越王乃召相国范蠡、大夫种、大夫郢，问曰：“孤欲以今日上明堂①，临国政，布恩致令②，以抚百姓。何日可矣？惟三圣纪纲维持③。”范蠡曰：“今日丙午日也。丙，阳将也，是日吉矣④。又因良时，臣愚以为可。无始有终，得天下之中⑤。”大夫种曰：“前车已覆，后车必戒。愿王深察。”范蠡曰：“夫子故不一二见也。吾王今以丙午复初临政，解救其本，是一宜。夫金制始，而火救其终，是二宜。蓄金之忧，转而及水，是三宜⑥。君臣有差，不失其理，是四宜。王相俱起，天下立矣，是五宜。臣愿急升明堂临政。”越王是日立政，翼翼小心，出不敢奢，入不敢侈。

【注释】

①明堂：古代帝王所建的最隆重的建筑物，是举行国家重大政治、宗教活动的场所。

②布：原作“专”，据《太平御览》卷五百三十三引文改。

③三圣：徐天祜说：“谓圣臣也，指上三人而言。子胥曰：‘越有圣臣范蠡。’”

④丙，阳将也，是日吉矣：张觉认为“丙”与“丁”在五行配“火”，丙为阳火，丁为阴火，所以“丙”是“阳将”。薛耀天引《遁甲符应经》(中)：“假令甲巳之日夜半生甲子，自子时至辰时，得甲、乙、丙、丁、戊，是五阳将……《经》曰：五阳所利……可以出军征伐，远行求利，建国邑，临武事，入官，移徙……举造百事皆大吉。”二说皆可供参考。

⑤无始有终，得天下之中：张觉认为，“始”指地支首位子日，“终”指地支末位亥日；“午”为地支第七位，已过子日，未过亥日，所以说“无始有终”；又“午”在十二地支中处于第七，即位于地支中部，所以说“得天下之中”。

⑥“夫金制始”以下六句：这段是根据所选“丙午日”的五行属性来解释吉凶，颇为难解。张觉解释“夫金制始，而火救其终”说：“‘始’指子日，在丙午之前的子日是庚子，‘庚’在五行配‘金’，所以说‘金制始’。‘终’指亥日，在丙午之后的亥日是辛亥，‘辛’在五行也配‘金’，金主刑杀(《汉书·五行志》：“金，西方，万物既成，杀气之始也。”)，不吉利。而‘丙午’在五行配‘火’，火能克金，所以说‘火救其终’。”解释“蓄金之忧，转而及水”说：“‘始’与‘终’均配‘金’，‘金’主刑杀，故有‘蓄金之忧’。但终日‘辛亥’之下是‘壬子’，壬子在五行配水，所以说‘转而及水’。水主收获(《汉书·五行志》：“水，北方，终臧(藏)万物者也。”)，所以‘转而及水’为宜。”可供参考。

【译文】

越王于是召见相国范蠡、大夫文种、大夫诸稽郢,问道:"我想在近几天登上明堂,治理国事,布施恩惠,颁发政令,以此来安抚百姓。哪一天可以呢?还望三位大夫管理把握。"范蠡说:"今天是丙午日。丙是阳将,这个日子很吉利。又加上美好的时辰,我以为这日子是可以的。它没有开始之日而有终了之日,这是得到了天下的正中位置。"大夫文种说:"前面的车子已经翻了,后面的车子一定要引以为戒。希望大王深入考察。"范蠡说:"先生本来不是只有一点点见识啊。我们的大王今天在丙午日重新开始执政,来解救他的元气,这是第一个适宜的地方。开始时被金所制,而最终被火挽救,这是第二个适宜的地方。为金所制的忧患累积日久,又转变到水,这是第三个适宜的地方。君臣之间保持一定的等级差别,不丧失这一原则,这是第四个适宜的地方。君主与辅佐的大臣一同振作起来,天下的统治秩序就能建立了,这是第五个适宜的地方。我希望大王赶快登上明堂执政。"越王就在这一天登上明堂亲临政事,小心翼翼的,出去不敢奢侈,入内不敢放纵。

越王念复吴仇,非一旦也。苦身劳心,夜以接日。目卧则攻之以蓼①,足寒则渍之以水。冬常抱冰,夏还握火。愁心苦志,悬胆于户,出入尝之,不绝于口。中夜潜泣,泣而复啸②。

【注释】

①蓼(liǎo):植物名。《说文》:"蓼,辛菜,蔷虞也。"叶味辛,可用以调味。品类很多。

②泣而复啸:他书引文此段下尚多出若干字句,如《太平御览》卷四百八十二引文作"乃中夜抱柱而哭。哭讫,复承之以啸。于是群

臣闻之,咸曰:‘夫复仇谋敌,非君王之忧,自臣下急务也。’二十一年,兴师灭吴”。

【译文】

越王考虑向吴国报仇,已经不是一朝一夕的事了。他常常劳形苦思,夜以继日地工作。眼睛打瞌睡了就用蓼草来刺激,脚冷了就用水来泡。冬天常常抱着冰,夏天反而握着火。整天心里发愁,刻苦磨炼意志,还把苦胆挂在房门上,进出时都要尝尝,从来没有停过。半夜里经常暗暗哭泣,哭罢又仰天长啸。

越王曰:“吴王好服之离体[①],吾欲采葛[②],使女工织细布,献之以求吴王之心,于子何如?”群臣曰:“善!”乃使国中男女入山采葛[③],以作黄丝之布。欲献之,未及遣使,吴王闻越王尽心自守,食不重味,衣不重彩,虽有五台之游,未尝一日登玩。“吾欲因而赐之以书,增之以封。东至于勾甬,西至于槜李,南至于姑末[④],北至于平原[⑤],纵横八百余里。”越王乃使大夫种索葛布十万、甘蜜九櫑、文笥七枚、狐皮五双、晋竹十廋[⑥],以复封礼。吴王得之,曰:“以越僻狄之国无珍[⑦],今举其贡货而以复礼,此越小心念功,不忘吴之效也。夫越本兴国千里,吾虽封之,未尽其国。”子胥闻之,退卧于舍,谓侍者曰:“吾君失其石室之囚,纵于南林之中,今但因虎、豹之野而与荒外之草,于吾之心,其无损也。”吴王得葛布之献,乃复增越之封,赐羽毛之饰、机杖、诸侯之服[⑧]。越国大悦。采葛之妇伤越王用心之苦,乃作《苦之诗》,曰:“葛不连蔓棻台台[⑨],我君心苦命更之。尝胆不苦甘如饴,令我采葛以作丝[⑩]。女工织兮不敢迟。弱于罗兮轻霏霏[⑪],号絺素兮将献之⑫。越王悦兮忘罪除，吴王欢兮飞尺书。增封益地赐羽奇，机杖茵褥诸侯仪⑬。君臣拜舞天颜舒，我王何忧能不移!”

【注释】

①离：据薛耀天说，通“丽”。这里是装饰、美化的意思。

②葛：多年生草本植物，茎纤维可制葛布。

③入山采葛：徐天祜说：“会稽县东十里有葛山。《越绝》曰：‘勾践种葛，使越女治葛布献吴王。’”

④姑末：地名。徐天祜说：“即《春秋》越姑蔑之地。姑蔑，地名，有二：鲁国卞县南有姑蔑城；越之姑蔑，至秦属会稽，为太末县，今衢州。”姑末位置约相当于今浙江衢州。

⑤平原：徐天祜说：“《越绝》作‘武原’，今海盐县。”武原即今浙江海盐。

⑥索：《太平御览》卷九百六十三引文作“赍(jī)”。不改原文也可通。欓：原作“党”，据《太平御览》卷一百九十八引文改。木桶。笥(sì)：有专门用途的竹制容器。晋竹：箭竹，是竹的一个品种。晋，通“箭”。古注中“晋”“箭”互通有多例，如《仪礼·大射》“缀诸箭”，郑玄注：“古文‘箭’作‘晋’。”廋：徐天祜说：“‘廋’当作‘搜’。《汉·沟洫志》：‘漕船五百搜。’今文作‘艘’，音骚，船总名也。或作‘榐’。”

⑦狄：徐乃昌引卢文弨说：“‘狄’当与‘逖(tì)’同。”逖，远。

⑧羽毛之饰：用羽毛装饰的旌旗之类的仪仗。机杖：几案与手杖，古代以赐几杖为敬老之礼。《礼记·曲礼上》：“大夫七十而致事，若不得谢，则必赐之几杖。”机，通“几”。几案，小桌子。

⑨棻(fēn)：通“纷”。茂盛的样子。台台：同“怡怡”。喜悦。

⑩令我采葛以作丝：此句下，徐天祜说：“《文选》注引采葛妇诗，有

‘饥不遑食四体疲’一句。此书无之,阙文也。”张觉引顾观光说:“此句见《文选·应诏诗》注,云出《吴越纪》,不云《吴越春秋》,未知在此歌中否。”虽然此句与本诗密合,但未能确定是否出自本文。

⑪罗:质地稀疏而轻软的丝织品。霏霏(fēi):原指雨雪烟云盛密貌,此形容葛布轻飘飘的样子。

⑫絺(chī):细葛布。《诗经·周南·葛覃》:“为絺为绤。”毛传:“精曰絺,粗曰绤。”素:白色生绢,此形容葛布如白色生绢。

⑬茵褥:古代车上的垫子。茵褥代指马车。

【译文】

越王说:“吴王喜欢穿漂亮的衣裳来打扮自己,我想采一些葛麻,让女工织成精细的布,献给他以求得吴王的欢心,你们看怎么样?”大臣们都说:“好!”于是就让国内的男男女女都到山中采收葛麻,用来织成黄色的细葛布。正想把它们献给吴王,还没来得及派遣使者,吴王就听说越王尽心竭力地安分守己,吃东西不吃两种以上的食物,穿衣服不穿两样以上的颜色,虽然有了供游览的五台,也不曾有一天去登临游玩。于是就送来书信,说:“我想因此而送给你这封信,增加给你的封地。东到勾甬,西到槜李,南到姑末,北到平原,纵横有八百多里。”越王就派大夫文种搜集葛布十万匹、甜美的蜂蜜九大桶、有花纹的方形竹器七个、狐狸皮五对、箭竹十船,以此作为报答增加封地的礼物。吴王得到了这些礼物,说:“像越国这样地处边远的国家没有什么珍宝,现在拿出这些进贡物品作为报答的礼物,这是越王谨记我的功德,不忘记吴国恩德的表现啊。那越国兴盛时国土方圆上千里,我虽然封给了他一些土地,但还没有完全恢复他的国土。”伍子胥听说了这些话,便退出朝堂躺在家里,对侍奉他的人说:“我们的国君释放了那石室中的囚犯,把他放到了南面的山林之中,现在他只是依靠那虎豹横行的山野以及边远地区的野草来活动,在我的心目中,他倒也不会有什么损害了。”吴王得到了进献的葛布后，就又增加给越王的封地，还赐给了越王羽毛旗之类的仪仗、几案与手杖、诸侯所用的服装等。越国人大为喜悦。采收葛麻的妇女为越王用心良苦而感伤，就作了一首《苦之诗》，那歌诗唱道："葛草蔓蔓不相连，枝叶繁茂惹人喜。我君心中真痛苦，命运坎坷更难言。口尝苦胆不觉苦，反觉像糖甘又甜。令我山中采葛麻，用来纺成丝和纱。纺葛女工把布织，谁也不敢织得迟。织成葛布细又软，轻飘飘啊似云烟。把它称作素葛布，将它献到吴王前。越王心里真喜悦，只盼早日除罪人；吴王心里真欢喜，书信飞递越王前。增加封赏扩土地，赐送羽旗奇又艳。几案手杖和马车，诸侯之服多威严。群臣朝拜又起舞，越王展眉笑得舒。我王还有何忧愁，千万忧愁终将移！"

于是越王内修其德，外布其道。君不名教，臣不名谋，民不名使，官不名事。国中荡荡，无有政令。越王内实府库，垦其田畴，民富国强，众安道泰。越王遂师八臣与其四友，时问政焉。大夫种曰："爱民而已。"越王曰："奈何？"种曰："利之无害，成之无败，生之无杀，与之无夺。"越王曰："愿闻。"种曰："无夺民所好，则利之；民不失其时，则成之；省刑去罚，则生之；薄其赋敛，则与之；无多台游，则乐之；静而无苛，则喜之。民失所好，则害之；农失其时，则败之；有罪不赦，则杀之；重赋厚敛，则夺之；多作台游以罢民①，则苦之；劳扰民力，则怒之②。臣闻善为国者，遇民如父母之爱其子，如兄之爱其弟，闻有饥寒为之哀，见其劳苦为之悲。"越王乃缓刑薄罚，省其赋敛。于是人民殷富，皆有带甲之勇。

【注释】

①罢（pí）：同"疲"。

②则怒之:徐天祐说:“详文意,上文‘与之无夺’以下,当有‘乐之无苦,喜之无怒’二句。”

【译文】

于是越王在朝廷内修养德行,在朝廷外施行教化。君主不把自己的工作说成是推行政教,臣子不把自己的工作说成是出谋划策,民众不把自己的工作看作是被役使,官吏不把自己的工作看作是侍奉君主。国内空空荡荡,没有政策法令。越王在国内充实国库,开垦田地,百姓富足,国家强盛,民众安乐,政道太平。越王于是就把八位大臣和他的四位朋友当作老师,时常向他们询问为政之事。大夫文种说:“治国的措施不过是爱护民众罢了。”越王说:“那该怎么做呢?”文种说:“使他们得利而不要损害他们,使他们成功而不要败坏他们,使他们生存而不要杀害他们,给予他们而不要掠夺他们。”越王说:“愿闻其详。”文种说:“不侵夺民众喜欢的东西,就是使他们得利;不让民众错失农时,就是使他们成功;减免刑罚,就是使他们生存;减少赋税,就是给予他们;不多造高台游玩,就是使他们快乐;安静无为而不苛刻,就是使他们喜悦。反之,使民众丧失他们喜欢的东西,就是损害他们;使农夫错过了农时,就是败坏他们;有罪刑不宽赦,就是杀死他们;赋税繁重,就是掠夺他们;大量建造高台去游玩而使民众疲劳不堪,就是使他们痛苦;劳累掠夺人力物力,就是使他们发怒。我听说善于治国的人,对待民众就像父母爱护自己的孩子,就像兄长爱护自己的弟弟,听到有人饥寒交迫就为他们感到哀痛,看见有人疲劳困苦就为他们感到悲伤。”越王于是就放宽了刑法,减轻了处罚,减少了税收。于是人民殷实富足,都有了穿起铠甲上阵杀敌的勇气。

九年正月,越王召五大夫而告之曰:“昔者越国遁弃宗庙,身为穷虏,耻闻天下,辱流诸侯。今寡人念吴,犹躄者不忘走①,盲者不忘视。孤未知策谋,惟大夫诲之。”

扶同曰："昔者亡国流民，天下莫不闻知。今欲有计，不宜前露其辞。臣闻击鸟之动，故前俯伏[②]；猛兽将击，必饵毛帖伏[③]；鸷鸟将搏，必卑飞戢翼[④]；圣人将动，必顺辞和众。圣人之谋，不可见其象，不可知其情。临事而伐，故前无剽过之兵[⑤]，后无伏袭之患。今大王临敌破吴，宜损少辞，无令泄也。臣闻吴王兵强于齐、晋，而怨结于楚。大王宜亲于齐，深结于晋，阴固于楚，而厚事于吴。夫吴之志，猛骄而自矜，必轻诸侯而凌邻国。三国决权，还为敌国，必角势交争。越承其弊，因而伐之，可克也。虽五帝之兵，无以过此。"

范蠡曰："臣闻谋国破敌，动观其符[⑥]。孟津之会，诸侯曰可，武王辞之[⑦]。方今吴、楚结仇，构怨不解。齐虽不亲，外为其救。晋虽不附，犹效其义。夫内臣谋而决雠其策[⑧]，邻国通而不绝其援，斯正吴之兴霸、诸侯之上尊。臣闻峻高者隤[⑨]，叶茂者摧。日中则移，月满则亏。四时不并盛，五行不俱驰。阴阳更唱[⑩]，气有盛衰。故溢堤之水，不淹其量。熻干之火[⑪]，不复其炽。水静则无沤瀴之怒[⑫]，火消则无熹毛之热[⑬]。今吴乘诸侯之威，以号令于天下，不知德薄而恩浅，道狭而怨广，权悬而智衰，力竭而威折，兵挫而军退，士散而众解。臣请按师整兵，待其坏败，随而袭之。兵不血刃，士不旋踵，吴之君臣为虏矣。臣愿大王匿声，无见其动，以观其静。"

大夫苦成曰："夫水能浮草木，亦能沉之。地能生万物，亦能杀之。江海能下溪谷，亦能朝之。圣人能从众，亦能使之。今吴承阖闾之军制、子胥之典教，政平未亏，战胜未败。

大夫嚭者,狂佞之人,达于策虑,轻于朝事。子胥力于战伐,死于谏议。二人权,必有坏败。愿王虚心自匿,无示谋计,则吴可灭矣。”

大夫浩曰[14]:“今吴君骄臣奢,民饱军勇,外有侵境之敌,内有争臣之震,其可攻也。”

大夫句如曰[15]:“天有四时,人有五胜。昔汤、武乘四时之利而制夏、殷,桓、缪据五胜之便而列六国[16]。此乘其时而胜者也。”

王曰:“未有四时之利,五胜之便,愿各就职也。”

【注释】

①躄(bì):跛,腿瘸,两足不能行。

②击鸟之动,故前俯伏:徐天祐说:“此上八字文衍。”下文“鸷鸟将搏,必卑飞戢翼”,与此八字意思相近,徐说疑是。

③饵:徐天祐说:“‘饵’当作‘弭’。”弭,顺服,收敛。

④戢(jí):收敛。

⑤剽(piāo):抢劫,掠夺。《说文》:“一曰剽,劫人也。”此处即指截击。

⑥符:指吉祥的征兆。

⑦“孟津之会”以下三句:《史记·周本纪》:“(武王)九年……东观兵,至于盟津……武王渡河,中流,白鱼跃入王舟中,武王俯取以祭。既渡,有火自上复于下,至于王屋,流为乌,其色赤,其声魄云。是时,诸侯不期而会盟津者八百诸侯。诸侯皆曰:‘纣可伐矣。’武王曰:‘女未知天命,未可也。’乃还师归。”意谓武王九年,到东方显示武力,到达了盟津。武王渡黄河时,有条白鱼跃入船中。渡过黄河之后,又有一团火从天而降,变成红色乌鸦的形

状，降落时发出巨大的响声。这时诸侯都说可以讨伐纣王了，但是武王认为上天的意图不是如此，就班师回朝了。此文引用此事，是要说明“动观其符”。孟津，渡口名，即上引文中的“盟津”，在今河南孟津东北。周武王伐纣时与八百诸侯会盟于此。

⑧雠：应答，应对。《说文》：“雠，犹应也。”《诗经·大雅·抑》：“无言不雠，无德不报。”孔颖达疏：“相对谓之雠。”

⑨隤（tuí）：倒塌，崩溃。

⑩唱：同“倡”。倡导，主导。

⑪熻（xī）：燃烧。

⑫瀴（yǐng）：大水茫茫的样子。

⑬熹：炙，炽热。

⑭大夫浩：徐乃昌说：“按‘浩’前卷作‘皓’。”

⑮句如：徐天祜说：“《左传》《国语》皆作‘皋如’。”《越王勾践入臣外传》也作“皋如”。

⑯缪：指秦穆公，一作秦缪公，嬴姓，名任好，春秋时期秦国国君，前659—前621年在位，春秋五霸之一。五胜：徐天祐说：“五德迭相胜也。《史·历书》：‘秦灭六国，颇推五胜，而自以为获水德之瑞。’《前汉·律历志》同。”五胜即指金、木、水、火、土五行相生相克。秦、汉时代的方士常以五行相胜的道理来附会王朝的兴衰更替，即徐氏所谓“五德迭相胜”。

【译文】

九年正月，越王召集五位大夫并告诉他们说：“过去越国败逃而抛弃了宗庙，我自己沦为囚犯，我的羞耻传闻于天下，我的屈辱流播于诸侯。如今我念念不忘报复吴国，就像腿瘸者念念不忘要奔跑，目盲者念念不忘要看东西一样。但我现在还没想好对付吴国的计策谋略，希望几位大夫予以指教。”

扶同说：“过去我们的国家灭亡，民众流散，天下没有谁不知道。现在想要有所计划，不应该先泄露这方面的言论。我听说搏击的鸟儿要行动，所以会先俯身趴着；凶猛的野兽将要发动袭击，必定先顺毛趴在地上；凶猛的禽鸟准备搏击，必定先低飞而收起翅膀；圣人将采取行动，必定先言辞和顺而团结民众。圣人的谋划，别人不能发现他的迹象，不能了解他的内情。等到战事开始才按照预先的谋划去攻战，所以前面没有拦截他们的敌军，背后也没有遭受伏击的祸患。如今大王面临攻破仇敌吴国的事，应该减少言论，不要让这种话泄露出去。我听说吴王军队在和齐国、晋国争强，而又早和楚国结下了怨仇。大王最好和齐国亲近，与晋国深交，与楚国偷偷结成牢固的联盟，同时优厚地侍奉吴国。那吴王的心性，凶猛骄横又自高自大，他一定会轻视诸侯各国而欺凌邻国。齐、晋、楚三国权衡之后决策，都会成为吴国的敌国，它们一定会互相斗争。越国趁吴国疲惫不堪的时候去攻打它，一定可以攻克的。即使是五帝用兵，也无法超过这种谋略了。"

范蠡说："我听说谋划国事攻破仇敌，行动前要观察那吉祥的征兆。武王与诸侯在孟津会盟时，诸侯都说可以攻打殷商了，武王却拒绝了他们。当今吴国和楚国结为仇敌，结下的怨恨不易解除。齐国虽然不亲近吴国，在表面上却还是给吴国提供救援。晋国虽然不归附吴国，但还是履行他们的道义。吴国的大臣进行谋划而吴王能回应执行这些计策，邻国与吴国来往而没有断绝他们的援助，这正是吴国在霸业崛起、诸侯各国在推崇吴国啊。我听说高峻的山容易崩塌，枝叶茂盛的树容易折断。太阳到了正午就要偏移，月到圆满了就会亏损。四季不可能同时旺盛，五行不可能一起运行。阴阳更相主导，自然界的元气有时旺盛有时衰微。所以溢出堤岸的水，不能长久保持水势。热力耗尽的火，不能恢复炽烈。水波安静了就不会有淹没远方的怒涛，火焰熄灭了就不会有烧掉毛发的热量。现在吴王凭借着诸侯的威势，来向天下发号施令，却不知道自己德行薄弱而恩情浅薄，可以走的路狭窄而怨恨他的人很多，虽然大权在握而智力已经衰竭，力量已经用尽而神威将被摧毁，士卒遭受挫折而军队将要败退，士大夫四分五裂而民心将会瓦解。请让我去巡视军队修整武器，等到吴国衰败，就趁机去袭击。这样的话，兵器不用沾染鲜血，将士不用花费转足之工，而吴国的君臣就已经成为俘虏了。我希望大王不要声张，不要让人看到您的活动，以此来观察对方的动静。”

大夫苦成说：“水能浮起草木，也能使它们沉下去。大地能生万物，也能杀死它们。江海能够处在山谷之下，也能使山谷中的水流向自己。圣人能够顺从民众，也能使用他们。现在吴国继承了阖闾的军队制度与伍子胥的典章教化，政治稳定，还没有衰微，战事胜利，还没有失败。大夫嚭是个狂妄奸佞的人，他善于搞策划谋略，但轻视朝廷上的政事。伍子胥则致力于战争，又豁出命去劝谏。这两个人一起在吴国掌权，一定会有破败的时候。请大王安心隐匿自己，不要暴露计谋，那么吴国就可以消灭了。”

大夫浩说：“现在的吴国国君骄横，臣子奢侈，民众满足，将士胆大妄为，外部有侵扰边境的敌人，内部有争权夺利的臣子引起的震动，可以去攻打了。”

大夫句如说：“自然界有四季更替，人类社会有五德相胜的更迭。从前商汤、周武王凭借天时的顺利而制服了夏桀、商纣，齐桓公、秦穆公凭借了五德相胜的有利条件而能重排诸侯的位次。这都是依靠天时才取胜的啊。”

越王说：“现在我们还没有天时之利与五德相胜的有利时运，请各位还各守其职吧。”

勾践阴谋外传第九

【题解】

本篇主要记述勾践十年（前487）至十四年（前483）积极密谋作伐吴准备之事。开篇上承越王勾践忍辱负重、卧薪尝胆以求越国复兴之事迹，详细记述了在越国逐渐富强以后，勾践阴谋复仇的一系列计谋举措，主要体现为对内富国强兵，具体措施包括尊天事鬼、充实粮仓、请越女传授剑术、让陈音讲解射法；对外削弱吴国，具体包括送给吴王神木使其大兴土木、献给吴王美女使其惑乱、离间吴王与伍子胥、借粟还熟粟而使吴国遭饥等。正是通过强己弱敌的"阴谋"，越王勾践积蓄了足够的力量，为伐吴创造了天时地利人和的条件，从而进一步引出下篇的"阳攻"。

虽然以上史事在《左传》《国语》《史记》中都有记载，但其记述均较简略，本篇则生动详细地描述了勾践与群臣谋划、实施强越弱吴一系列计策措施的过程，弥补了其他历史文献记录的不足，具有重要的史料价值。文中详细记载了陈音对弩矢、射法的解说，对于后人深入了解中国古代的箭矢技术和军事知识有重要参考价值，其中还引用了古乐辞弹歌"断竹续竹，飞土逐害"，既表明了弓矢的源远流长，亦为后人保存了珍贵的原始歌谣记录，具有重要的文学史价值。此外，文章在讲述越国谋求练兵之法时，插叙了越女与白猿的故事，既增加了文章的趣味性与传奇色彩，亦为后世留下了进一步创作的文学素材。

越王勾践十年二月，越王深念远思，侵辱于吴，蒙天祉福，得越国[①]。群臣教诲，各画一策，辞合意同，勾践敬从，其国已富。反越五年[②]，未闻敢死之友。或谓诸大夫爱其身、惜其躯者。乃登渐台[③]，望观其群臣有忧与否。相国范蠡、大夫种、句如之属俨然列坐，虽怀忧患，不形颜色。越王即鸣钟惊檄[④]，而召群臣，与之盟，曰："寡人获辱受耻，上愧周王[⑤]，下惭晋、楚。幸蒙诸大夫之策，得返国修政，富民养士。而五年未闻敢死之士，雪仇之臣，奈何而有功乎？"群臣默然莫对者。越王仰天叹曰："孤闻主忧臣辱，主辱臣死。今孤亲被奴虏之厄，受囚破之耻，不能自辅，须贤任仁，然后讨吴，重负诸臣。大夫何易见而难使也[⑥]？"于是，计砚年少官卑，列坐于后，乃举手而趋，蹈席而前，进曰："谬哉！君王之言也。非大夫易见而难使，君王之不能使也。"越王曰："何谓？"计砚曰："夫官位、财币、金赏者，君之所轻也。操锋履刃，艾命投死者[⑦]，士之所重也。今王易财之所轻，而责士之所重，何其殆哉！"

【注释】

①得越国：徐天祐说："'得'下当有'返'字。"

②五年：上篇载勾践回国为勾践七年，此为十年，则不足五年，故此处当为虚数。古代"三""五""七""九"往往为虚数，一般表示多。

③渐台：古代建于水中或傍水高台，据《列女传》《新序》等书，春秋时期，楚、齐都筑有渐台。《汉书·郊祀志下》："于是作建章宫……其北治大池，渐台高二十余丈。"颜师古注："渐，浸也。台在池中，为水所浸，故曰渐台。"

④惊：通"警"。徐天祐说："'惊'疑当作'警'。"《诗经·小雅·车攻》："徒御不惊。"孔颖达疏："警戒也。"檄(xí)：古代用于征召或声讨的文书。

⑤周王：勾践兵败受辱又得返国，值周敬王之时。周敬王，姬姓，名匄(gài)，前519—前476年在位。此处应泛言周王室。

⑥大夫何易见而难使也：张觉引俞樾说："'见'当作'得'。此传所载越王及计砚之言与《国策·齐策》管燕、田需之言相似，彼作'士何其易得而难用也'。《韩诗外传》'管燕'作'宋燕'，'田需'作'陈饶'，亦曰'何士大夫易得而难用也'。二书皆是'得'字，故知此传'见'字之误。'得'古作'㝵'，见《说文》，故往往误作'见'。《史记·赵世家》'逾年历岁，未得一城'，《赵策》'得'误作'见'，即其例也。"徐乃昌引卢文弨说与俞樾说类似。

⑦艾(yì)：通"刈"。割，斩。

【译文】

越王勾践十年二月，越王深沉地回忆起过去，虽然在吴国受尽了欺凌侮辱，幸好蒙受上天福祐，才得以返回越国。回国后，群臣施教开导，每人都谋划一项策略，言辞投合，意见相同，勾践恭敬地听从采纳，他的国家已经富足起来。勾践返回越国好几年了，还没听说敢于效死的士人。有人说这是因为他的各位大夫都爱惜自己身躯的缘故。于是勾践就和群臣一起登上水中高台，观察他的大臣们是否存有忧虑。相国范蠡、大夫文种、句如等人都俨然列坐，虽然他们心藏忧患，但也不表现在脸色上。越王立即敲响警钟，紧急传令而召见群臣，与他们盟誓，然后说："我遭受耻辱，上愧对周王，下惭见晋、楚等诸侯。幸亏得到诸位大夫的策划，才得以返回祖国重整国政，使民众富足，培养贤士。但好几年了也没有听说有为我效死的勇士和为我报仇雪耻的臣子，我怎样做才能有成效呢？"群臣默不作声，没有人回答。越王仰天长叹说："我听说君主有了忧患，臣子就会感到耻辱，君主蒙受耻辱，臣子就为君主殉身拼死。现在我亲身遭受当奴仆的厄运，蒙受战败被囚禁的耻辱，我不能只靠自己辅佐自己，必须任用贤德之人，然后再去讨伐吴国，重担担负在诸位大臣身上。但诸位大夫为什么容易被我得到却难以被我使用呢？”当时，计砚年纪较轻，官位还低，座位排在后面，他就举着手快步走了出来，踏过坐席而走到前面说：“大王的话多荒谬啊！并非大夫们容易被您得到而难以被您使用，而是大王不会使用他们啊。”越王说：“你的话是什么意思？”计砚说：“官位、财物、黄金赏赐，是君主所轻视的东西。手握锋利的兵器，脚踩锐利的刀口，杀死敌人，舍生忘死，是士人所看重的事情。现在大王吝惜财物这种应该看轻的东西，却责备士人所看重的事情，这是多么危险啊！”

于是越王默然不悦，面有愧色。即辞群臣，进计砚而问曰：“孤之所得士心者何等？”计砚对曰：“夫君人尊其仁义者，治之门也。士民者，君之根也。开门固根，莫如正身。正身之道，谨左右。左右者，君之所以盛衰者也。愿王明选左右，得贤而已。昔太公九声而足[①]，磻溪之饿人也[②]。西伯任之而王。管仲，鲁之亡囚，有贪分之毁，齐桓得之而霸[③]。故传曰：‘失士者亡，得士者昌。’愿王审于左右，何患群臣之不使也？”越王曰：“吾使贤任能，各殊其事。孤虚心高望，冀闻报复之谋。今咸匿声隐形，不闻其语，厥咎安在？”计砚曰：“选贤实士，各有一等。远使以难，以效其诚。内告以匿，以知其信。与之论事，以观其智。饮之以酒，以视其乱[④]。指之以使，以察其能。示之以色，以别其态。五色以设，士尽其实，人竭其智。知其智，尽实[⑤]，则君臣何忧？”越王曰：“吾以谋士效实、人尽其智，而士有未尽进辞有益寡人也。"计砚曰:"范蠡明而知内,文种远以见外。愿王请大夫种与深议,则霸王之术在矣。"

【注释】

①九声而足:徐天祐说:"其义未详,或恐字误。"若依字面解,九声指古代乐律中的"五音"和"四清"。五音即宫、商、角、徵、羽。四清即宫清、商清、角清、徵清四个高声。九声而足,相当于说太公对九声很精通。但是,史籍中无太公精通音乐的记载与传说,所以此文恐误。

②磻(pán)溪:水名,在今陕西宝鸡东南,相传太公未遇周文王时在这里垂钓。

③"管仲"以下四句:管仲名夷吾,字仲,是春秋初期具有法家思想的政治家。《史记·管晏列传》:"管仲夷吾者,颍上人也。少时常与鲍叔牙游,鲍叔牙知其贤。管仲贫困,常欺鲍叔,鲍叔终善遇之,不以为言。已而鲍叔事齐公子小白,管仲事公子纠。及小白立,为桓公,公子纠死,管仲囚焉。鲍叔遂进管仲。管仲既用,任政于齐,齐桓公以霸,九合诸侯,一匡天下,管仲之谋也。管仲曰:'吾始困时,尝与鲍叔贾,分财利多自与,鲍叔不以我为贪,知我贫也。'"

④饮之以酒,以视其乱:徐天祐说:"酒能乱性。《论语》:'唯酒无量,不及乱。'"

⑤尽实:徐乃昌引卢文弨说:"如上文,'实'上当有'其'字。"

【译文】

于是越王沉默不语,闷闷不乐,脸上露出愧疚之色。就让群臣退下,把计砚叫到跟前问道:"我赢得士人之心的方法是什么?"计砚回答说:"统治人民时崇尚人民所重视的仁德道义,这是治国的法门。士人和民众是为君的根本。开启治国法门,巩固国君的立身之本,没有比国君端正自身更重要的了。端正自身的途径,在于谨慎地选择身边的近臣。近臣是国君盛衰成败的关键。希望大王能英明地挑选左右近臣,务必求得贤人才可以。从前太公望以歌唱为乐,是磻溪边上的穷人。但周文王任用他而成就了王业。管仲是逃亡到鲁国的囚犯,曾经有贪财的坏名声,但齐桓公得到他而成就了霸业。所以古书上记载说:'失去士人就会灭亡,得到士人就会昌盛。'希望大王审慎选择左右近臣,何必担忧群臣不受使任呢?"越王说:"我使用与任命贤良有才之士,使他们的职事各不相同。我虚心以待,抱有很高的期望,希望听到他们为越复仇的计谋。可现在他们都销声匿迹,听不到他们的议论,那过失在哪里呢?"计砚说:"选择贤才,考验士人,针对不同的考察目的有不同的办法。派往远处,委以难事,来验证他是否忠诚。把秘密告诉内政大臣,来了解他们是否守信。和他们谈论事情,从中观察他们的智力。给他们酒喝,看他们是否迷乱。指定事情让他们做,来考察他们的才干。给他们脸色看,来辨别他们的态度。各种方面的事情都展示之后,士人都会拿出他们的忠诚,能人都会竭尽智慧。了解他们的智慧,掌握他们的实际,那么君臣还有什么可担忧的呢?"越王说:"我依靠谋士献出他们的忠诚,能人竭尽他们的智慧,可是有的士人还没有尽心献上什么言辞来使我受益啊。"计砚说:"范蠡明智聪慧而了解内政,文种有远见卓识而能洞悉国外的情况。希望大王请来大夫文种与他深入地讨论,那么称王称霸的策略就有了。"

越王乃请大夫种而问曰:"吾昔日受夫子之言,自免于穷厄之地。今欲奉不羁之计[①],以雪吾之宿仇,何行而功乎?"大夫种曰:"臣闻高飞之鸟,死于美食;深泉之鱼,死于芳饵。今欲伐吴,必前求其所好,参其所愿,然后能得其实。"越王曰:"人之所好,虽其愿,何以定而制之死乎?"大夫种曰："夫欲报怨复仇，破吴灭敌者，有九术，君王察焉。"越王曰："寡人被辱怀忧，内惭朝臣，外愧诸侯，中心迷惑，精神空虚。虽有九术，安能知之？"大夫种曰："夫九术者，汤、文得之以王，桓、穆得之以霸。其攻城取邑，易于脱屣②。愿大王览之。"种曰："一曰尊天事鬼，以求其福。二曰重财币，以遗其君；多货贿，以喜其臣。三曰贵籴粟稿③，以虚其国；利所欲，以疲其民。四曰遗美女，以惑其心而乱其谋。五曰遗之巧工良材，使之起宫室，以尽其财。六曰遗之谀臣，使之易伐。七曰强其谏臣，使之自杀。八曰君王国富，而备利器。九曰利甲兵，以承其弊④。凡此九术，君王闭口无传，守之以神，取天下不难，而况于吴乎！"越王曰："善。"

【注释】

①不羁（jī）：《史记·鲁仲连邹阳列传》："使不羁之士。"司马贞《索隐》："言骏足不可羁绊，以比逸才之人。"《汉书·司马迁传》："仆少负不羁之才。"颜师古注："不羁，言其材质高远，不可羁系也。"此指不拘泥，才华横溢，高远之意。

②屣（xǐ）：鞋。

③籴（dí）：买进（粮食）。稿（gǎo）：谷类植物的茎。

④承：通"乘"。趁着，凭借。

【译文】

越王于是请来大夫文种而问他说："我过去接受了先生的意见，才使自己逃脱穷迫困厄的境地。现在我想实行您高远的计策，以消除我的宿仇旧恨，怎样做才能成功呢？"大夫文种说："我听说高高飞翔的鸟，往往死在美味的食物上；深泉之下的鱼，往往死在芳香的诱饵上。如今要攻打吴王，必须先了解他的爱好，调查他的愿望，然后才能得到他的实情。”越王说：“人的嗜好，即便是他的愿望，为何就一定会置他于死地呢？”大夫文种说：“想要报仇雪恨，攻破吴国消灭敌人，有九种办法，望大王明察。”越王说：“我遭受耻辱，心怀忧愁，内有惭于朝中大臣，外愧对各国诸侯，内心迷惑，精神空虚。即使有九种办法，又怎么能够知道呢？”大夫文种说：“这九种办法，商汤、周文王得到了它们从而成就了王业，齐桓公、秦穆公得到了它们从而成就了霸业。采用这九条计谋来攻占大城夺取小镇，比脱掉鞋子还容易。希望大王看看留意它们。”文种接着说：“一是尊奉上天，敬事鬼神，来求得他们的福祐。二是用厚重的财物礼品去赠送它的国君，用大量的财物去讨好它的大臣。三是以高价买入粮草，使敌国储备空虚；诱使他纵欲，从而使他的民众疲劳不堪。四是赠送美女以迷惑他的心志，从而扰乱他的计谋。五是送给他能工巧匠和精木良材，让他建造宫殿房舍，来耗尽他的财产。六是推荐阿谀奉承的奸臣，使他轻易地去攻战。七是使他的忠谏之臣刚强不屈，让他们自相残杀。八是大王国家富足而准备好锐利的兵器。九是训练好自己的军队，以趁敌方疲惫之机。所有这九种办法，大王紧闭嘴巴不要传出去，以敬神的信念坚守下去，那么夺取整个天下都不困难，更何况是对付一个吴国呢？”越王说：“好。”

乃行第一术，立东郊以祭阳，名曰东皇公[①]。立西郊以祭阴，名曰西王母[②]。祭陵山于会稽[③]，祀水泽于江州。事鬼神二年，国不被灾。越王曰：“善哉！大夫之术。愿论其余。”种曰：“吴王好起宫室，用工不辍。王选名山神材，奉而献之。”越王乃使木工三千余人入山伐木。一年，师无所幸[④]。作士思归，皆有怨望之心，而歌《木客之吟》。一夜，天生神木一双，大二十围，长五十寻[⑤]，阳为文梓，阴为楩柟[⑥]。巧工施校，制以规绳，雕治圆转，刻削磨砻[⑦]，分以丹青[⑧]，错画文章[9]，婴以白璧[10]，镂以黄金，状类龙蛇，文彩生光。乃使大夫种献之于吴王，曰："东海役臣臣孤勾践使臣种，敢因下吏闻于左右：赖大王之力，窃为小殿，有余材，谨再拜献之。"吴王大悦。子胥谏曰："王勿受也。昔者桀起灵台，纣起鹿台[11]，阴阳不和，寒暑不时，五谷不熟，天与其灾，民虚国变，遂取灭亡。大王受之，必为越王所戮。"吴王不听，遂受而起姑苏之台。三年聚材，五年乃成，高见二百里[12]。行路之人，道死巷哭，不绝嗟嘻之声，民疲士苦，人不聊生。越王曰："善哉！第二术也。"

【注释】

①东皇公：张觉引俞樾说："《竹书》《穆天子传》并载西王母，其名古矣。至东王公之名，则始见于此。"薛耀天认为此东皇公"即屈原《九歌》中之东君，《广雅·释天》：'东君，日也。'《汉书·郊祀志》有东君，谓春神也，亦称东皇。唐白居易诗则以东君与西母对举，见《送刘道士游天台诗》。"东皇公之名可能出现较晚，薛氏之论可备一说。

②西王母：神话中的女神。《山海经·西山经》："西王母，其状如人，豹尾、虎齿而善啸，蓬发戴胜，是司天之厉及五残。"

③陵山：徐天祜说："陵山，禹陵之山。先秦古书帝王冢皆不称陵，陵之名自汉始。"此处陵山应泛指山陵。

④师：众人，此指伐木工人。

⑤寻：古代长度单位，一寻等于八尺。

⑥楩柟（pián nán）：《汉书·司马相如传》："楩柟豫章。"颜师古注："楩音便……即今黄楩木也。柟音南，今所谓楠木。"楩柟指黄楩木和楠木，但此文则指一种树，可能是连类而及之辞。

⑦砻(lóng):去掉稻壳的工具,形状像磨。此处引申为磨。

⑧丹青:泛指绘画用的颜料。

⑨文章:错杂的色彩或花纹。古代以青与赤相配为文,赤与白相配为章。

⑩婴:缠绕。

⑪鹿台:故址在今河南淇县朝歌镇南。刘向《新序·刺奢》:"纣为鹿台,七年而成,其大三里,高千尺,临望云雨。"

⑫高见二百里:徐天祜说:"台始基于阖庐,而新作于夫差。《吴地记》曰:'高三百丈,广八十四丈。'"

【译文】

于是越王就先实施第一种办法,在东郊建起了祠庙来祭祀太阳,名叫东皇公。在西郊建起了祠庙来祭祀太阴,名叫西王母。在会稽山上祭祀山陵之神,在江中沙洲上祭祀江河湖泊之神。侍奉鬼神两年,国家就不再遭受什么灾害了。越王说:"大夫的办法太好了!请您再说一下其他的办法。"文种说:"吴王喜欢建造宫殿房舍,役使工匠从未中断。请大王挑选名山上的优良木材,恭敬地献给他。"越王于是就派木工三千多人进山砍伐树木。一年过去了,工匠们一直没有采获珍奇木材。做工的人想回家,都心怀怨恨之情,因而唱起那《木客之吟》。一天晚上,天然长出两棵神奇的树木,有二十围那么粗,四十丈那么高,那向阳的一棵是有斑纹的梓树,背阴的一棵是楩楠。能工巧匠进行测量校正,用规矩绳墨来加工制作,把它们雕作得滚圆,又进一步刻削打磨,施以颜色,再画上错杂的花纹,镶嵌白色的玉璧,镂饰黄金,那形状类似龙和蛇,图纹色彩闪闪发光。于是越王就派大夫文种将它们献给吴王,对吴王说:"东海边上的仆臣勾践派遣使者臣子文种,冒昧地通过您的下属官吏向您报告:仰仗大王的力量,我得以私下营建小宫殿,还有些多余的木材,恭敬地把它们奉献给大王。"吴王十分高兴。伍子胥进谏说:"大王不要接受。从前夏桀建造灵台,商纣建造鹿台,都导致阴阳不和谐,寒冬与炎暑不按时到来，谷物不成熟，上天给他们降下灾祸，民众贫乏，国家变乱，最终自取灭亡。大王如果接受了这木材，一定会被越王杀死。”吴王不听伍子胥的劝谏，就接受了这些木材而建造姑苏台。花了三年时间收集材料，用了五年才造成，高得二百里外都可以望见。过路的人，看到在路上死去的劳工，听见里巷中的痛哭声，不断地发出唉唉的叹息声，百姓疲惫，士人劳苦，民不聊生。越王说：“这第二种办法真好啊！”

十一年，越王深念永思，惟欲伐吴，乃请计砚问曰：“吾欲伐吴，恐不能破，早欲兴师，惟问于子。”计砚对曰：“夫兴师举兵，必且内蓄五谷，实其金银，满其府库，励其甲兵。凡此四者，必察天地之气，原于阴阳，明于孤虚[①]，审于存亡，乃可量敌。”越王曰：“天地存亡，其要奈何？”计砚曰：“天地之气，物有死生。原阴阳者，物贵贱也。明孤虚者，知会际也。审存亡者，别真伪也。”越王曰：“何谓死生真伪乎？”计砚曰：“春种八谷[②]，夏长而养，秋成而聚，冬畜而藏。夫天时有生而不救种，是一死也。夏长无苗，二死也。秋成无聚，三死也。冬藏无畜，四死也。虽有尧、舜之德，无如之何。夫天时有生，劝者老，作者少，反气应数，不失厥理，一生也。留意省察，谨除苗秽，秽除苗盛，二生也。前时设备，物至则收，国无逋税，民无失穗，三生也。仓已封涂，除陈入新，君乐臣欢，男女及信，四生也。夫阴阳者，太阴所居之岁[③]，留息三年，贵贱见矣。夫孤虚者，谓天门地户也。存亡者，君之道德也。”越王曰：“何子之年少于物之长也？”计砚曰：“有美之士，不拘长少。”越王曰：“善哉！子之道也。”乃仰观天文，集察纬宿[④]，历象四时[⑤]，以下者上，虚设八仓，从阴收著[⑥]，望阳出粜[⑦]，策其极计，三年五倍，越国炽富。勾践叹曰："吾之霸矣，善计砚之谋也！"

【注释】

①孤虚：徐天祜说："《史·龟策传》：'日辰不全，故有孤虚。'《六甲孤虚法》：'甲子旬中无戌亥，戌亥即为孤，辰巳即为虚。'盖旬空为孤，对冲为虚，余五旬可以类推。刘歆《七略》有《风候孤虚》二十卷。"张觉说，孤虚是古时占卜的一种方法，天干为日，地支为辰，日辰不全就有孤虚。占卜时得孤虚，主事不成。

②八谷：八种谷物，古时说法不一。据《本草注》谓黍、稷、稻、粱、禾、麻、菽、麦。此处泛指谷物。又古代占星术有八谷星之说。

③太阴：太岁的别称。古代以太岁所在为凶方，忌兴土木建筑、迁徙房屋等。

④纬宿（xiù）：徐天祜说："天象定者为经，动者为纬，故五星亦曰五纬。宿，音秀，列星也。"古代行星叫"纬"，五纬即金、木、水、火、土五大行星。列星叫"宿"，指在天空中有固定排列位置的恒星。

⑤历象：推算历法观测天象。

⑥著：同"贮"。居积。

⑦粜（tiào）：卖出（粮食）。

【译文】

十一年，越王仔细深入地长期思量，一心想要攻打吴国，于是就请来计砚问道："我想攻打吴国，担心不能攻破，早就想发兵了，还是想问问您。"计砚回答说："发动军队进行战争，一定要在国内储备粮食，备足金银，充实国库，激励军士。大凡有了这四种条件，还必须观察天地气数，探究阴阳二气的变化，明白日辰时机的吉凶，审察存亡的条件，才可以商量对敌之策。"越王说："你说的天地的气数、存亡的条件等，它们的要义是什么？"计砚说："天地之气，是指万物有死有生。所谓推究事物的阴阳，是指万物有贵有贱。明白日辰的孤虚，是指知道机会际遇。审察存亡的条件，是指辨别真伪。”越王说：“死生真伪等是指什么？”计砚说：“春天播种谷物，到夏天长起来了就要加以养护，秋天成熟了就要进行收获，冬天有了积蓄就要入库贮藏。春天是生育的季节而不播种，这是第一种死亡之道。夏天是生长的季节却没有秧苗，这是第二种死亡之道。秋天庄稼成熟了却不去收集，这是第三种死亡之道。冬天是贮藏的季节却没有积蓄，这是第四种死亡之道。遇到以上四死，即使有了尧、舜那样的贤德，也无可奈何。在天时具备了生长条件的时候，老年人进行劝勉，年轻人勤奋耕作，要适应自然节气时序的发展变化，不违背它的规律，这是第一种生存之道。细心地观察照看，严格地清除禾苗中的杂草，杂草清除了，禾苗就会茂盛，这是第二种生存之道。在收获时节到来之前就做好准备，谷物成熟就收获，国家没有被拖欠偷逃的赋税，民众没有遗弃的粮食，这是第三种生存之道。粮仓已经密封涂好，清除陈米而装入新粮，国君快乐而臣民欢喜，男女相互信任，这是第四种生存之道。所谓阴阳，就是在太岁所停留的那一凶年起，要停止各种活动三年，高贵和卑贱就能彰明了。至于孤虚，是指天门和地户。所谓存亡的条件，就是君主的道德。”越王说：“为什么您年纪轻轻对于万物的看法却很老成？”计砚说：“有才德的人并不受年龄大小的限制。”越王说：“您讲的一番道理真好啊！”于是就仰观天文，集中观察五星二十八宿，推算历法，观测天体运行的现象以确定四季交替的时刻，使下土的设施迎合天上的情况，修建了八个大仓库，根据阴阳的变化来收藏粮食或卖出粮食，制订了那最好的计划，三年之间粮食收成增加了五倍，越国于是繁荣昌盛十分富足。勾践颇有感慨地说：“我要称霸了，计砚的谋略真好啊！”

十二年，越王谓大夫种曰：“孤闻吴王淫而好色，惑乱沉湎[①]，不领政事。因此而谋，可乎？”种曰：“可破。夫吴王淫而好色，宰嚭佞以曳心，往献美女，其必受之。惟王选择美女二人而进之。”越王曰：“善。”乃使相工索国中[2]，得苎萝山鬻薪之女，曰西施、郑旦[3]。饰以罗縠[4]，教以容步，习于土城[5]，临于都巷。三年学服，而献于吴。乃使相国范蠡进曰：“越王勾践窃有二遗女[6]。越国洿下困迫[7]，不敢稽留。谨使臣蠡献之大王，不以鄙陋寝容[8]，愿纳以供箕帚之用[9]。”吴王大悦，曰：“越贡二女，乃勾践之尽忠于吴之证也。”子胥谏曰：“不可，王勿受也。臣闻五色令人目盲，五音令人耳聋[10]。昔桀易汤而灭，纣易文王而亡。大王受之，后必有殃。臣闻越王朝书不倦，晦诵竟夜，且聚敢死之士数万，是人不死，必得其愿。越王服诚行仁，听谏进贤，是人不死，必成其名。越王夏被毛裘，冬御絺綌，是人不死，必为对隙。臣闻：贤士，国之宝；美女，国之咎。夏亡以妹喜[11]，殷亡以妲己[12]，周亡以褒姒[13]。”吴王不听，遂受其女。越王曰：“善哉！第三术也。”

【注释】

①沉湎：指沉溺于酒。

②相工索：原作“相者”，据《太平御览》卷三百五引文改。

③西施：名夷光，我国古代四大美女之一。徐天祜说：“《会稽志》：‘苎萝山在诸暨县南五里。’《舆地志》：‘诸暨县苎萝山，西施、郑旦所居。’《十道志》：‘勾践索美女以献吴王，得之诸暨苎萝山，卖薪女也。’西施山下有浣沙石。”

④縠(hú)：有皱纹的纱。

⑤土城：徐天祜说：“《越旧经》：‘土城在会稽县东六里。’”

⑥遗(wèi)女:《越绝书·内经九术》作“昔者越王勾践窃有天之遗西施、郑旦”,则此“遗女”指天赐美女。

⑦洿(wū):污秽。

⑧寝:相貌丑陋。

⑨箕帚:畚箕和扫帚,皆扫除之具。古代妻妾在家主管洒扫,所以借指妻妾。

⑩五色令人目盲,五音令人耳聋:语出《老子》第十二章。五色,青、黄、赤、白、黑,此泛指各种色彩。五音,宫、商、角、徵、羽,此泛指各种音乐。

⑪妺(mò)喜:喜姓,亦作妺嬉、末喜、末嬉,有施氏之女,夏桀之妃。《国语·晋语一》:“昔夏桀伐有施,有施人以妺喜女焉,妺喜有宠,于是乎与伊尹比而亡殷。”

⑫妲(dá)己:己姓,名妲,有苏氏之女,纣王之妃。《国语·晋语一》:“殷辛伐有苏,有苏氏以妲己女焉,妲己有宠,于是乎与胶鬲比而亡殷。”

⑬褒姒(bāo sì):姒姓,褒国人。《国语·晋语一》:“周幽王伐有褒,有褒人以褒姒女焉,褒姒有宠,生伯服,于是乎与虢石甫比,逐太子宜臼而立伯服。太子出奔申,申人、鄫人召西戎以伐周,周于是乎亡。”

【译文】

十二年,越王对大夫文种说:“我听说吴王荒淫好色,糊涂昏乱而沉湎于酒,不理政务。趁此机会来谋取吴国,可以吗?”文种说:“可以攻破。那吴王淫荡而喜爱女色,太宰嚭花言巧语而控制了吴王的心思,去进献美女,他们一定会接受。希望大王挑选两位美女去献给他们。”越王说:“好!”于是就派会看相的人在国内寻觅,选得了苎萝山上的卖柴女,名叫西施、郑旦。接着就用轻薄的罗纱打扮她们,教给她们合乎礼仪法度的仪容举止,让她们在土城练习,到国都里巷去参观学习。三年学好了，就将她们献给吴王。于是就派相国范蠡去进献说："越王勾践私下得到两个天赐美女。越国穷困污秽，不敢让她们居留。所以谨派我范蠡把她们献给大王，愿大王不要嫌弃她们举止粗俗，容貌丑陋，收留下来供您作洒扫之用。"吴王十分高兴，说："越国进献两位女子，这是勾践尽忠于吴国的明证啊。"伍子胥劝谏说："不行，大王不要接受。我听说五颜六色会使人眼瞎，优美的音乐会使人耳聋。从前夏桀轻视了商汤便灭亡了，商纣王轻视了周文王也灭亡了。大王如果接受这两个美女，以后必有祸殃。我听说越王白天书写不知疲倦，夜晚诵读常常通宵，而且还聚集了不怕死的勇士几万名，这个人如果不死，就一定能实现他的愿望。越王履行诚信，实施仁政，听从劝谏，进用贤人，这个人如果不死，就一定能成就他的美名。越王夏天披着毛皮大衣，冬天穿着葛布衣，这个人如果不死，就一定会成为我们的仇敌。我听说：贤士是国家的宝物，美女是国家的祸患。夏朝因为妺喜而灭亡，商朝因为妲己而灭亡，周朝因为褒姒而灭亡。"吴王不听伍子胥的话，就接受了越国的美女。越王说："这第三种办法真好啊！"

十三年，越王谓大夫种曰："孤蒙子之术，所图者吉，未尝有不合也。今欲复谋吴，奈何？"种曰："君王自陈越国微鄙，年谷不登，愿王请籴，以入其意。天若弃吴，必许王矣。"越乃使大夫种使吴，因宰嚭求见吴王[①]，辞曰："越国洿下，水旱不调，年谷不登，人民饥乏，道荐饥馁。愿从大王请籴，来岁即复太仓[②]。惟大王救其穷窘。"吴王曰："越王信诚守道，不怀二心。今穷归愬[③]，吾岂爱惜财宝，夺其所愿？"子胥谏曰："不可！非吴有越，越必有吴。吉往则凶来。是养生寇而破国家者也。与之不为亲，不与未成冤。且越有圣臣范蠡，勇以善谋，将有修饰攻战，以伺吾间[④]。观越王之使使来请粜者，非国贫民困而请粜也，以入吾国，伺吾王间也。”吴王曰：“寡人卑服越王，而有其众，怀其社稷，以愧勾践。勾践气服，为驾车却行马前[⑤]，诸侯莫不闻知。今吾使之归国，奉其宗庙，复其社稷，岂敢有反吾之心乎？”子胥曰：“臣闻士穷，非难抑心下人，其后有激人之色[⑥]。臣闻越王饥饿，民之困穷，可因而破也。今不用天之道、顺地之理，而反输之食，固君之命。狐雉之相戏也，夫狐卑体，而雉信之。故狐得其志，而雉必死。可不慎哉？”吴王曰：“勾践国忧，而寡人给之以粟。恩往义来，其德昭昭，亦何忧乎？”子胥曰：“臣闻狼子有野心，仇雠之人不可亲。夫虎不可喂以食，蝮蛇不恣其意[⑦]。今大王捐国家之福，以饶无益之仇，弃忠臣之言，而顺敌人之欲。臣必见越之破吴，豸鹿游于姑胥之台[⑧]，荆榛蔓于宫阙。愿王览武王伐纣之事也。”太宰嚭从旁对曰：“武王非纣王臣也？率诸侯以伐其君，虽胜殷，谓义乎？”子胥曰：“武王即成其名矣。”太宰嚭曰：“亲戮主以为名，吾不忍也。”子胥曰：“盗国者封侯，盗金者诛。令使武王失其理，则周何为三家之表[⑨]？”太宰嚭曰：“子胥为人臣，徒欲干君之好，咈君之心[⑩]，以自称满。君何不知过乎？”子胥曰：“太宰嚭固欲以求其亲，前纵石室之囚，受其宝女之遗，外交敌国，内惑于君。大王察之，无为群小所侮。今大王譬若浴婴儿，虽啼，无听宰嚭之言。”吴王曰：“宰嚭是。子无乃闻寡人言，非忠臣之道，类于佞谀之人。”太宰嚭曰：“臣闻邻国有急，千里驰救。是乃王者封亡国之后[⑪]，五霸辅绝灭之末者也。”吴王乃与越粟万石，而令之曰：“寡人逆群臣之议而输于越，年丰而归寡人。”大夫种曰：“臣奉使返越，岁登诚还吴贷。”大夫种归越，越国群臣皆称万岁。即以粟赏赐群臣，及于万民。

【注释】

①因：通过。

②太仓：京城储粮的大粮仓。

③愬(sù)：同“诉”。

④间(jiàn)：间隙。

⑤却行：倒退着走，表示极度恭敬。

⑥激：水因受到阻碍或震荡而向上涌，此指阻遏(别人的)气势。

⑦蝮(fù)蛇：毒蛇的一种，头部呈三角形，身体灰褐色，有斑纹。

⑧豸(zhì)：徐天祜说：“虫无足曰豸。疑当作‘豕(shǐ)’。”无足的动物即蛇、蚯蚓之类。豕是猪。《说文·豸部》云：“豸，兽长脊，行豸豸然，欲有所司杀形，凡豸之属皆从豸。”从“豸”的有“豹”“豺”“貂”“貉”等，张觉据此认为“豸”当泛指野兽，于此文更相合。

⑨三家之表：徐天祜说：“意谓释箕子之囚，封比干之墓，表商容之闾也。”

⑩咈(fú)：违背。

⑪王者封亡国之后：如商汤封夏之后，周武王封商纣王子禄父于殷。

【译文】

十三年，越王对大夫文种说：“我幸亏听从了你的策略，所图谋的事情都吉利，还从来没有不符合原来设想的。现在想再进一步谋取吴国，该怎么办？”文种说：“大王可以主动向吴王陈诉，越国偏远微小，今年谷物歉收，希望大王允许我从吴国买些粮食，以此来试探一下吴王的心意。上天如果要抛弃吴国，吴王就一定会答应大王的。”越王就派大夫文种出使吴国，通过太宰嚭求见吴王，说道："越国地势低下，加上发生旱涝灾害，粮食歉收，人民饥饿穷困，路上屡屡见到饥饿的人群。请求从大王这里买些粮食，明年立即还给贵国国库。希望大王救济我们的穷困窘迫。"吴王说："越王忠诚守信，坚守道义，对我不怀二心。现在陷于困境而来向我诉说，我岂能吝惜财物，而使他的愿望落空呢?"伍子胥劝谏说："不行！不是吴国占有越国，就是越国一定会占有吴国。吉祥过去，灾祸就要到来。这卖粮的事是养活敌寇而使自己的国家败亡啊。给他们粮食，他们未必以我们为亲；不给他们，也未必就会结成冤家。而且越国有圣明的大臣范蠡，勇敢又善于谋划，会对他们的进攻有所掩饰，因而来窥探我们的空隙。我观察越王派使者前来请求买粮，并非是因为国家贫穷人民困顿而来请求买粮，而是为了进入我国来窥测我们大王的空隙啊。"吴王说："我使越王低头归服，而且占有了他的民众，拥有了他的国家，从而使勾践羞愧。勾践屈服了，给我驾车，在我马前倒退着走为我引路，各国诸侯没有不知道的。现在我让他回到越国，继续供奉他的宗庙，恢复他的社稷，他怎么敢有反叛我的念头呢?"伍子胥说："我听说士人穷途末路时，不难做到抑制自己的情绪而居于人下，到后来就会有盛气凌人的脸色。我听说越王遇到饥荒，民众趋于穷困，那正可以趁此机会攻破越国。现在不利用天道，不顺应地祇的法则，反而给他们输送粮食，固执于您的命令。狐狸与野鸡互相戏弄，那狐狸压低了自己的身体，而野鸡就相信了它。所以狐狸达成了它的心愿，而野鸡一定会死掉。大王能不加谨慎吗?"吴王说："勾践的国家遭受忧患，而我供给他粮食。恩惠送去了，信义就会随之而来，我的德行光明卓著，有什么可担忧的呢?"伍子胥说："我听说狼子天生有野心，敌对的人不可以亲近。那老虎不能用食物去喂养，蝮蛇不能让它肆意妄为。现在大王抛弃了国家的幸福，让对自己毫无好处的仇敌变得富足，抛弃了忠臣的建议，而顺从敌人的欲望。我一定会看到越国攻破吴国，蛇、鹿等野兽游荡在姑苏台上，荆棘、榛树蔓延生长在王宫中。希望大王回顾一下周武王攻打商纣王的事情吧。”太宰嚭在旁边插嘴说:“周武王不是商纣王的臣下吗?他竟然率领诸侯去讨伐自己的君主,虽然战胜了殷商,能说他合乎道义吗?”伍子胥说:“但周武王以此成就了他的名声啊。”太宰嚭说:“凭借亲手弑君而成名,我是不能容忍的。”伍子胥说:“窃取国家的人被封为诸侯,盗取金银财宝的人会被诛杀。假如武王背弃常理,那周王朝为何要表彰箕子、比干、商容这三个人呢?”太宰嚭说:“伍子胥作为一个臣子,却只想干涉君主的爱好,违背君主的心意,以使自己称心如意。大王怎么不知他的过错呢?”伍子胥说:“太宰嚭本来就想求得越王的喜爱,他先前释放了石室中囚禁的越王,接受了越国的财宝美女等馈赠,在外与敌国结交,在内迷惑君主。请大王明察,不要被这帮小人所欺骗。现在大王好比是在给婴儿洗澡,虽然小孩啼哭叫喊,您也不要听信太宰嚭的谗言。”吴王说:“太宰嚭是对的。你没有听我的话,这不是忠臣的做法,倒像奸佞谄谀的人。”太宰嚭说:“我听说邻国有急难,要不远千里赶去解救。这就是称王天下的人所以分封亡国者的后代,五霸要辅助灭绝国家的后裔的原因啊。”吴王于是就给了越国上万石的粮食,并命令文种说:“我顶住了大臣的非议而把粮食送给了越国,等到丰收之年就得还给我。”大夫文种说:“我奉命返回越国,等年成好了保证马上归还吴国借出的粮食。”大夫文种回到越国,越国群臣都高呼万岁。于是就把粮食赏给群臣,也遍及到万民手中。

二年,越王粟稔[①],拣择精粟而蒸,还于吴,复还斗斛之数[②]。亦使大夫种归之吴王。王得越粟,长太息,谓太宰嚭曰:“越地肥沃,其种甚嘉,可留使吾民植之。”于是吴种越粟,粟种杀而无生者,吴民大饥。越王曰:“彼以穷居,其可攻也。”大夫种曰:“未可。国始贫耳,忠臣尚在,天气未见,须俟其时。”

【注释】

①稔(rěn):庄稼成熟。

②斛(hú):古代容量单位,十斗为一斛。

【译文】

第二年,越王的庄稼成熟了,挑选上等的好粮把它们蒸熟,然后再还给吴国,按吴国借贷的斗斛数量全部还清。同样派大夫文种去把它们还给吴王。吴王得到越国的粮食,长长地叹了口气,对太宰嚭说:"越国土地肥沃,他们的品种很好,可以留着让我们的农民种植。"于是吴国就种植越国的粮种,粮种都被蒸死而没有一颗发芽的,吴国人这年大闹饥荒。越王说:"他们已经陷入穷困境地,大概可以进攻了吧。"大夫文种说:"还不行。吴国刚刚开始贫困而已,忠臣还健在,天地的气数还没有表现出来,还须等待时机。"

越王又问相国范蠡曰:"孤有报复之谋,水战则乘舟,陆行则乘舆。舆、舟之利,顿于兵弩。今子为寡人谋事,莫不谬者乎?"范蠡对曰:"臣闻古之圣君莫不习战用兵,然行阵队伍军鼓之事,吉凶决在其工。今闻越有处女,出于南林①,国人称善。愿王请之,立可见。"越王乃使使聘之,问以剑戟之术。处女将北见于王,道逢一翁,自称曰袁公,问于处女:"吾闻子善剑,愿一见之。"女曰:"妾不敢有所隐,惟公试之。"于是袁公即杖箖箊竹②,竹枝上颉桥③,未堕地④,女即捷末⑤。袁公则飞上树,变为白猿。遂别去,见越王。越王问曰:"夫剑之道则如之何?"女曰:"妾生深林之中,长于无人之野,无道不习,不达诸侯。窃好击之道,诵之不休。妾非受于人也,而忽自有之。"越王曰:"其道如何?"女曰:"其道甚微而易,其意甚幽而深。道有门户,亦有阴阳。开门闭户，阴衰阳兴。凡手战之道，内实精神，外示安仪。见之似好妇，夺之似惧虎。布形候气，与神俱往。杳之若日[⑥]，偏如滕兔[⑦]。追形逐影，光若佛彷。呼吸往来，不及法禁。纵横逆顺，直复不闻。斯道者，一人当百，百人当万。王欲试之，其验即见。"越王即加女号，号曰越女。乃命五校之队长高才习之以教军士[⑧]。当此之时皆称越女之剑[⑨]。

【注释】

①南林：徐天祐说："《越旧经》：'南林在山阴县南。'"

② 杖箖菸(lín yū)竹：该句古籍中引文都有差别，如《艺文类聚》卷八十九、九十五引文分别作"跪拔林于竹"和"挽林内之竹"，《北堂书钞》卷一百二十二作"拔林之竹"等。杖，疑为"拔"。箖箊，竹名。

③颉桥：应为"桔槔"，《艺文类聚》卷九十五引文作"桔槔"。

④未：疑为"末"，指竹梢末端。《艺文类聚》卷八十九引文作"末"。

⑤女即捷末：此句后有脱文。《艺文类聚》卷九十五引文作"女接取其末，袁公操其本而刺处女，处女应即入之，三入，因举杖击袁公。"意为处女拿起竹梢，袁公手握竹竿来刺击处女，处女顺势让袁公前来刺击，让他刺了三下，便举起竹梢去刺击袁公。《太平御览》卷九百一十引文与之稍有差别。

⑥杳(yǎo)：远得看不见踪影。

⑦偏：通"翩"。疾驰，飞扬。滕：徐天祐说："'滕'当作'腾'。"

⑧五校之队长高才习之以教：原作"五板之堕长高习之教"，有讹脱，据《太平御览》卷三百四十三引文改。五校，泛指各支军队。

⑨当此之时皆称：原作"当世胜"，不通，据《太平御览》卷三百四十三引文改。

【译文】

越王又问相国范蠡说:“我有报复吴国的计划,水战就乘船,陆地行军就乘车。但车、船的便利,都要被兵器弓弩所挫伤。现在您给我策划的事情,难不成是错误的吗?”范蠡回答说:“我听说古代的圣明君主都熟悉用兵打仗,但是军队行列的编排、军队的编制以及击鼓进退之类的事情,吉凶成败取决于将士的技术是否高超。现在我听说越国有个处女,出生于南林,国人都称道她剑术高超。希望大王去请她来,立即便可以见到。”越王就派使者去聘请她,向她请教使用剑戟的技术。处女将到北面朝见越王,路上碰到一个老头,自称叫袁公,他问处女说:“我听说你善于舞剑,希望能让我见识一下。”处女说:“小女不敢有所隐瞒,请您老试验。”于是袁公就拔起一支箖箊竹,那竹枝的上端干枯了,竹梢断了掉到地上,处女就拾起竹梢末端。袁公立即飞跃上树,变成了一只白猿。处女就告别离去,面见越王。越王问道:“那击剑之术是怎样的?”处女说:“小女出生在深山密林之中,成长于荒无人烟的野外,没有什么地方可以学习,也无法结交诸侯。只是私下喜欢击剑之术,一直念诵不停。我的击剑之术不是别人传授给我的,而是突然之间自己悟得的。”越王说:“那击剑之术怎样?”处女说:“那方法非常微妙而且容易,但其中的含意则非常隐晦深奥。道术有门户,也包含阴阳。门户有开闭,阴阳有盛衰。大凡手持兵刃参加作战的原则,体内要充足精神,外表仪态要显示出安稳庄重。看上去好像是个温良的美女,但争夺时要像受惊的猛虎。摆开架势,等候精气,要与精神同步向前。像太阳一样深远莫测,像飞腾的兔子一样轻快敏捷。追逐对手时形来影去,剑光若有若无。呼吸运气,击刺往来,不触犯法禁。横冲直撞,正击反刺,直冲复退都不被人察觉。这种剑术,一人可以抵挡百人,百人可以抵挡万人。大王如果想要试一下,那效果立即可以见到。”越王当即给处女加上名号,称她为越女。于是就命令各支部队的队长和才能较高的人向越女学习剑术,然后把它教给战士。在这个时候人们都称道越女的剑术。

于是范蠡复进善射者陈音。音，楚人也。越王请音而问曰："孤闻子善射，道何所生？"音曰："臣，楚之鄙人，尝步于射术[①]，未能悉知其道。"越王曰："然，愿子一二其辞。"音曰："臣闻弩生于弓[②]，弓生于弹[③]，弹起古之孝子。"越王曰："孝子弹者奈何？"音曰："古者人民朴质，饥食鸟兽，渴饮雾露。死则裹以白茅[④]，投于中野。孝子不忍见父母为禽兽所食，故作弹以守之，绝鸟兽之害。故歌曰'断竹续竹，飞土逐害'之谓也[⑤]。于是神农、皇帝弦木为弧，剡木为矢，弧矢之利，以威四方[⑥]。黄帝之后，楚有弧父。弧父者，生于楚之荆山[⑦]，生不见父母。为儿之时，习用弓矢，所射无脱。以其道传于羿[⑧]，羿传逄蒙[⑨]，逄蒙传于楚琴氏。琴氏以为弓矢不足以威天下。当是之时，诸侯相伐，兵刃交错，弓矢之威不能制服。琴氏乃横弓着臂，施机设郭[⑩]，加之以力，然后诸侯可服。琴氏传之楚三侯[⑪]，所谓句亶、鄂、章，人号麇侯、翼侯、魏侯也[⑫]。自楚之三侯传至灵王，自称之楚累世盖以桃弓棘矢而备邻国也[⑬]。自灵王之后，射道分流，百家能人，用莫得其正。臣前人受之于楚，五世于臣矣。臣虽不明其道，惟王试之。"

【注释】

①步：行走，引申指研究。

②弩：利用机械力量射箭的弓。

③弹：弹弓，用弹力发射弹丸的弓。

④白茅：多年生草本植物。古人常用来包裹祭品或人、兽尸体。《诗经·召南·野有死麕》："野有死麕，白茅包之。"

⑤害：《北堂书钞》卷一百二十四、《太平御览》卷三百五十等引文作

"肉"。之谓也:《太平御览》卷三百五十引文作"遂令死者不犯鸟狐之残也"。

⑥"于是神农、皇帝弦木为弧"以下四句:《周易·系辞下》:"神农氏没,黄帝、尧、舜氏作……弦木为弧,剡(yǎn)木为矢,弧矢之利,以威天下。"皇,徐天祜说:"'皇'当作'黄'。"神农,上古时期的部落首领,相传他教民农业生产,又亲尝百草,发现药材,教人治病。剡,削。矢,箭。

⑦荆山:山名,在今湖北南漳西。

⑧羿(yì):古人名"羿"者有二位,一是夏代东夷族有穷氏(在今山东德州)的部落首领,善于射箭。一是嫦娥之夫,神话传说中射落九日,为民除害的英雄。本文应指有穷氏。

⑨逄(páng)蒙:古代善射者。《荀子·正论》:"羿、逄蒙者,天下之善射者也。"古籍中也作"逢蒙"。《孟子·离娄下》:"逢蒙学射于羿,尽羿之道,思天下惟羿为愈己,于是杀羿。"

⑩郭:原作"枢",据《太平御览》卷三百四十八引文改。徐天祜说:"《释名》:'弩柄曰臂,钩弦曰牙,牙外曰郭,郭下有悬刀,合而名之曰机。言机巧也,亦言如门户之枢机,开阖有节。'"郭是弩机的组成部分,弩牙的外部。《释名·释兵》:"钩弦者曰牙,似齿牙也。牙外曰郭,为牙之规郭也。"

⑪琴氏传之楚三侯:徐天祜说:"《文选》注所引与此略同,但云'琴氏传大魏,大魏传楚三侯'少异耳。"

⑫所谓句亶、鄂、章,人号麋侯、翼侯、魏侯也:徐天祜说:"熊渠三子,长子康为句亶王,红为鄂王,少子执疵为越章王。三侯者,未僭王号时所称也。"句亶,在今湖北江陵。鄂,在今湖北鄂城。章,张觉据《史记·楚世家》认为"越章"当为"豫章",在今汉水之东、汉口之北一带。

⑬之楚:徐乃昌引卢文弨说:"'之楚'疑倒。"

【译文】

在这个时候，范蠡又推荐了擅长射箭的陈音。陈音是楚国人。越王请来了陈音而问他说："我听说你善于射箭，射箭之道起源于什么呢？"陈音说："我是楚国郊野之人，曾经研究过射箭技术，但还未能全部懂得它的道理。"越王说："即使这样，我还是希望你略谈一二。"陈音说："我听说弩是从弓衍生而来的，弓是从弹弓衍生而来的，弹弓是起源于古代的一个孝子。"越王说："孝子为何制作弹弓？"陈音说："古时候人民简朴质实，饿了就吃禽鸟野兽，渴了就喝露水。死了就用白茅包起来，抛在原野中。有位孝子不忍心看到父母的尸体被禽兽吃掉，所以制造了弹弓来守护父母的尸体，以杜绝禽鸟野兽的侵害。所以古歌谣唱'截断竹子系上竹条，弹飞土丸驱除鸟兽'，说的就是这个。在这以后神农、黄帝把弓弦绷在木头上制成木弓，把木材削成箭，凭借弓箭的锐利，黄帝得以威震四方。黄帝之后，楚国出了个弧父。弧父出生在楚国的荆山，生下来就没有见到父母。他还是个孩子的时候，就会使用弓箭，凡是他要射的禽兽没有能逃脱的。他把自己的射箭本领传授给了羿，羿传给了逄蒙，逄蒙传给了楚国的琴氏。琴氏认为弓箭还不足以威服天下。正当这个时候，诸侯各国互相征伐，兵刃纵横交加，弓箭的威力已不能制服对方。琴氏就把弓横过来装上木臂，加上发箭的机关，给弓增加了发射的力量，然后才能制服诸侯。琴氏把这制弩的方法传给了楚国的三个王侯，就是所谓的句亶王、鄂王、越章王，后来人们称之为麋侯、翼侯、魏侯。从楚国的三个王侯传到楚灵王，自称楚国世世代代都用桃木做成的弓、棘树做成的箭来防备邻国。从楚灵王之后，射术分成了不同流派，各派都有射箭能手，但没有人能得到真传。我的祖先在楚国学习的射术，传到我已经是第五代了。我虽然对射术还不很清楚，但请大王来测试一下。"

越王曰："弩之状何法焉？"陈音曰："郭为方城，守臣子也[①]。教为人君[②]，命所起也。牙为执法[③]，守吏卒也。牛为中将[4]，主内里也。关为守御[5]，检去止也[6]。锜为侍从[7]，听人主也。臂为道路[8]，通所使也。弓为将军，主重负也。弦为军师，御战士也[9]。矢为飞客，主教使也。金为实敌[10]，往不止也。卫为副使[11]，正道里也。又为受教[12]，知可否也。缥为都尉[13]，执左右也。敌为百死[14]，不得骇也。鸟不及飞，兽不暇走，弩之所向，无不死也。臣之愚劣，道悉如此。”

【注释】

①守臣子：弩郭围在弩牙之后，下文说弩牙是执法之臣，所以说郭“守臣子”。

②教：命令，当指弩郭下用来钩动弩牙的发箭机件，相当于扳机。所以说它是“人君”，是“命所起也”。《太平御览》卷三百四十八引文作“敖”。

③牙：弩上钩住弓弦的部分。弩牙是控制弓弦的，所以下文说它“守吏卒”。

④牛：张觉说：“指牛筋，附着于弓内以增强韧性。”

⑤关：当指弩机上的制动装置，限制箭出入的机件。

⑥检：约束，限制。

⑦锜（yǐ）：放置弩的架子。《文选》卷二张平子《西京赋》：“武库禁兵，设在兰锜。”薛综注：“锜，架也。”李善注：“刘逵《魏都赋》注曰：‘受他兵曰兰，受弩曰锜，音蚁。’”

⑧臂：弩臂是弩上向前伸出以支撑弓箭的部分，即安放箭的轨道，所以说它是“道路”。

⑨战士：比喻箭。

⑩金：此指金属箭头。实：《太平御览》卷三百四十八引文作“穿”。

⑪卫：箭尾羽毛。《释名·释兵》：“矢……其旁曰羽……齐人曰卫。”

⑫叉:当作"叉",形近而误。《释名·释兵》:"矢……其末曰栝(guā)。栝,会也,与弦会也。栝旁曰叉,形似叉也。"毕沅注:"栝之有叉,所以筑弦也。"栝是箭末端扣弦之处,叉即箭末尾的叉状物。

⑬缥:应当也是弩的组成部分,具体不详。张觉认为当作"弣(fǔ)",弓把的中部,可参考。

⑭敌:当作"镝",镝即箭头。《释名·释兵》:"镝,敌也,言可以御敌也。"

【译文】

越王说:"弩的形状取法于什么呢?"陈音说:"'郭'好像是方形的外城,是尽臣子职守的。'教'好比是君主,命令从它发出。'牙'是执行法令的,监督掌管官兵。'牛'好比是中将,是主管内部的。'关'好比是守卫,控制箭的去留。'锜'好比是侍从,是听从君主的。'臂'是道路,是被驱使的箭通过的地方。弩弓好比是将军,负担沉重。弓弦好比是军师,驾御像战士一样的箭。箭好比是飞奔向前的侠客,是承受使命的。'金'是用来穿透敌人的,它勇往直前,不会停止。'卫'是副指挥,负责校正路程。'叉'是用来接受命令的,它知道箭是否可以发射。'缥'好比是都尉,控制着弓的左右两边。'敌'是百发百中的,不可能被惊骇。禽鸟来不及飞走,野兽没有空逃跑,弩瞄准的东西,没有不死的。我愚笨拙劣,所了解的道理就是这样。"

越王曰:"愿闻正射之道。"音曰:"臣闻正射之道,道众而微。古之圣人,射弩未发,而前名其所中。臣未能如古之圣人,请悉其要。夫射之道,身若戴板,头若激卵。左足纵①,右足横。左手若附枝,右手若抱儿。举弩望敌,翕心咽烟②。与气俱发,得其和平,神定思去,去止分离。右手发机,左手不知。一身异教,岂况雄雌。此正射持弩之道也。"

"愿闻望敌仪表、投分飞矢之道[3]。"音曰："夫射之道，从分望敌，合以参连[4]。弩有斗石，矢有轻重。石取一两，其数乃平。远近高下，求之铢分。道要在斯，无有遗言。"越王曰："善。尽子之道，愿子悉以教吾国人。"音曰："道出于天，事在于人。人之所习，无有不神。"于是，乃使陈音教士习射于北郊之外。三月，军士皆能用弓弩之巧。陈音死，越王伤之，葬于国西，号其葬所曰陈音山[5]。

【注释】

①足纵：原作"蹉"，据《太平御览》卷三百四十八引文改。

②翕(xī)：收敛。咽烟：屏住呼吸。

③分(fèn)：志向，目标。

④参(sān)连：古代五射之一。《周礼·地官·保氏》："三曰五射。"郑玄注："五射：白矢、参连、剡注、襄尺、井仪也。"贾公彦疏："参连者，前放一矢，后三矢连续而去也。"

⑤陈音山：徐天祜说："在山阴县西南四里。《寰宇记》曰：'属上虞县。'非也。"

【译文】

越王说："希望再听听正确的射箭方法。"陈音说："我听说过正确的射箭方法，技术众多而微妙。古代的圣人射箭，在弓弩还未发射的时候，就能预言他要射中的东西。我还不能像古代的圣人那样，请让我把要领全都说一下吧。射箭的方法，身体要像穿了木板一样挺直，头要像放着卵蛋一样平稳。左脚竖直踏向前，右脚横着在后。左手就像握着树枝，右手要像抱着婴儿。举起弓弩瞄准敌人，把心收敛屏住呼吸。箭要与气一起发出去，等到心气平和，精神稳定，杂念除去，箭的去留要分清。右手扳动扳机，左手感觉不到。同一个人身体各个部分都奉行不同的指令,更何况是两个人以上。这就是正确地发射以及持弩的方法。”越王说:“希望再听听瞭望敌人的动静、根据目标来射箭的方法。”陈音说:“那射箭的方法,根据目标来瞭望侦察敌情,两军交锋时就用三箭连射之法。弩有弱有强,箭有轻有重。拉力达一石的弩就用重一两的箭,它们的比例才适当。目标有远近高低之别,都要求辨别得分毫不差。射法的要领都在这里了,没有别的可说了。”越王说:“好。拿出您全部的本事,希望您把它们全部教给我国的人民。”陈音说:“道理是上天创造的,事情的成败取决于人的努力。人若能反复进行练习,没有不神奇的。”于是越王就派陈音在北郊之外教士兵学习射箭。三个月后,士兵都掌握了使用弓弩的技巧。陈音死后,越王为之悲伤,把他安葬在国都西边,并称他埋葬的地方叫陈音山。

勾践伐吴外传第十

【题解】

本篇主要记述了勾践十五年(前 482)后,越国谋划并攻打吴国之事,还简叙了越灭吴之后,直到亡国的历史。开篇通过勾践与文种、范蠡的对话交待了由于施行大力繁殖人口、富民养兵、争取民心等政策,经过长时间的艰苦奋斗,越国已经国富民强,具备了向吴国报仇雪耻的实力。但是勾践仍积极寻求士大夫和国人的支持,他迫切的复仇心情和文种与范蠡的谨慎态度形成了鲜明的对比。夏季六月初战告捷之后,勾践与楚国使者申包胥就战事进行深入细致的探讨。冬十月,勾践再次与八位大夫讨论战前准备。在告诫嘱托国民、夫人、大臣之后,勾践领军出征。行军过程中,勾践多次严明军纪、鼓舞士气。作者不厌其烦地对勾践伐吴的准备工作进行描写,目的在于揭示越国能够战胜吴国的原因与丰富的战争经验。相对于战前准备,战争过程则写得比较简略,主要叙述了吴越松江之战、乞道伍子胥及吴王请和三个情节。灭吴后,本篇又详细生动记叙了范蠡归隐、文种被杀、孔子访越等事,文末最后略记了越国世系。本篇取名《勾践伐吴外传》,叙述重点在于勾践攻打吴国的准备与过程,对与吴、越战争关系不大及勾践死后的事情就写得极为简略,并与《夫差内传》互有详略,颇具匠心。

本文还收集了很多传闻异说,远比《史记》《左传》《国语》的材料丰富，其中如勾践拜蛙、伍子胥显灵、孔子献乐、迁葬元常等事，赋予了《吴越春秋》一定的传奇色彩。篇中出现了离别相去之词、祝酒词、河梁之诗，体现了当时的文学风貌，具有特殊的文学价值。另外要注意的是本篇记载不甚严谨，存在纪年差错与史实谬误，尤其文末的越国世系与《史记·越王勾践世家》的记载有较大出入，但事件描写详尽而完整，仍有一定史料价值。

勾践十五年，谋伐吴[①]，谓大夫种曰："孤用夫子之策，免于天虐之诛，还归于国。吾诚已说于国人[②]，国人喜悦。而子昔日云：有天气即来陈之。今岂有应乎？"种曰："吴之所以强者，为有子胥。今伍子胥忠谏而死，是天气前见亡国之证也。愿君悉心尽意以说国人。"越王曰："听孤说国人之辞：寡人不知其力之不足，以大国报仇[③]，以暴露百姓之骨于中原，此则寡人之罪也。寡人诚更其术，于是乃葬死问伤，吊有忧，贺有喜，送往迎来，除民所害。然后卑事夫差，往宦士三百人于吴。吴封孤数百里之地，因约吴国父兄昆弟而誓之曰[④]：'寡人闻古之贤君，四方之民归之若水。寡人不能为政，将率二三子夫妇以蕃[⑤]。'令壮者无娶老妻，老者无娶壮妇。女子十七未嫁，其父母有罪。丈夫二十不娶，其父母有罪[⑥]。将免者[⑦]，以告于孤，令医守之。生男二，贶之以壶酒、一犬。生女二，赐以壶酒、一豚[⑧]。生子三人，孤以乳母。生子二人，孤与一养。长子死，三年释吾政[⑨]。季子死，三月释吾政。必哭泣葬埋之，如吾子也。令孤子、寡妇、疾疹、贫病者[⑩]，纳官其子。欲仕，量其居，好其衣，饱其食，而简锐之。凡四方之士来者，必朝而礼之。载饭与羹以游国中，国中僮子戏而遇孤,孤餔而啜之[11],施以爱,问其名。非孤饭不食,非夫人事不衣[12]。七年不收国,民家有三年之畜[13]。男即歌乐,女即会笑。今国之父兄日请于孤曰:'昔夫差辱吾君王于诸侯,长为天下所耻。今越国富饶,君王节俭,请可报耻。'孤辞之曰:'昔者我辱也,非二三子之罪也。如寡人者,何敢劳吾国之人,以塞吾之宿仇[14]?'父兄又复请曰:'诚四封之内,尽吾君子。子报父仇,臣复君隙,岂敢有不尽力者乎?臣请复战,以除君王之宿仇。'孤悦而许之。"大夫种曰:"臣观吴王得志于齐、晋,谓当遂涉吾地,以兵临境。今疲师休卒,一年而不试,以忘于我,我不可以怠。臣当卜之于天[15]。吴民既疲于军,困于战斗,市无赤米之积,国廪空虚,其民必有移徙之心,寒就蒲赢于东海之滨[16]。夫占兆人事,又见于卜筮[17]。王若起师,以可会之利[18],犯吴之边鄙,未可往也。吴王虽无伐我之心,亦难动之以怒,不如诠其间[19],以知其意。"越王曰:"孤不欲有征伐之心,国人请战者三年矣,吾不得不从民人之欲。今闻大夫种谏难。"越父兄又谏曰:"吴可伐。胜则灭其国,不胜则困其兵。吴国有成,王与之盟,功名闻于诸侯。"王曰:"善。"于是,乃大会群臣而令之曰:"有敢谏伐吴者,罪不赦。"蠡、种相谓曰:"吾谏已不合矣,然犹听君王之令。"

【注释】

①勾践十五年,谋伐吴:徐天祜说:"按勾践七年归自吴,既反国,四年即与范蠡谋伐吴,自兹四年间必谋之,蠡皆以为未可。《国语》记之稍详,至是始伐吴。《左传》见于哀公十三年,正勾践十五年也。"

②说：徐天祜说："音税，下同。"《国语·越语上》："句践说于国人曰。"韦昭注："说，解也。"两说均通，读为 shuì，劝说；读为 shuō，解说。

③寡人不知其力之不足，以大国报仇：《国语·越语上》："寡人不知其力之不足也，而又与大国执仇。"

④吴国：当作"越国"。《国语·越语上》："句践之地，南至于句无，北至于御儿，东至于鄞，西至于姑蔑，广运百里。乃致其父母昆弟而誓之曰……"据此文意，"其"应指代越国。

⑤蕃：原作"藩辅"，从张觉说，据《国语·越语上》改。

⑥"女子十七未嫁"以下四句：《国语·越语上》："女子十七不嫁，其父母有罪；丈夫二十不娶，其父母有罪。"韦昭注："礼，三十而娶，二十而嫁。今不待礼者，务育民也。"

⑦免者：徐天祜说："免者，免身脱也，谓生子。"免，通"娩"。生孩子。

⑧豚：小猪。徐天祜说："犬，阳畜。豚，阴畜。"

⑨长子死，三年释吾政：《国语·越语上》韦昭注："礼，妇为嫡子丧三年。"五服规定母为长子服齐衰三年。

⑩疹(chèn)：同"疢"。热病，泛指疾病。

⑪餔(bū)：同"哺"。食，吃。啜(chuò)：喝，饮。

⑫非孤饭不食，非夫人事不衣：《国语·越语上》："非其身之所种则不食，非其夫人之所织则不衣。"

⑬七年不收国，民家有三年之畜：《国语·越语上》："十年不收于国，民俱有三年之食。"七，疑作"十"。畜，同"蓄"。《国语·越语上》韦昭注："古者三年耕，必有一年之食。"

⑭塞(sài)：同"赛"。为酬报神明的恩赐而举行祭祀，这里用报复之意。

⑮当：疑作"尝"，"当"与"尝"形近而误。《国语·吴语》此句作"日臣尝卜于天"，韦昭注："日，昔日。"所以此句为文种回忆卜卦之事，可为证。

⑯蠃：徐天祜说："'蠃'疑当作'蠃（luǒ）'…… 蠃，蚌蛤之属。"《国语·吴语》："其民必移就蒲蠃于东海之滨"。韦昭注："蠃，蚌蛤之属。"可为证。

⑰卜筮（shì）：古时占卜吉凶的两种方法，用龟甲称卜，用蓍（shī）草称筮。

⑱王若起师，以可会之利：张觉说："'会'字下当有'夺'，形近而脱。"《国语·吴语》作"王若今起师以会，夺之利"，可备一说。

⑲诠：就，靠近。《淮南子·诠言训》注："诠，就也。"

【译文】

勾践十五年，越王谋划攻打吴国，对大夫文种说："我采用了先生的计策，免除了天灾的惩罚，回归越国。我确实已经向国人作了解说，国民喜悦。但您昔日曾说过：等上天有了气象征兆就马上来告诉我。现在有什么反应了吗？"文种说："吴国之所以强大，是因为有伍子胥。现在伍子胥因为尽忠劝谏而被吴王赐死，这是上天预示吴国将要灭亡的明证啊。希望大王全心全意地去说服国人。"越王说："你且听一下我劝说国民的言辞：我过去不知道自己的力量不足，却向大国报仇，因而使无数民众的尸骨暴露在原野中，这是我的罪过啊。我真诚地改变自己的策略，于是我就安葬死难者，慰问伤员，对有丧事的人表示哀悼，祝贺有喜事的人，欢送前往国外的人，迎接来到越国的人，除去民众以为祸害的事。然后我卑下地去侍奉夫差，同去吴国做奴仆的人有三百个。吴国封给了我方圆数百里的土地，于是我约请越国的父老兄弟，并向他们发誓说：'我听说古时候的贤明君主，四面八方的民众就像水往低处汇流一样归依他。我没有能力像他们那样治理政事，但请让我率领诸位夫妇繁衍生息。'于是我下令壮年男子不准娶年老的妻子，老年男子不准娶年轻的妇女。女子十七岁还未出嫁，她的父母就有罪。男子二十岁还没娶妻，他的父母也有罪。孕妇临近分娩，要报告给我，我将派医生守护她。生两个男孩，就赐给一壶酒、一条狗。生下两个女孩，就赐给一壶酒、一头小猪。生三个孩子，我就给配备奶娘。生两个孩子，我就提供一个孩子的抚养费用。长子死了，可以免除三年赋役。小儿子死了，可以免除三个月赋役。我一定痛哭流涕地去安葬他，就像对我自己的儿子一样。我让孤儿、寡妇以及生病、贫困的人，把他们的孩子交给国家抚养。如果想要做官的，我就丈量宅地提供房舍给他们居住，让他们穿得好，吃得饱，从中选拔优秀的人才。凡是四方的贤士前来归依的，一定在朝廷上接见他而以礼相待。用车装着米饭和菜羹到国内巡游，嬉戏的小孩碰上我，我就给他们吃喝，把我的爱奉献给他们，询问他们的名字。不是我亲自耕种的粮食，我就不吃，不是我夫人织出来的布做的衣服，我就不穿。七年没有向国民收税，国民每家都有了供三年之用的储备。男人快乐得歌唱，女人聚在一起欢笑。现在国内的父老兄弟天天向我请求说：'当年夫差在各国诸侯面前侮辱了我们的君王，使我们长期被天下人所耻笑。现在越国已经富足，大王又节约俭省，请允许我们去报仇雪耻。'我拒绝他们说：'从前我受到侮辱，不是你们各位的罪过。像我这样的人，怎么敢烦劳我的国民，去报我的旧仇呢？'父老兄弟又再次请求说：'越国境内，都是国君的臣子。儿子替父亲复仇，臣下为君主报怨，哪敢有不尽心竭力的呢？我们请求再去战斗，以此除掉君主的旧仇。'我高兴地答应了他们。"大夫文种说："我看吴王在齐国、晋国已达到了目的，以为他会顺势踏上我们的领土，将他的军队逼近我们的国境。但现在他们已经是疲惫之师而在休养士兵，一年了还不试图进攻，已经把我们忘了，但我们切不可因此而懈怠啊。我曾经对着上天给吴国占卜过。现在吴国的民众已经被军事所疲，被战争所困，集市上连糙米都没有囤积，国家的仓库空空荡荡，他的民众必定会有迁移到别处之心，寒酸地只好到东海岸边去取食蒲草、蛤蚌。进行占卜，征兆既可以见于人事，也可以见于卜筮。大王如果起兵，用可以预见的有利条件，侵犯吴国的边境，但这种事现在还不能去干啊。吴王虽然没有进攻我们的意向，但也不能惹他发怒，不如趁他疏忽的空隙去靠近他，以此来摸清他的心思。”越王说：“我本没有攻打吴国之心，但国民请求作战已经三年啦，我不得不顺从民众的愿望。现在却听到大夫种的进谏辩难。”越国的父老兄弟又进谏说：“吴国是可以攻打的。如果我们胜利了，就可以灭掉他们的国家，如果打不赢，也可以困住他们的军队。吴国如果求和，大王就和他们结盟，这样大王的功名就会在诸侯中传扬。”越王说：“好。”于是就大规模地召集群臣而命令他们说：“有敢来劝阻我攻打吴国的一定治罪，决不赦免。”范蠡、文种交谈说：“我们的劝说已经不合大王心意了，那么还是听从君主的命令吧。”

越王会军列士而大诫众，而誓之曰：“寡人闻古之贤君，不患其众不足，而患其志行之少耻也①。今夫差衣水犀甲者十有三万人②，不患其志行之少耻也，而患其众之不足。今寡人将助天威③。吾不欲匹夫之小勇也，吾欲士卒进则思赏，退则避刑。”于是越民父勉其子，兄劝其弟，曰：“吴可伐也。”

【注释】

①少耻：《国语·越语上》韦昭注：“少耻，谓进不念功，临难苟免。”

②水犀：一种生活在水中的犀牛。徐天祜说：“徼外有山犀，有水犀。水犀之皮有珠甲，山犀则无。吴以水犀皮饰甲也。《周礼》：‘犀甲寿百年。’”三：原作“二”，据弘治本及《国语·越语上》改。

③今寡人将助天威：《国语·越语上》作“今寡人将助天灭之”，韦昭注：“言夫差天所不与，故曰助天。”

【译文】

越王召集军队，战士排成了整齐队列，郑重地告诫众人，且向他们宣告说：“我听说古代的贤明君主，不担忧他的兵员不够，而担忧他们的志向操守中缺少耻辱感。现在夫差拥有穿着水犀皮铠甲的士兵十三万人，却不担心他们的志行缺少耻辱感，而担忧他的士兵数量不够。现在我将辅助上天惩罚夫差。我不要那种匹夫之勇，我要战士们进攻时想着立功行赏，后退时就想到要避免刑罚而不溃逃。”于是越国的民众父亲勉励儿子、兄长勉励弟弟，说：“吴国可以攻打了。”

越王复召范蠡谓曰：“吴已杀子胥，道谀者众。吾国之民又劝孤伐吴，其可伐乎？”范蠡曰：“未可。须明年之春，然后可耳。”王曰：“何也？”范蠡曰：“臣观吴王北会诸侯于黄池，精兵从王，国中空虚，老弱在后，太子留守。兵始出境未远，闻越掩其空虚，兵还不难也。不如来春。”

【译文】

越王又召见范蠡，对他说：“吴王已经杀掉了伍子胥，阿谀奉承的小人很多。我国的民众又劝我攻打吴国，可以去攻打了吗？”范蠡说：“还不可以。需要等到明年春天的时候，然后才可以。”越王说：“为什么呢？”范蠡说：“我看吴王北上到黄池与诸侯会盟，精锐的部队都跟随着吴王，国内兵力空虚，只剩下年老体弱的留在后方，由太子留守国都。但现在吴王的军队出境还不远，如果听说越国趁他国内空虚去偷袭，回师并不困难。所以不如等到明年春天。”

其夏六月丙子[①]，勾践复问，范蠡曰：“可伐矣。”乃发习流二千人、俊士四万、君子六千、诸御千人[②]，以乙酉与吴战。丙戌，遂虏杀太子。丁亥，入吴，焚姑胥台。吴告急于夫差。夫差方会诸侯于黄池，恐天下闻之，即密不令泄。已盟黄池，乃使人请成于越。勾践自度未能灭，乃与吴平。

【注释】

①六月丙子:此文所记伐吴时间同《左传·哀公十三年》,即鲁哀公十三年,勾践十五年(前482)六月十一日。

②习流:熟悉水性的水兵。俊士:才智出众的士兵。

【译文】

这一年的夏季六月丙子日,勾践再次问范蠡,范蠡说:"可以进攻了。"于是勾践就出动了熟悉水战的士兵二千人、训练有素的士兵四万人、嫡系部队六千人、军中管理各项事物的勤务兵一千人,在乙酉日与吴军交战。丙戌日,便俘虏并杀死了太子友。丁亥日,攻入吴国国都,放火烧了姑胥台。吴国派人向夫差告急。夫差正好在黄池与诸侯会盟,害怕天下人都听到这一消息,就加以保密而不让泄露。等到黄池会盟后,才派人向越国求和。勾践考虑到自己还没有力量灭亡吴国,就与吴国讲和了。

二十一年七月①,越王复悉国中士卒伐吴。会楚使申包胥聘于越②,越王乃问包胥曰:"吴可伐耶?"申包胥曰:"臣鄙于策谋,未足以卜。"越王曰:"吴为不道,残我社稷,夷吾宗庙,以为平原,使不得血食③。吾欲与之徼天之中④,惟是舆马、兵革、卒伍既具,无以行之。诚闻于战,何以为可?"申包胥曰:"臣愚,不能知。"越王固问,包胥乃曰:"夫吴,良国也,传贤于诸侯。敢问君王之所战者何?"越王曰:"在孤之侧者,饮酒食肉,未尝不分。孤之饮食不致其味,听乐不尽其声,求以报吴。愿以此战。"包胥曰:"善则善矣,未可以战。"越王曰:"越国之中,吾博爱以子之⑤,忠惠以养之。吾今修宽刑⑥,欲民所欲,去民所恶,称其善,掩其恶,求以报吴。愿以此战。"包胥曰:"善则善矣,未可以战。"王曰:"越国之中,富者吾安之，贫者吾予之，救其不足，损其有余，使贫富不失其利，求以报吴。愿以此战。”包胥曰：“善则善矣，未可以战。”王曰：“邦国南则距楚，西则薄晋，北则望齐，春秋奉币、玉帛、子女以贡献焉，未尝敢绝，求以报吴。愿以此战。”包胥曰：“善哉！无以加斯矣，犹未可战。夫战之道知为之始⑦，以仁次之，以勇断之。君、将不知，即无权变之谋，以别众寡之数；不仁，则不得与三军同饥寒之节⑧，齐苦乐之喜；不勇，则不能断去就之疑，决可否之议。”于是越王曰：“敬从命矣。”

【注释】

①二十一年七月：徐天祜说：“按《左传·哀公十七年》‘越伐吴，吴御之笠泽’实勾践十九年事，此书不当以为二十一年也。”徐说是。

②聘：《礼记·曲礼下》：“诸侯使大夫问于诸侯曰聘。”

③血食：古人杀牲取血，用以祭祀，故称血食。

④徼（yāo）：通“邀”。求，求得。中：通“衷”。善，福。

⑤子：爱，像对子女一样地爱护。

⑥今修宽刑：《国语·吴语》作“修令宽刑”。

⑦知：同“智”。

⑧三军：古代各诸侯国多设中、上、下或中、左、右三军。此指全军将士。

【译文】

二十一年七月，越王又发动全国的士兵进攻吴国。正好楚国派申包胥到越国访问，越王就问申包胥说：“吴国可以攻打吗？”申包胥说：“我不善于出谋划策，不足以预测。”越王说：“吴国做了不仁道的事，破坏我的社稷，毁灭我的宗庙，将它们夷为平地，使神祇和祖先不能享受祭祀。我想给他们求取上天的福祐,虽然兵车战马、武器甲胄、队伍都已经具备了,却还没有使用它们。我真想听您讲一下有关战争的事,什么样的战争是可以打的?"申包胥说:"我实在愚笨,不清楚啊。"越王坚持问他,申包胥才说:"那吴国是一个良好的国家啊,吴王的贤能在诸侯各国传扬。我斗胆问一下大王您凭什么和他们作战?"越王说:"在我身边的人,我喝酒吃肉的时候,从来没有不分给他们。我平常吃饭不讲究味道,听音乐不追求声音完美,以求向吴国报仇。希望凭借这些来作战。"申包胥说:"这些做法好倒是好,但还不能凭此去作战。"越王说:"在越国之内,我以博大的爱心爱护民众,用忠信和恩惠来养育民众。我现在修改放宽刑罚,想民之所想,去民之所恶,赞扬他们的善行,掩盖他们的罪恶,以求向吴国报仇。希望凭借这些来作战。"申包胥说:"这些做法好倒是好,但仍不能凭此去作战。"越王说:"在越国之中,富人我让他们安定,穷人我就给予,救助那些缺吃少穿的,征收那些家有盈余的,使穷人富人都不丧失自己的利益,以求向吴国报仇。希望凭借这些来作战。"申包胥说:"这些做法好倒是好,但还是不可以凭此去作战。"越王说:"我越国南面和楚国相距,西边则靠近晋国,北面与齐国相望,每年按时拿礼品、玉石、丝帛、子女去献给他们这些邻国,从未敢间断过,以求向吴国报仇。希望凭借这些来作战。"申包胥说:"好啊!没什么能超过这个了,但还不可以去作战。战争之道,智慧是它的首要因素,其次是仁爱,还要靠勇敢来决断。假如君主、将领没有智慧,就没有随机应变的谋略,也就无法根据敌我力量的悬殊来采取不同的策略;假如没有仁爱之心,就不能和全军将士一起忍饥受冻,分享同甘共苦的喜悦;假如没有勇敢,就不能决断进退的疑难,也不能裁决针锋相对的议论。"于是越王说:"我恭敬地接受您的教诲。"

冬十月,越王乃请八大夫,曰:"昔吴为不道,残我宗庙,夷我社稷,以为平原,使不血食。吾欲徼天之中,兵革既具,无所以行之。吾问于申包胥,即已命孤矣[①]。敢告诸大夫,如何?”大夫曳庸曰:“审赏则可战也。审其赏,明其信,无功不及,有功必加,则士卒不怠。”王曰:“圣哉!”大夫苦成曰:“审罚则可战。审罚,则士卒望而畏之,不敢违命。”王曰:“勇哉!”大夫文种曰:“审物则可战。审物,则别是非;是非明察,人莫能惑。”王曰:“辨哉!”大夫范蠡曰:“审备则可战[②]。审备慎守,以待不虞。备设守固,必可应难。”王曰:“慎哉!”大夫皋如曰:“审声则可战。审于声音,以别清浊。清浊者,谓吾国君名闻于周室,令诸侯不怨于外。”王曰:“得哉[③]!”大夫扶同曰:“广恩知分则可战。广恩以博施,知分而不外。”王曰:“神哉!”大夫计砚曰:“候天察地,参应其变,则可战。天变、地应、人道便利,三者前见,则可。”王曰:“明哉!”

【注释】

①命:《国语·吴语》韦昭注:“命,告也。”

②备:《国语·吴语》韦昭注:“备,守御之备。”

③得:通“德”。

【译文】

这年冬天十月,越王请来了八位大夫,说:“从前吴国做了不仁道的事,破坏我的宗庙,毁灭我的社稷,将它们夷为平地,使神祇和祖先不能享受祭祀。我想给他们求取上天的福祐,武器装备已经准备好了,却还没有使用它们。我请教了申包胥,他已经指点过我了。我现在告诉诸位大夫,你们看怎么样?”大夫曳庸说:“明确奖赏就可以战。严明奖赏,彰明信用,没有功劳得不到奖赏,有功劳就一定给予奖赏,那么士兵就不会懈怠了。”越王说:“通达啊!”大夫苦成说:“严明刑罚就可以战。严明刑罚,那么士兵就会望而生畏,不敢违抗命令。”越王说:“勇敢啊!”大夫文种说:“明察事物就可以战。明察事物那就能分辨是非;是非分明了,别人就无法迷惑他。”越王说:“明辨啊!”大夫范蠡说:“周密准备就可以战。周密地准备,谨慎地防守,以此来应付意外事件发生。战备设置好,防守又牢固,就一定可以应付变难了。”越王说:“谨慎啊!”大夫皋如说:“慎重地维护名声就可以战。慎重地维护名声,以此来区别清浊。所谓区别清浊,是指我们国君那高洁的名声传到周王朝那里,使各国诸侯在外面没什么怨言。”越王说:“有德行啊!”大夫扶同说:“扩大恩德,知道自己的本分就可以战。扩大恩德就会广泛地施舍,知道自己的本分就不会有外心。”越王说:“神妙啊!”大夫计砚说:“观测天象,考察地理,参悟并适应天地的变化规律,才可以作战。天道有变化,地道要适应,人道也要通顺有利,这三者事先都表现出来,就可以作战了。”越王说:“明智啊!”

于是勾践乃退斋,而命国人曰:“吾将有不虞之议,自近及远,无不闻者。”乃复命有司与国人曰:“承命有赏,皆造国门之期,有不从命者,吾将有显戮[①]。”勾践恐民不信,使以征不义闻于周室,令诸侯不怨于外,令国中曰:“五日之内,则吾良人矣。过五日之外,则非吾之民也,又将加之以诛。”教令既行,乃入命于夫人。王背屏[②],夫人向屏而立。王曰:“自今日之后,内政无出,外政无入[③]。各守其职,以尽其信。内中辱者,则是子。境外千里辱者,则是予也[④]。吾见子于是,以为明诫矣。”王出宫,夫人送王,不过屏[⑤]。王因反阖其门,填之以土。夫人去笄[⑥],侧席而坐,安心无容[⑦],三月不扫。王出,则复背垣而立[⑧],大夫向垣而敬。王乃令大夫曰:“食士不均,地壤不修,使孤有辱于国,是子之罪。临敌不战,军士不死,有辱于诸侯,功隳于天下[⑨],是孤之责。自今以往，内政无出，外政无入[10]。吾固诫子。”大夫曰[11]：“敬受命矣。”王乃出，大夫送出垣[12]，反阖外宫之门，填之以土。大夫侧席而坐，不御五味，不答所劝。勾践有命于夫人、大夫曰：“国有守御！”

【注释】

①显戮：泛指处死，明正典刑，陈尸示众。

②屏：照壁。《国语·吴语》韦昭注：“屏，寝门内屏。王北向，夫人南向。”

③内政无出，外政无入：《国语·吴语》韦昭注：“内政，妇职。外政，国事。”

④予：原作“子”，徐乃昌引蒋光煦说：“宋本‘子’作‘予’。”据改。

⑤夫人送王，不过屏：《国语·吴语》韦昭注：“礼：妇人送迎不出门。”

⑥笄(jī)：簪。

⑦无容：不修饰容貌。因丈夫外出，所以无心打扮了。《诗经·卫风·伯兮》：“自伯之东，首如飞蓬。岂无膏沐，谁适为容？”其意与此同。

⑧垣(yuán)：矮墙。

⑨隳(huī)：毁坏。

⑩内政无出，外政无入：《国语·吴语》韦昭注：“内，国政。外，军政。”

⑪大夫曰：原作“大夫”，徐乃昌引蒋光煦说：“宋本‘大夫’下有‘曰’字。”据补。

⑫大夫送出垣：《国语·吴语》作“王遂出，大夫送王不出檐”，韦昭注：“示当守备。”

【译文】

于是勾践就退居斋戒，并命令国民说：“我将有出人意料的策划，从近到远，没有听不到的。”于是又命令执行官员对国民说：“接受命令，按照规定日期都到国都城门口报到,有赏赐。不服从命令的,我将公开处决示众。"勾践怕民众不相信,就派使者把要征讨伐不义之国的事报告给周王室,使各国诸侯不致在外面怨恨指责,又命令国内的人说:"五天之内来报到的,那就是我的良民。超过了五天,就不是我的国民了,还将对他们加以惩处。"命令已经发布,勾践就进宫嘱咐夫人。越王背对照壁,夫人面对着照壁而站着。越王说:"从今天以后,内宫的事情不要向外传,外朝的国事也不要带入内宫。各守各的职责,以竭尽自己的忠诚。内宫内有了耻辱的事,就是你的责任。在国境千里之远的地方有了耻辱的事,就是我的责任。我在这里见了你,把这一点已经明确地告诫你了。"越王走出内宫,夫人送越王,没有走过照壁。越王转过身来在外面把宫门关上,用泥土把门填住。夫人拔去了头上的簪子,独自一个人坐在席上,安下心来不再修饰自己,宫室三个月没有扫除。越王走出内宫,又背对着外朝的宫墙站着,大夫们面对宫墙恭敬地侍立。越王就命令大夫们说:"供养士人不均匀,土地不加开垦,让我在国内有了耻辱,这是你们的罪过。面对敌人而不战斗,战士不能舍生忘死,在各国诸侯面前遭到羞辱,在天下人面前毁坏了功业,这是我的责任。从今以后,国内的政事不要外传,对外作战的事不要带进宫内。我特地告诫你们。"大夫们说:"恭敬地接受您的命令。"越王就走出王宫,大夫们送他,不走出宫墙,越王转过身来在外面把外宫的门关上,用泥土把门堵住。大夫们各自在席上坐着,不进用美味佳肴,也不理睬别人的劝告。勾践又命令夫人、大夫们说:"国都要有守御!"

乃坐露坛之上,列鼓而鸣之,军行成阵[①],即斩有罪者三人,以徇于军[②],令曰:"不从吾令者,如斯矣。"明日,徙军于郊,斩有罪者三人,徇之于军,令曰:"不从吾令者,如斯矣。"王乃令国中不行者,与之诀而告之曰:"尔安土守职。吾方往征讨我宗庙之仇,以谢于二三子。”令国人各送其子弟于郊境之上。军士各与父兄昆弟取诀,国人悲哀,皆作离别相去之词,曰:“跞躁摧长恧兮[3],擢戟驭殳[4]。所离不降兮[5],以泄我王气苏。三军一飞降兮,所向皆殂[6]。一士判死兮[7],而当百夫。道祐有德兮,吴卒自屠。雪我王宿耻兮,威振八都[8]。军伍难更兮,势如貔貙[9]。行行各努力兮,於乎於乎!”于是,观者莫不悽恻。明日,复徙军于境上,斩有罪者三人,徇之于军,曰:“有不从令者,如此。”后三日,复徙军于檇李,斩有罪者三人,以徇于军,曰:“其淫心匿行[10],不当敌者,如斯矣。”

【注释】

①军行成阵:徐乃昌引蒋光煦说:“宋本作‘军成行阵’。”

②徇(xùn):对众宣示。

③跞(lì):跨跃。跞躁,走动急速。恧(nǜ):惭愧,羞耻。

④殳(shū):兵器,历代典籍多有记载,不但用来防身自卫还用来装备军队。徐天祜说:“兵器。《诗》:‘伯也执殳。’《周礼》:‘殳以积竹,八觚,长丈二尺,建于兵车,旅贲以先驱。’《说文》:‘积竹,谓削去白,取其青处合之,取其有力。’《释名》:‘殳,殊也。长一丈二尺,无刃,有所撞挃于车上,使殊离也。’”驭殳,指兵车载着殳奔驰。

⑤离:同“罹”。遭遇。

⑥殂(cú):死亡。

⑦判(pān)死:薛耀天说:“即拼死。判,不顾,豁出去。”

⑧八都:八方的城邑。

⑨貔貙(pí chū):两种猛兽。徐天祜说:“貔,猛兽。陆玑曰:‘似虎。或曰似罴(pí)。’貙……似貍,能捕兽祭天。陆佃曰:‘虎五指为貙。’”

⑩匿(tè):同"慝"。恶,坏。

【译文】

于是越王坐在露天的高台上,摆开战鼓敲击起来,军队排成行列,就杀了三个犯罪的人,在军中示众,警告说:"不服从我命令的,就像这几个人一样。"第二天,把军队移驻到城郊,又杀了三个犯罪的人,在军中示众,警告说:"不服从我命令的,下场就是这样。"越王于是召集国内不出征的人,与他们诀别并告诉他们说:"你们安心住在本土,做好本职工作。我们将要出征讨伐毁坏我们宗庙的仇敌,就此和诸位告辞了。"又让国民在郊外各自送别他们的儿子兄弟。战士们也各自与父亲兄弟诀别,国民悲痛哀伤,一同作了一首生离死别的歌,那歌词唱道:"快速前进去雪旧耻啊,拔出戟来车载着殳。遭遇灾难不投降啊,为我们大王发泄怨和怒。三军一旦从天而降啊,所向敌军都死亡。一个战士拼命杀敌啊,上百敌人挡不住。天道祐助有德之君啊,吴军是自取灭亡。洗刷我王旧日耻辱啊,神威振动四面八方。将士斗志毫不动摇啊,来势汹汹如貔貙一样凶猛。人人都努力啊,呜呼呜呼不会输!"这时,围观的人没有不悲痛的。第二天,又把部队移驻到国境边,杀了三个犯罪的人,在军中示众,说:"如果有不服从命令的,下场就是这样。"三天后,又把部队移驻到槜李,杀了三个犯罪的人,在军中示众,说:"那些心思放纵,行为恶劣,不能抵抗敌人的人,下场就是这样。"

勾践乃命有司大徇军[①],曰:"其有父母无昆弟者,来告我。我有大事[②],子离父母之养、亲老之爱,赴国家之急。子在军寇之中,父母昆弟有在疾病之地[③],吾视之如吾父母昆弟之疾病也。其有死亡者,吾葬埋殡送之[④],如吾父母昆弟之有死亡葬埋之矣。"明日,又徇于军,曰:"士有疾病,不能随军从兵者,吾予其医药,给其糜粥[⑤],与之同食。"明日,又徇于军，曰："筋力不足以胜甲兵[⑥]，志行不足以听王命者，吾轻其重，和其任。"明日，旋军于江南，更陈严法，复诛有罪者五人，徇曰："吾爱士也，虽吾子不能过也。及其犯诛，自吾子亦不能脱也。"恐军士畏法不使，自谓未能得士之死力，道见蛙张腹而怒，将有战争之气，即为之轼[⑦]。其士卒有问于王曰："君何为敬蛙虫而为之轼？"勾践曰："吾思士卒之怒久矣，而未有称吾意者。今蛙虫无知之物，见敌而有怒气，故为之轼。"于是，军士闻之，莫不怀心乐死，人致其命。有司将军大徇军中，曰："队各自令其部，部各自令其士。归而不归，处而不处[⑧]，进而不进，退而不退，左而不左，右而不右，不如令者，斩！"

【注释】

①徇：巡视，巡行。

②大事：战争。《左传·成公十三年》："国之大事，在祀与戎。"祀指祭祀，戎指战事。

③父母昆弟：仅指"父母"，"昆弟"是连类而及之辞。

④殡：停放灵柩。

⑤麋（mí）：通"糜"。烂，碎。

⑥胜（shēng）：能够承受。

⑦轼（shì）：古代车厢前用作扶手的横木，这里指手扶横木以示敬意。

⑧处：《国语·吴语》韦昭注："处，止也。"

【译文】

勾践就命令执行官吏大规模地巡视全军，宣告说："将士中凡是有父母而没有兄弟的，请来告诉我。我现在发动战事，你们不能侍奉父母，敬爱老人，而是投身于国家的危急之事。无论你们在军中作战还是落入敌寇之手,你们的父母若生了病,我会像对自己的父母生了病一样对待他们。如果他们不幸有死亡的,我将给他们送葬,就像埋葬我自己死去的父母那样来安葬他们。"第二天,又巡视全军,宣告说:"战士如果生病,不能随军出征的,我会给他们医药,供给他们稀粥,和他们一起吃。"第二天,又巡视全军,宣告说:"因为力气小不能承受铠甲和兵器重量的,心有余而力不足不能听从国君命令的,我就减轻他们的负担,给他们安排合适的任务。"第二天,军队转移驻扎到江南,再次申明严厉的法令,又杀掉五个犯罪的人,当众宣告说:"我爱护战士,即使是对我的儿子也不过如此了。但等到犯了死罪,就是我的儿子也不能赦免。"越王担心士兵们虽然畏惧法令但仍不能听从命令,自以为还未能真正获得战士拼死战斗的决心,于是在路上见到一只青蛙鼓着腹部发怒,有将要战斗的气概,就扶着车厢前的横木表示敬意。他的士兵中有人问勾践说:"大王为什么敬重青蛙这种小动物,还扶在横木上表示敬意呢?"勾践说:"我盼望士兵们发怒动气已经很久了,却还没有称我心意的人。如今这青蛙只是无知的小动物,但遇见仇敌竟然有一身怒气,所以我扶在横木上向它表示敬意。"于是,战士们听说了这件事,无不抱定决心乐于牺牲,人人都愿意献出自己的生命。负责执行命令的将军大规模地在军中巡行,宣告说:"每队各自命令自己的分部,每个分部各自命令自己的士兵。命令你归来而不归来,叫你停止而不停止,叫你前进而不前进,叫你后退而不后退,叫你向左而不向左,叫你向右而不向右,不照命令行动的,一律斩首!"

于是,吴悉兵屯于江北①,越军于江南。越王中分其师以为左右军,皆被兕甲②。又令安广之人佩石碣之矢③,张卢生之弩④,躬率君子之军六千人以为中阵⑤。明日,将战于江,乃以黄昏令于左军,衔枚溯江而上五里,以须吴兵。复令于右军，衔枚逾江十里，复须吴兵。于夜半，使左军涉江，鸣鼓中水，以待吴发。吴师闻之，中大骇，相谓曰："今越军分为二师，将以使攻我众⑥。"亦即以夜暗，中分其师，以围越。越王阴使左、右军与吴望战，以大鼓相闻。潜伏其私卒六千人，衔枚不鼓，攻吴，吴师大败。越之左、右军乃遂伐之，大败之于囿⑦。又败之于郊，又败之于津。如是三战三北，俓至吴⑧，围吴于西城。吴王大惧，夜遁。

【注释】

①江：指松江。《国语·吴语》韦昭注："江，松江，去吴五十里。"

②兕（sì）：雌性犀牛。徐天祜说："《尔稚》：'兕，似牛。'注：'一角，青色，皮坚厚，可制铠。'铠即甲也。《周礼》：'兕甲寿二百年。'"

③安广：地名，在今广西横县。张觉认为"安"指思想情绪稳定而服从命令，"广"指身体魁梧。可参考。石碣之矢：用石头作箭头的箭。

④卢生之弩：薛耀天说："疑即指卢弓，黑色的弓；一说为征伐弓。《文选》鲍照《拟古诗》：'解佩袭犀渠，卷袠奉卢弓。'翰注曰：'卢弓，征伐之弓。'"张觉认为"卢"是古国名，"在今湖北襄阳县西南，地处楚国边上，或产强弩"。今从张说。

⑤君子之军：国君亲信所组成的嫡系军队。《国语·吴语》作"以其私卒君子六千人为中军"，韦昭注："私卒君子，王所亲近有志行者，犹吴所谓贤良，齐所谓士。"

⑥将以使攻我众：徐乃昌引卢文弨说："'使'乃'侠'字之讹，《国语》作'夹'，二字同。"

⑦囿：徐天祜说："韦昭曰：'囿，笠泽也。'《史记正义》《吴地记》皆曰：'笠泽，松江之别名。'"

⑧俓：同“径”。徐乃昌引蒋光煦说：“宋本作‘径’。”

【译文】

于是，吴国把全部兵力屯驻在江北岸，越军驻扎在江南岸。越王把自己的部队对半分为左、右两军，士兵们都身穿兕皮制成的铠甲。又命令安广来的士兵携带石碣之箭，拉开了卢国出产的强弩，亲自率领了亲信部队六千人作为中军。第二天，吴越将在松江交战，于是越王就在前一天的黄昏命令左军，士兵口中衔枚悄悄逆流而上五里，去等待吴军。又命令右军，士兵衔枚悄悄地过江行军十里，也等待吴军。在半夜，越王让左军渡江，在江中敲响战鼓，等候吴军出动。吴军听见了鼓声，心中大为惊慌，相互议论说：“现在越军分为两支部队，将以此来夹攻我军。”也连忙在黑夜之中，把自己的军队对半分成二支，去围攻越军。越王暗中命令左、右两军与吴军公开对战，大声擂鼓使吴军听见。另派那潜伏的六千亲信士兵，口中衔枚不敲战鼓，去偷袭吴军，吴军大败。越国的左、右两军也顺势攻打吴军，在囿大败吴军。接着越军又在吴国郊外打败了吴军，又在渡口打败了吴军。像这样三次交战而三次击败吴军，越军径直攻到吴国都城，在城西包围了吴军。吴王非常恐惧，连夜逃跑。

越王追奔攻吴，兵入于江阳松陵①，欲入胥门。来至六七里②，望吴南城，见伍子胥头巨若车轮，目若耀电，须发四张，射于十里。越军大惧，留兵假道。即日夜半，暴风疾雨，雷奔电激，飞石扬砂，疾于弓弩。越军坏败，松陵却退，兵士僵毙，人众分解，莫能救止。范蠡、文种乃稽颡肉袒③，拜谢子胥，愿乞假道。子胥乃与种、蠡梦，曰：“吾知越之必入吴矣，故求置吾头于南门，以观汝之破吴也。惟欲以穷夫差。定汝入我之国，吾心又不忍，故为风雨，以还汝军。然越之伐吴，自是天也，吾安能止哉？越如欲入，更从东门，我当为汝开道贯城，以通汝路。”于是，越军明日更从江出，入海阳于三道之翟水④，乃穿东南隅以达，越军遂围吴。

【注释】

①松陵：地名，在今江苏吴江。徐天祐说：“《吴地记》：‘在松江。松陌流溢至此，故名。’”

②来：徐乃昌引卢文弨说：“‘来’当作‘未’。”《太平御览》卷三百二十九引文也作“未”。

③稽颡（sǎng）：古代一种跪拜礼，屈膝下拜，以额触地并停留一会儿，表示极度的虔诚。颡，额，脑门。

④入海阳于三道之翟水：海阳、三道为吴国地名，具体位置不详。翟水，水名。张觉认为海阳即后来的“上坛浦”，“《史记·伍子胥列传》‘为立祠于江上’《正义》：‘《吴地记》曰：‘越军于苏州东南三十里三江口又向下三里，临江北岸立坛，杀白马祭子胥，杯动酒尽，后因立庙于此江上。今其侧有浦名上坛浦。’所谓‘上坛浦’，当即此文之‘海阳’。所以称‘海’，是因为三江口以东古称‘沪海’；所以称‘阳’，是因为它在‘沪海’之北（水北为阳）。”可参考。

【译文】

越王追赶逃兵，攻打吴军，进入江北松陵，打算攻入胥门。相距六七里路时，远远望到吴都南城，看见伍子胥的头像车轮一样大，目光好似耀眼的闪电，胡须头发向四面散开，能射到十里之外。越军十分害怕，便停下军队准备借路。当天半夜，狂风暴雨大作，雷声滚滚，闪电奔驰，飞砂走石，比弓弩射出的箭还迅猛。越国军队被挫败，被迫从松陵后退，士兵倒地毙命，众人逃散，没有人能挽救阻止。范蠡、文种便下跪磕头伏地，袒露上身，拜谢伍子胥，乞求借路。伍子胥给文种、范蠡托梦，说：“我早就知道越军必定会攻入吴都，所以要求把我的头挂在南门上，来观看你们攻破吴国。当时我只是想用这种做法来使夫差困窘。但是当你们一定要进入我的国家了，我又于心不忍，所以制造疾风骤雨，以迫使你们退兵。然而越国讨伐吴国，本是天意，我怎么阻止得了呢？越军如果想要进城，可改道从东门进，我将给你们开辟道路直达城内，使你们的道路畅通无阻。”于是，越军第二天改从江上出发，进入海阳，从三道奔翟水，这样就穿过了东南角而到达吴都，越军就包围了吴国都城。

守一年[①]，吴师累败，遂栖吴王于姑胥之山。吴使王孙骆肉袒膝行而前，请成于越王，曰：“孤臣夫差敢布腹心。异日得罪于会稽[②]，夫差不敢逆命，得与君王结成以归。今君王举兵而诛孤臣，孤臣惟命是听。意者犹以今日之姑胥，曩日之会稽也[③]。若徼天之中，得赦其大辟[④]，则吴愿长为臣妾。”勾践不忍其言，将许之成。范蠡曰：“会稽之事，天以越赐吴，吴不取。今天以吴赐越，越可逆命乎？且君王早朝晏罢，切齿铭骨，谋之二十余年[⑤]，岂不缘一朝之事耶？今日得而弃之，其计可乎？天与不取，还受其咎。君何忘会稽之厄乎？”勾践曰：“吾欲听子言，不忍对其使者。”范蠡遂鸣鼓而进兵，曰：“王已属政于执事，使者急去，不时得罪。”吴使涕泣而去。勾践怜之，使令入谓吴王曰：“吾置君于甬东，给君夫妇三百余家，以没王世，可乎？”吴王辞曰：“天降祸于吴国，不在前后，正孤之身，失灭宗庙社稷者。吴之土地民臣，越既有之，孤老矣，不能臣王。”遂伏剑自杀[⑥]。

【注释】

①守一年：徐天祜说：“《左传·哀公二十年》‘越围吴’，是为勾践二十二年。哀公二十二年，‘越灭吴’，为勾践二十四年。盖首尾三

年也。《国语》曰:‘居军三年,吴师自溃。’《越世家》亦曰:‘留围之三年,吴师败。’与《左传》合。此书系其事于一(今按,当作“二”)十一年,以为围守一年而灭吴,误也。”所以此文当作“三年”,译文姑从原文。

②得罪于会稽:指夫差二年(前494)打败越王而使越王困守于会稽山上。

③曩(nǎng):以往,从前。

④大辟:死刑。辟,罪。

⑤谋之二十余年:杨伯峻《春秋左传注》(哀公二十二年):“据《传》,自哀元年夫差败越于夫椒至此越灭吴,凡历二十二年,即哀元年伍员所谓‘二十年之外,吴其为沼乎’;而依《越语》所叙,则自夫椒之役至吴亡,仅历十年,即《越语下》范蠡所谓‘十年谋之’。两说不同,自当以《左传》为正。”可供参考。

⑥遂伏剑自杀:徐天祐说:“上卷《夫差传》亦曰‘引剑而伏之死’,《吴世家》云‘自刭死’,《越世家》止言‘自杀’。按《左传》:‘吴王曰:“孤老矣,焉能事君?”乃缢。’丘明春秋时人,所闻当必不谬。《越绝》曰:‘越王与之剑,使自图之。吴王乃旬日而自杀。’意者勾践虽与之剑,而夫差自以缢死耶?”

【译文】

相持了一年,吴军屡屡败绩,终于迫使吴王栖居在姑胥山上。吴王派王孙骆袒露上身跪着用膝盖走向前,向越王求和,说:“臣夫差冒昧地陈述一下肺腑之言。从前在会稽得罪了大王,夫差不敢违逆您的命令,得以与大王和解且使您回国。如今大王起兵来讨伐臣,臣下当然唯命是听。料想大王还是会把今天的姑胥山,当作从前的会稽山来对待吧。如果我能得到上天垂怜,您赦免我的死罪,那么吴国君臣愿意永远做您的奴仆。”勾践听了他的话心中不忍,准备答应讲和。范蠡说:“当年会稽之事,是上天要把越国赐给吴国,吴国不要。现在上天把吴国赐给越国,越国难道可以违背天意吗?况且大王每天上朝都早到晚退,恨得咬牙切齿,刻骨铭心,为之谋划二十多年,难道不是为了这一天的到来吗?今天得到这个机会却又要放弃它,这样的谋划可行吗?常言道:天赐不取,反而会遭到上天责罚。国君怎么忘了会稽的苦难呢?”勾践说:“我是想听从您的话,但不忍心这样来回绝他的使者。”范蠡就击鼓进军,说:“大王已经把政事托付给我处理,请使者赶快离开,如果不及时离去,你就要获罪受罚了。”吴国的使者痛哭流涕地走了。勾践可怜吴王,就派人对吴王说:“我把你安置在甬东,给你夫妇三百多家,让你了此一生,行吗?”吴王辞谢说:“上天降祸给吴国,不前不后,使宗庙社稷断绝毁灭的人,正是我自己。吴国的土地和臣民,越国已经占为己有,我老了,不能再做大王的臣仆了。”于是拔剑自杀了。

勾践已灭吴,乃以兵北渡江、淮,与齐、晋诸侯会于徐州①,致贡于周。周元王使人赐勾践②。已受命号③,去还江南,以淮上地与楚④,归吴所侵宋地,与鲁泗东方百里。当是之时,越兵横行于江、淮之上,诸侯毕贺⑤。

【注释】

①齐:此时齐国国君为齐平公,姜姓,名骜,前480—前456年在位。晋:此时晋国国君为晋出公,姬姓,名凿,前474—前452年在位。徐(shū)州:应作“徐州”,在今山东滕州。徐天祜说:“《索隐》曰:‘徐,音舒。徐州,齐邑薛县是也。其字从“人”,《左氏》作“舒”。’”

②周元王:姬姓,名仁,东周天子,前476—前469年在位。

③受命号:《史记·越王句践世家》:“周元王使人赐句践胙,命为伯。”其称号为“越伯”。

④以淮上地与楚:《史记·楚世家》:楚惠王四十四年(前445),“是时越已灭吴,而不能正江、淮北,楚东侵,广地至泗上。”张守节《正义》:“正,长也。江、淮北谓广陵县,徐、泗等州是也。”当指此事。另,本书将此事记于勾践二十二年(前475),与《楚世家》不一致。

⑤诸侯毕贺:徐天祜说:“《初学记》引《吴越春秋》曰:‘越王平吴后,立贺台于越。’此书无之,亦阙文也。”

【译文】

勾践灭了吴国之后,便率兵北渡长江、淮河,和齐、晋等各国诸侯在徐州会盟,并敬献贡品给周王室。周元王派人赏赐勾践。勾践接受了周元王的伯爵称号后,就离开徐州撤回江南,把淮河流域的土地给了楚国,将吴国所侵占的宋国土地归还给宋国,给了鲁国泗水以东的土地百里。在这个时候,越国的军队在长江、淮河一带横行无阻,各国诸侯都来朝贺。

越王还于吴,当归而问于范蠡曰:“何子言之其合于天?”范蠡曰:“此素女之道①,一言即合。大王之事,王问为实②,《金匮》之要,在于上下。”越王曰:“善哉!吾不称王,其可悉乎?”蠡曰:“不可。昔吴之称王,僭天子之号③,天变于上,日为阴蚀。今君遂僭号不归,恐天变复见。”

【注释】

①素女:传说中的神女名,据说与黄帝同时。她懂得阴阳天道,擅长音乐等。

②大王之事,王问为实:徐乃昌引孙诒让说:“‘大王之事,王问为实’二语有误……以意推之,疑当作‘玉门为实’。‘玉门’与‘金匮’,文正相对,皆六壬式书名。《勾践入臣外传》:范蠡曰:‘大王

安心，事将有意，在《玉门》第一。’又子胥曰：‘且大王初临政，负《玉门》之第九。’又本篇后文文种曰：‘吾见王时，正犯《玉门》之第八也。’此越王讶蠡言何甚合天，故蠡即以六壬占式为对。今本‘玉门’讹作‘王问’，遂不可通耳。”孙说是，译文从之。

③僭(jiàn)：超越本分。

【译文】

越王准备返回吴国，当要回去的时候问范蠡说："为什么你说的话，总能合于天道?"范蠡说："这是素女的道术，所以一说就能与天道相合。大王的事情，《玉门》所记载的就是事实，《金匮》的要点，在于琢磨权衡利弊。"越王说："好啊！我如果不称王，那结果也能详尽地知道吗?"范蠡说："您不可以称王。昔日吴王自称王，超越了自己的本分而使用了天子的名号，因而天象发生了变异，太阳被月亮所吞食。现在大王如果也像吴王那样僭用天子的名号而不归还，恐怕天变又要出现了。"

越王不听，还于吴①，置酒文台，群臣为乐。乃命乐作伐吴之曲②，乐师曰："臣闻即事作操③，功成作乐。君王崇德，诲化有道之国，诛无义之人，复仇还耻，威加诸侯，受霸王之功。功可象于图画，德可刻于金石，声可托于弦管，名可留于竹帛④。臣请引琴而鼓之。"遂作章畅辞曰："屯乎！今欲伐吴，可未耶?"大夫种、蠡曰："吴杀忠臣伍子胥，今不伐吴人何须⑤?"大夫种进祝酒，其辞曰："皇天祐助，我王受福。良臣集谋，我王之德。宗庙辅政，鬼神承翼⑥。君不忘臣，臣尽其力。上天苍苍，不可掩塞。觞酒二升，万福无极。"于是，越王默然无言。大夫种曰："我王贤仁，怀道抱德。灭仇破吴，不忘返国。赏无所吝，群邪杜塞。君臣同和，福祐千亿。觞酒二升，万岁难极。"台上群臣大悦而笑，越王面无喜色。范蠡知勾践爱壤土，不惜群臣之死，以其谋成国定，必复不须功而返国也，故面有忧色而不悦也。

【注释】

①越王不听，还于吴：原作“越王还于吴”，徐乃昌引蒋光煦说：“宋本作‘越王不听，还于吴’。”据改。

②乐(yuè)：薛耀天疑“乐”下当有“师”字，以与下句“乐师曰”相应。

③操：琴曲名。

④竹帛：即指书籍、史册。竹指简，帛是丝织物的总称。古代还未发明纸时，用竹简和帛作为书写材料。

⑤今不伐吴人何须：徐天祐说：“‘人’当作‘又’。”

⑥承：通“丞”。辅佐，辅助。

【译文】

越王不听范蠡的话，回到吴国，在文台上大摆酒宴，与群臣作乐。越王就吩咐乐师作征伐吴国的乐曲，乐师说：“我听说就眼前的事创作琴曲，功业告成就创作乐舞。大王崇尚德行，教化富有道义的国家，诛伐不义之人，报仇雪耻，威名传诵于各诸侯国，成就了霸王的功业。大王的功绩可以载于图画，德行可以铭刻在金石上，声誉可以谱写在乐章中，英名可以记载于史册上。请让我拿琴来弹奏一曲吧。”于是就创作了一章，畅快地歌唱道：“艰难困苦啊！现在想要攻吴可否去？”大夫文种、范蠡接着唱道：“吴王杀了忠臣伍子胥，今不伐吴还等什么？”大夫文种走上前去祝酒，他的敬辞说：“皇天保佑协助，我们大王能享大福。忠臣贤良集合智谋，我们大王盛德感化。祖先之灵荫护辅助，鬼神护卫帮忙。仁君不忘忠臣，忠臣竭尽力量。悠悠苍天，不可欺瞒。一杯美酒再次高举，祝大王万福无极。”这个时侯，越王却默默地一言不发。大夫文种又说：“我们大王贤能仁慈，胸怀道义与美德。消灭仇敌攻破吴国，没有忘记返回越国。奖赏有功毫不吝惜，各种邪恶被堵塞。君臣同心和睦，上天降下千亿福禄。一杯美酒再次高举，祝大王万寿无疆。”台上群臣无比喜悦，大声欢笑，越王脸上却没有喜悦的神色。范蠡知道勾践贪图土地，并不怜惜群臣的生命，因为他的谋划已经成功，国家已经安定，一定不再需要群臣邀功而回国，所以才面带忧色而不喜悦。

范蠡从吴欲去，恐勾践未返，失人臣之义，乃从入越。行谓文种曰：“子来去矣，越王必将诛子。”种不然言。蠡复为书，遗种曰：“吾闻天有四时，春生冬伐。人有盛衰，泰终必否。知进退存亡，而不失其正，惟贤人乎？蠡虽不才，明知进退。高鸟已散，良弓将藏。狡兔已尽，良犬就烹。夫越王为人，长颈鸟喙，鹰视狼步。可与共患难，而不可共处乐。可与履危，不可与安。子若不去，将害于子，明矣。”文种不信其言。越王阴谋，范蠡议欲去徼幸。

【译文】

范蠡本想从吴国就离去，担心勾践还没有回国，自己就先离开有失做人臣的道义，于是就跟随勾践一起回越国。走在路上他对文种说：“你该离开啦！越王一定会杀害你的。”文种对他的话不以为然。范蠡又给文种写信，信中说：“我听说天有四季交替，春天生长冬天就要杀伐。人生也有盛衰，通达到了极点就会转为闭塞。了解进退存亡之间的关系，而又不违背正直之道，大概只有贤人才能做得到吧？我范蠡虽然没有才能，也明白何时该进取何时该隐退。高飞的鸟儿已经被驱散，好弓就将被藏起来了。狡猾的兔子已经被赶尽杀绝，优良的猎狗也该被烹食了。那越王的长相与为人，长长的脖子，鸟喙一样的尖嘴，眼神像老鹰，走路似狼。这种人只可以与他共患难，而不可与他同享乐。可以与他一起处于危境，却不可以与他共享安宁。你如果不离开他，他将会杀害你，这道理是很明白的。”文种还是不相信他的话。越王暗中谋划，范蠡商议着要离去，想侥幸免去灾难。

二十四年九月丁未，范蠡辞于王曰：“臣闻主忧臣劳，主辱臣死，义一也。今臣事大王，前则无灭未萌之端，后则无救已倾之祸。虽然，臣终欲成君霸国，故不辞一死一生。臣窃自惟，乃使于吴。王之惭辱，蠡所以不死者，诚恐谗于太宰嚭，成伍子胥之事。故不敢前死，且须臾而生。夫耻辱之心不可以大，流汗之愧不可以忍[①]。幸赖宗庙之神灵，大王之威德，以败为成。斯汤、武克夏、商而成王业者。定功雪耻，臣所以当席日久[②]，臣请从斯辞矣。”越王恻然，泣下沾衣，言曰：“国之士大夫是子，国之人民是子，使孤寄身托号，以俟命矣。今子云去，欲将逝矣。是天之弃越而丧孤也，亦无所恃者矣。孤窃有言：公位乎，分国共之；去乎，妻子受戮。”范蠡曰：“臣闻君子俟时，计不数谋，死不被疑，内不自欺。臣既逝矣，妻子何法乎？王其勉之！臣从此辞。”乃乘扁舟[③]，出三江，入五湖，人莫知其所适。

【注释】

①流汗：指入吴国当奴仆服劳役之事。

②当席：在位当权。

③扁（piān）舟：小船。

【译文】

二十四年九月丁未日，范蠡向越王告辞说：“我听说君主有忧愁时，臣子就该劳苦，君主受侮辱时，臣子就该效死，那道义是一致的。如今我侍奉大王，以前不能消灭尚未萌生的祸端，后来又不能挽救已经降临的祸患。尽管如此，我还是始终想辅助君王成就称霸大业，所以我才把生与死置之度外。我私下一直在思索筹划，因此当年出使到吴国。大王遭受那样的耻辱，而我范蠡仍然没有去死的原因，就怕您被太宰嚭那样的奸臣所谗毁，而出现伍子胥那样的事。所以我不敢早早殉身，暂且苟延残喘地活着。那耻辱之心不可以让它扩大，汗流浃背的羞愧也不可以忍受。幸亏依靠祖先的神灵、大王的威德，所以失败转变为成功。这就好比是商汤、周武王战胜夏桀、商纣王而成就了王业。大王已经完成功业，洗刷了耻辱，这也是我长期在臣位当权的原因，请允许我从此告别吧。"越王听了非常悲伤，眼泪沾湿了衣裳，说道："国内的士大夫都肯定你，国内的人民都赞美你，我把自己和国君的名号都托付给您，而等候您的命令。现在您却说要离去，而且想马上走。这是上天在抛弃越国而要我丧命啊，我今后就不再有什么依靠了。我私下跟您说，您如果继续在位，那我就和您分国而治；如果一定要离开，您的妻子儿女就会被杀死。"范蠡说："我听说君子等待时机，计策不能多次谋划，这样到死也不会被怀疑，内心也不欺骗自己。我已经要走了，妻子儿女为什么要被惩罚呢？大王您自勉吧，我就此告辞了。"于是就乘了小船出三江，进入五湖，没有人知道他到了什么地方。

范蠡既去，越王愀然变色[①]，召大夫种曰："蠡可追乎？"种曰："不及也。"王曰："奈何？"种曰："蠡去时，阴画六，阳画三[②]。日前之神，莫能制者。玄武天空威行[③]，孰敢止者？度天关[④]，涉天梁[⑤]，后入天一[⑥]，前翳神光[⑦]，言之者死，视之者狂。臣愿大王勿复追也，蠡终不还矣。"越王乃收其妻子，封百里之地："有敢侵之者，上天所殃。"于是越王乃使良工铸金象范蠡之形，置之坐侧，朝夕论政。

【注释】

①愀(qiǎo)然：形容神色变得严肃或不愉快。

②阴画六，阳画三：薛耀天说："即《易》之《泰》卦(乾下坤上)，为天地交通之象。《彖辞》曰：'泰，小往大来，吉，亨，则是天地交而万物通也。'引申为通畅、安宁之意。"

③玄武：北方太阴之神，其形为龟蛇合体。

④天关：星名。《晋书·天文志上》："东方。角二星为天关，其间天门也，其内天庭也。"

⑤天梁：星名。《晋书·天文志上》："北方。南斗六星，天庙也，丞相太宰之位……南二星魁，天梁也。"

⑥天一：星名。《晋书·天文志上》："天一星在紫宫门右星南，天帝之神也，主战斗，知人吉凶者也。"

⑦翳(yì)：遮掩。

【译文】

范蠡离去以后，越王忧惧得变了脸色，召来大夫文种问道："可以把范蠡追回来吗？"文种说："追不上了。"越王说："为什么呢？"文种说："范蠡离去的时候，占卜的卦象是阴画六，阳画三。在太阳前面的天神，没有人能制止它。玄武在天空中威武地行走，谁敢去阻止？他越过了天关，涉过了天梁，然后进入天一，前面有神灵的光掩蔽，议论他的人就会死亡，看见他的人就会发疯。我希望大王不要再去追他了，范蠡终究不会回来了。"越王于是收养了他的妻子儿女，封给他们百里土地，还告诫人们说："如果有谁敢侵犯他们，上天将降给他灾祸。"于是越王就叫技术精良的工匠仿照范蠡的形象铸造了一个金像，把他放在座位边上，朝夕对着他讨论政事。

自是之后，计砚佯狂。大夫曳庸、扶同、皋如之徒日益疏远，不亲于朝。大夫种内忧，不朝。人或谗之于王曰："文种弃宰相之位，而令君王霸于诸侯。今官不加增，位不益封，乃怀怨望之心，愤发于内，色变于外，故不朝耳。”异日，种谏曰：“臣所以在朝而晏罢[①]，若身疾作者，但为吴耳。今已灭之，王何忧乎？”越王默然。时鲁哀公患三桓[②]，欲因诸侯以伐之。三桓亦患哀公之怒，以故君臣作难。哀公奔陉，三桓攻哀公。公奔卫，又奔越。鲁国空虚，国人悲之，来迎哀公，与之俱归。勾践忧文种之不图，故不为哀公伐三桓也。

【注释】

①在：徐天祐说：“‘在’当作‘蚤’。”蚤，通“早”。

②三桓：春秋后期鲁国大夫孟孙氏（一作仲孙氏）、叔孙氏、季孙氏都是鲁桓公的后代，故称“三桓”。三桓分掌三军，实际上掌握了鲁国的政权。

【译文】

从此以后，计砚假装发疯了。大夫曳庸、扶同、皋如等人也一天比一天疏远，不再接近朝廷。大夫文种心中忧郁，也不上朝。有人向越王谗害他说：“文种放弃了宰相之位，而使大王称霸诸侯。如今他官职没有进一步提升，爵位也没有进一步加封，因而就怀有怨望之心，内心产生了怨恨，外表就变了脸色，所以才不来上朝啊。”后来有一天，文种进谏说：“我过去很早上朝而很晚退朝，好像身上疾病发作般努力工作，只是为了吴国啊。现在已经把他们消灭了，大王还忧虑什么呢？”越王沉默不语。当时鲁哀公因为三桓太强大而担忧，想凭借诸侯的力量来讨伐他们。三桓也担心鲁哀公发怒，所以君臣之间互相作对。鲁哀公就出逃到陉，三桓攻打鲁哀公。鲁哀公又出逃到卫国，转而逃到越国。鲁国君位空着，国人为此而感到悲哀，就来迎接鲁哀公，和他一起回国。勾践担心文种不会尽力出谋划策，所以没有为鲁哀公出兵去讨伐三桓。

二十五年丙午平旦，越王召相国大夫种而问之："吾闻知人易，自知难。其知相国何如人也?"种曰："哀哉！大王知臣勇也，不知臣仁也。知臣忠也，不知臣信也。臣诚数以损声色、灭淫乐、奇说怪论，尽言竭忠，以犯大王，逆心咈耳[1]，必以获罪。臣非敢爱死不言。言而后死，昔子胥于吴矣。夫差之诛也，谓臣曰：'狡兔死，良犬烹；敌国灭，谋臣亡。'范蠡亦有斯言。何大王问犯《玉门》之第八？臣见王志也。"越王默然不应，大夫亦罢，哺其耳以成人恶[2]。其妻曰："君贱！一国之相，少王禄乎？临食不亨[3]，哺以恶何？妻子在侧，匹夫之能自致相国，尚何望哉？无乃为贪乎？何其志忽忽若斯?"种曰："悲哉！子不知也。吾王既免于患难，雪耻于吴，我悉徙宅，自投死亡之地，尽九术之谋，于彼为佞，在君为忠，王不察也，乃曰：'知人易，自知难。'吾答之，又无他语。是凶妖之证也。吾将复入，恐不再还，与子长诀，相求于玄冥之下[4]。"妻曰："何以知之?"种曰："吾见王时，正犯《玉门》之第八也。辰克其日，上贼于下，是为乱丑，必害其良。今日克其辰[5]，上贼下，止吾命须臾之间耳。"

【注释】

①咈(fú)：违背。

②哺其耳以成人恶：徐乃昌引卢文弨说："此有脱文。"耳，张觉认为指鼎耳，此句大意谓文种用鼎装大便。

③亨(xiǎng)：同"享"。祭祀，上供。

④玄冥：昏暗，地下。指阴间。

⑤今日克其辰：日是指上文提到的"丙午"，辰指"平旦"，即寅时。

“丙午”在五行配火，“寅”在五行属木，火克木，所以说“日克其辰”。

【译文】

二十五年丙午日的清晨，越王召见相国大夫文种而问他道：“我听说了解别人容易，了解自己却很困难。谁能知道相国你是个怎样的人呢？”文种说：“可悲啊！大王知道我勇敢，却不知道我仁慈。知道我忠诚，却不知道我守信。我的确屡次用抑制声色、根除放荡作乐等奇谈怪论，竭尽忠言来规劝，因而冒犯大王，违背了您的心意，使您耳中反感，就一定会因此而获罪。我不能因为爱惜生命就不说。但说了以后就会死，就像从前伍子胥在吴国那样。昔日夫差临死前，对我说过：‘狡猾的兔子已死，优良的猎狗就要被煮汤了；敌国已经被消灭，谋臣就要被杀戮了。’范蠡也说过类似的话。为什么大王所问正触犯了《玉门》第八呢？我已明白大王的心意了。”越王沉默不答，大夫文种也就作罢了，回家之后在鼎中装上大便。他的妻子说：“君再低贱也是一国之相啊，国君给的俸禄少吗？到吃饭的时候不但不祭神，却要吃大便，为什么呢？你的妻子儿女都在身边，一个普通百姓能登上相国之位，还希望得到什么呢？难道是因为贪婪吗？你的心志为什么这样昏乱糊涂呢？”文种说：“真可悲啊！你不懂啊。我们的大王已经免除了灾祸，在吴国洗雪了过去的耻辱，我举家迁到这里，把自身置之于死亡的境地，把九条计谋全都献上，对吴国来说这是奸诈，对我们国君来说却是忠诚，然而大王看不到这些，竟然说：‘了解别人容易，了解自己困难。’我回答了他，他又没有其他的话。这是不吉利的征兆啊。如果我再次被召见，恐怕就不能回来了，就此和你永别了，我们到九泉之下再相会吧。”妻子说：“你怎么知道会这样呢？”文种说：“我拜见大王的时候，正好触犯了《玉门》第八。如果时辰的干支胜过日期的干支，那么在上位的君主就会被在下位的臣子戕害，这就是制造变乱，一定会伤害贤良的。今天我拜见大王的时候是日期的干支胜过了时辰的干支，所以在上位的君主就要伤害在下位的臣子，我的生命只剩很短的时间了。”

越王复召相国，谓曰："子有阴谋兵法，倾敌取国。九术之策，今用三，已破强吴。其六尚在子所。愿幸以余术为孤前王于地下谋吴之前人。"于是种仰天叹曰："嗟乎！吾闻大恩不报，大功不还，其谓斯乎？吾悔不随范蠡之谋，乃为越王所戮。吾不食善言，故哺以人恶。"越王遂赐文种属卢之剑。种得剑，又叹曰："南阳之宰，而为越王之擒。"自笑曰："后百世之末，忠臣必以吾为喻矣。"遂伏剑而死。越王葬种于国之西山[①]，楼船之卒三千余人[②]，造鼎足之羡[③]，或入三峰之下。葬一年，伍子胥从海上穿山胁而持种去，与之俱浮于海。故前潮水潘候者[④]，伍子胥也。后重水者，大夫种也。

【注释】

①西山：徐天祜说："即卧龙山，又名种山，一曰重山。《太平御览》曰：'种山之名，因大夫种。以语讹成'重'也。'"

②楼船：有叠层的高大战船。

③羡（yán）：徐天祜说："《周礼·冢人》'丘隧'注：'羡道也。'疏曰：'天子有隧，诸侯已下有羡道。'《史·卫世家》：'共伯入釐侯羡。'《索隐》曰：'羡音延。延，墓道。'"

④潘（pán）：洄流，水旋流。

【译文】

越王再次召见相国，对他说："你懂得阴谋兵法，可以颠覆敌人夺取他国。那九条计策，现在只用了三条，就已经攻破了强盛的吴国。其余六条还在你那里。希望你用剩下的计策去为我的先王在地下图谋吴国的祖先。"于是文种仰天叹息说："唉！我听说大恩是得不到报答的，大功是得不到酬劳的，难道说的就是这种情况吗？我后悔当初没有听从范蠡的计谋，竟然被越王所杀。我不消受那些好话，所以只能去吃人家的大便。"越王就赐给文种属卢宝剑让他自杀。文种拿到剑,又哀叹说:"楚国南阳的地方官,被越王擒住了。"又嘲笑自己说:"自今开始到百代以后的将来,忠臣一定会拿我作为比喻的。"于是就用剑自刎而死。越王把文种埋葬在国都的西山上,派出了楼船上的水兵三千多人,建造了鼎足式的级别很高的墓道,有的墓道一直通到三峰之下。安葬了一年,伍子胥从海上过来穿过山腰而挟着文种离开了,和他一起在海上漂浮。所以前面回流候望的潮水就是伍子胥,后面涌上来的那层层重叠的波浪就是大夫文种。

越王既已诛忠臣,霸于关东①,徙都琅邪,起观台②,周七里,以望东海。死士八千人,戈船三百艘③。居无几,射求贤士。孔子闻之④,从弟子奉先王雅琴礼乐奏于越。越王乃被唐夷之甲,带步光之剑,杖屈卢之矛⑤,出死士,以三百人为阵关下。孔子有顷到,越王曰:"唯唯,夫子何以教之?"孔子曰:"丘能述五帝三王之道,故奏雅琴,以献之大王。"越王喟然叹曰:"越性脆而愚,水行山处,以船为车,以楫为马,往若飘然,去则难从,悦兵敢死,越之常也。夫子何说而欲教之?"孔子不答,因辞而去。

【注释】

①关东:指函谷关(在今河南灵宝)以东之地。

②徙都琅邪,起观台:原作"从琅邪,起观台",据《太平御览》卷一百六十引文改。《史记·秦始皇本纪》:"乃徙黔首三万户琅邪台下。"张守节《正义》:"《括地志》云:'密州诸城县东南百七十里有琅邪台,越王句践观台也。台西北十里有琅邪故城。《吴越春秋》云:"越王句践二十五年,徙都琅邪,立观台以望东海,遂号令

秦晋、齐楚,以尊辅周室,歃血盟。"即句践起台处。'"

③戈船:古代的一种战船,据说船下装备有戈戟。

④孔子:名丘,字仲尼,鲁国陬邑(今山东曲阜)人,儒家学派的创始人。前551—前479在世,此时(前472)孔子已死。

⑤杖:同"仗"。执持。

【译文】

越王杀掉忠臣以后,称霸关东,迁都到琅邪,在那里筑起观台,周长七里,用来远望东海。他拥有八千敢死之士,三百艘装有戈戟的战船。过了不久,越王又招揽贤士。孔子听到这个消息后,就带领学生捧着先王的雅琴及礼乐到越国去演奏。越王就身披唐夷铠甲,佩带步光利剑,手执屈卢良矛,派出三百敢死之士在关下摆开阵势。过了一会儿,孔子到达,越王说:"呵呵,先生用什么来教导我?"孔子说:"我孔丘能陈述五帝三王的治国之道,所以通过演奏雅琴,来把这些道理进献给大王。"越王感慨地叹息说:"越国人生性脆弱而愚笨,在江河中航行,在山上居住,用船代替车,用船桨代替马,前进时像风那样迅速,离去时难以跟随,喜欢战争敢于拼死,这是越国人的习性。先生想拿什么高见来教我呢?"孔子没有回答,就告辞离去了。

越王使人如木客山取元常之丧①,欲徙葬琅邪。三穿元常之墓,墓中生熛风②,飞砂石以射人,人莫能入。勾践曰:"吾前君其不徙乎?"遂置而去。

【注释】

①木客山:徐天祜说:"木客山,去会稽县十五里。《越绝》曰:'木客大冢者,允常冢也。'"允常墓在今浙江绍兴柯桥区兰亭镇印山,又称印山大墓。

②熛(biāo):徐天祜说:"熛,火飞貌,风热如火飞也。"

【译文】

越王派人到木客山去取元常的遗体,想迁葬到琅邪。三次挖开元常的墓室,墓室中都刮起了急速的热风,飞扬的沙石打人,没有人能进得去。勾践说:"我的先王大概不愿意迁移吧?"于是就放弃迁葬而离开了。

勾践乃使使号令齐、楚、秦、晋皆辅周室,血盟而去。秦桓公不如越王之命①,勾践乃选吴越将士,西渡河以攻秦,军士苦之。会秦怖惧,逆自引咎,越乃还军。军人悦乐,遂作《河梁之诗》,曰:"渡河梁兮渡河梁,举兵所伐攻秦王。孟冬十月多雪霜②,隆寒道路诚难当。阵兵未济秦师降,诸侯怖惧皆恐惶。声传海内威远邦,称霸穆桓齐楚庄。天下安宁寿考长,悲去归兮何无梁③。"自越灭吴,中国皆畏之。

【注释】

①秦桓公不如越王之命:徐天祐说:"按《史·年表》:勾践二十五年是为秦厉共公六年,此书谓'秦桓公不如越王之命',非也。由勾践二十五年上距秦桓公之卒,盖一百有六年矣。'桓公'当作'厉共公'云。"秦厉共公,前476—前443年在位。

②孟冬:冬季的第一个月叫孟冬,即十月。

③何:应作"河"。

【译文】

勾践于是派使者命令齐、楚、秦、晋等国都辅佐周王室,歃血而盟后离去。秦厉共公不服从越王的命令,勾践就选派吴越的将士,西渡黄河去攻打秦国,将士们为此叫苦不迭。正好碰上秦国害怕了,主动地承认错误，越国就撤回了军队。全军将士都十分喜悦，于是作了《河梁》之诗，那歌词唱道："渡河梁啊渡河梁，兴兵要去攻秦王。孟冬十月多雪霜，严寒道路行军难。阵兵未渡秦军降，诸侯惊惧又恐慌。名传海内威四方，霸业能齐穆桓及楚庄。天下安宁寿命长，悲歌归去河无梁。"自从越国消灭了吴国后，中原各国都畏惧它。

二十六年，越王以邾子无道，而执以归，立其太子何[①]。冬，鲁哀公以三桓之逼，来奔。越王欲为伐三桓，以诸侯大夫不用命，故不果耳。

【注释】

①"越王以邾(zhū)子无道"以下三句：《左传·哀公二十四年》："邾子又无道，越人执之以归，而立公子何。"杜预注："何，大子革弟。"邾，春秋诸侯国名，曹姓，在今山东邹城。

【译文】

二十六年，越王因为邾国国君暴虐无道，就把他抓起来带回越国，拥立太子何为国君。这年冬天，鲁哀公因为三桓的逼迫，而逃亡到越国。越王想为他去攻打三桓，但因为诸侯的大夫都不尽心听从命令，所以没有实现。

二十七年冬，勾践寝疾，将卒[①]，谓太子兴夷曰[②]："吾自禹之后，承元常之德，蒙天灵之祐，神祇之福，从穷越之地，籍楚之前锋，以摧吴王之干戈，跨江涉淮，从晋、齐之地[③]，功德巍巍。自致于斯，其可不诫乎？夫霸者之后，难以久立，其慎之哉！"遂卒。

【注释】

①“二十七年冬”以下三句：徐天祜说：“《通鉴外纪》：‘勾践三十三年薨。’”

②兴夷：《左传·哀公二十四年》作“适郢”，《史记·越王句践世家》作“鼫与”，《竹书纪年》作“鹿郢”，《越绝书·外传记地传》作“与夷”。

③从：同“纵”。放纵，放任。

【译文】

二十七年冬天，勾践卧病不起，临死前，对太子兴夷说：“我自大禹之后，继承了元常的德业，蒙受神灵的保佑，天地之神的赐福，从穷困的越国之地，凭借楚国这个先锋，因而摧毁了吴王的军队，跨过了长江，渡过了淮河，在晋、齐的土地上纵兵，功德伟大崇高。尽管已经达到了这种地步，难道就可以不警戒吗？那称霸者的后代，往往难以长期立于不败之地，一定要谨慎啊。”勾践说完就去世了。

兴夷即位一年，卒，子翁。翁卒，子不扬。不扬卒，子无强。强卒，子玉。玉卒，子尊。尊卒，子亲。自勾践至于亲，其历八主[①]，皆称霸，积年二百二十四年。亲众皆失，而去琅邪，徙于吴矣。

【注释】

①自勾践至于亲，其历八主：本文所记越国世系同《越绝书》，与《史记》《竹书纪年》所记不同。其，徐乃昌引蒋光煦说：“‘其’作‘共’。”

【译文】

兴夷即位一年，就去世了，他的儿子翁立。翁去世后，儿子不扬立。不扬去世后，儿子无强立。无强去世后，儿子玉立。玉去世后，儿子尊立。尊去世后，儿子亲立。从勾践到亲，一共经历了八个君主，都称霸，总计二百二十四年。到亲在位的时候，民众都散失了，于是他就离开琅邪，迁都到吴了。

自黄帝至少康，十世。自禹受禅至少康即位，六世，为一百四十四年。少康去颛顼即位，四百二十四年。

【译文】

从黄帝到少康，有十代。从禹接受禅让到少康即位，为六世，共一百四十四年。少康离颛顼即位，为四百二十四年。

黄帝——昌意——颛顼——鲧——禹——启——太康——仲庐——相——少康——无余——无玉①，去无余十世——无皞——夫康——元常——勾践——兴夷——不寿②——不扬——无强——鲁穆柳有幽公为名，王侯自称为君。尊、亲失琅邪，为楚所灭。

【注释】

①无玉：徐乃昌引俞樾说："以《无余外传》证之，则'无玉'当为'无壬'。又，其下有'无皞''夫康'两君，以《无余传》证之，'无皞'当作'无睪'，'夫康'当作'夫谭'，或传刻之误。"译文姑从原文。

②不寿：根据《史记》不寿是鼫与即兴夷的儿子，但上文记兴夷之后即位的是王翁。

【译文】

黄帝——昌意——颛顼——鲧——禹——启——太康——仲庐——相——少康——无余——无玉，离无余十代——无皞——夫康——元常——勾践——兴夷——不寿——不扬——无强——鲁国的穆柳有个人把幽公作为自己的名号，王侯们都自称为君。尊、亲都失掉了琅邪，被楚国所灭。

勾践至王亲，历八主，格霸二百二十四年[①]。从无余越国始封，至馀善返，越国空灭，凡一千九百二十二年。

【注释】

①格：徐天祜说："格，当作'称'"。

【译文】

从勾践到越王亲，经历了八个君主，称霸共二百二十四年。从无余开始被封在越国，到馀善返回越国，国中空虚以致衰落灭亡，总共一千九百二十二年。

中华经典名著

全本全注全译丛书

（已出书目）

周易
尚书
诗经
周礼
仪礼
礼记
左传
春秋公羊传
春秋穀梁传
论语·大学·中庸
尔雅
孟子
春秋繁露
说文解字
释名
国语
晏子春秋
穆天子传
战国策
吴越春秋
越绝书
水经注
洛阳伽蓝记
大唐西域记
史通
贞观政要
东京梦华录
唐才子传
廉吏传
徐霞客游记
读通鉴论
宋论
文史通义
老子
道德经
黄帝四经·关尹子·尸子

孙子兵法

墨子

管子

孔子家语

吴子·司马法

商君书

列子

鬼谷子

庄子

公孙龙子(外三种)

荀子

六韬

吕氏春秋

韩非子

山海经

黄帝内经

新书

淮南子

新序

说苑

列仙传

盐铁论

法言

潜夫论

政论·昌言

风俗通义

申鉴·中论

太平经

周易参同契

人物志

博物志

抱朴子内篇

抱朴子外篇

神仙传

搜神记

拾遗记

世说新语

弘明集

齐民要术

颜氏家训

中说

帝范·臣轨·庭训格言

坛经

大慈恩寺三藏法师传

茶经·续茶经

玄怪录·续玄怪录

酉阳杂俎

化书·无能子

梦溪笔谈

近思录

焚书

增广贤文

呻吟语

龙文鞭影

长物志

天工开物

溪山琴况·琴声十六法

温疫论

明夷待访录·破邪论

陶庵梦忆

笠翁对韵

声律启蒙

老老恒言

随园食单

阅微草堂笔记

格言联璧

曾国藩家书

曾国藩家训

劝学篇

楚辞

文心雕龙

文选

玉台新咏

词品

闲情偶寄

古文观止

聊斋志异

浮生六记

三字经·百家姓·千字文·弟子规·千家诗

经史百家杂钞